Criminologia Decifrada

O GEN | Grupo Editorial Nacional – maior plataforma editorial brasileira no segmento científico, técnico e profissional – publica conteúdos nas áreas de concursos, ciências jurídicas, humanas, exatas, da saúde e sociais aplicadas, além de prover serviços direcionados à educação continuada.

As editoras que integram o GEN, das mais respeitadas no mercado editorial, construíram catálogos inigualáveis, com obras decisivas para a formação acadêmica e o aperfeiçoamento de várias gerações de profissionais e estudantes, tendo se tornado sinônimo de qualidade e seriedade.

A missão do GEN e dos núcleos de conteúdo que o compõem é prover a melhor informação científica e distribuí-la de maneira flexível e conveniente, a preços justos, gerando benefícios e servindo a autores, docentes, livreiros, funcionários, colaboradores e acionistas.

Nosso comportamento ético incondicional e nossa responsabilidade social e ambiental são reforçados pela natureza educacional de nossa atividade e dão sustentabilidade ao crescimento contínuo e à rentabilidade do grupo.

Anezio Rosa de **Andrade** & Diogo Bastos **Medeiros**

Criminologia
Decifrada

COORDENAÇÃO
Cláudia Barros
Filipe Ávila
Rogério Greco

2ª edição
revista, atualizada e reformulada

- Os autores deste livro e a editora empenharam seus melhores esforços para assegurar que as informações e os procedimentos apresentados no texto estejam em acordo com os padrões aceitos à época da publicação, e todos os dados foram atualizados pelos autores até a data de fechamento do livro. Entretanto, tendo em conta a evolução das ciências, as atualizações legislativas, as mudanças regulamentares governamentais e o constante fluxo de novas informações sobre os temas que constam do livro, recomendamos enfaticamente que os leitores consultem sempre outras fontes fidedignas, de modo a se certificarem de que as informações contidas no texto estão corretas e de que não houve alterações nas recomendações ou na legislação regulamentadora.

- Fechamento desta edição: *10.11.2022*

- Os autores e a editora se empenharam para citar adequadamente e dar o devido crédito a todos os detentores de direitos autorais de qualquer material utilizado neste livro, dispondo-se a possíveis acertos posteriores caso, inadvertida e involuntariamente, a identificação de algum deles tenha sido omitida.

- Atendimento ao cliente: (11) 5080-0751 | faleconosco@grupogen.com.br

- Direitos exclusivos para a língua portuguesa
  Copyright © 2023 *by*
  Editora Forense Ltda.
  Uma editora integrante do GEN | Grupo Editorial Nacional
  Travessa do Ouvidor, 11 – Térreo e 6º andar
  Rio de Janeiro – RJ – 20040-040
  www.grupogen.com.br

- Reservados todos os direitos. É proibida a duplicação ou reprodução deste volume, no todo ou em parte, em quaisquer formas ou por quaisquer meios (eletrônico, mecânico, gravação, fotocópia, distribuição pela Internet ou outros), sem permissão, por escrito, da Editora Forense Ltda.

- Esta obra passou a ser publicada pela Editora Método | Grupo GEN a partir da 2ª edição.

- Capa: Bruno Sales Zorzetto

- **CIP – BRASIL. CATALOGAÇÃO NA PUBLICAÇÃO**
  SINDICATO NACIONAL DOS EDITORES DE LIVROS, RJ

A565c
2. ed.

    Andrade, Anezio
        Criminologia decifrada / Anezio Andrade, Diogo Medeiros ; coordenação Cláudia Barros , Filipe Ávila , Rogério Greco. - 2. ed. - Rio de Janeiro : Método, 2023.
        (Decifrado)

    Inclui bibliografia
    ISBN 978-65-5964-631-9

        1. Criminologia - Brasil. 2. Serviço público - Brasil - Concursos. I. Medeiros, Diogo. II. Barros, Cláudia. III. Ávila, Filipe. IV. Greco, Rogério. V. Título. VI. Série.

21-75197
                      CDU: 349.2(81)

Gabriela Faray Ferreira Lopes - Bibliotecária - CRB-7/6643

Sobre os Coordenadores

CLÁUDIA BARROS PORTOCARRERO

Promotora de Justiça. Mestre em Direito Público. Professora de Direito Penal e Legislação Especial na Escola da Magistratura dos Estados do Rio de Janeiro e Espírito Santo, na Escola de Direito da Associação e na Fundação Escola do Ministério Público do Rio de Janeiro. Professora de Direito Penal Econômico da Fundação Getulio Vargas. Professora em cursos preparatórios. Autora de livros e palestrante.

@claudiabarrosprof

FILIPE ÁVILA

Formado em Direito pela Universidade Estadual de Mato Grosso do Sul. Foi aprovado no concurso de Agente de Polícia PC/DF (2013), tendo atuado por aproximadamente quatro anos na área de investigação criminal de diversas delegacias especializadas no Distrito Federal (Coordenação de Homicídios-CH; Coordenação de Repressão aos Crimes Contra o Consumidor, a Propriedade Imaterial e a Fraudes-CORF; Delegacia de Proteção à Criança e ao Adolescente-DPCA; Delegacia Especial de Atendimento à Mulher-DEAM). Posteriormente, pediu exoneração do cargo e, atualmente, é professor exclusivo do AlfaCon nas disciplinas de Direito Penal e Legislação Criminal, com foco em concursos públicos. Na mesma empresa, coordenou a criação de curso voltado para a carreira de Delegado de Polícia.

@filipeavilaprof

ROGÉRIO GRECO

Procurador de Justiça do Ministério Público do Estado de Minas Gerais. Pós-doutor pela Università degli Studi di Messina, Itália. Doutor pela Universidad de Burgos, Espanha. Mestre em Ciências Penais pela Universidade Federal de Minas Gerais. Especialista em Teoria do Delito pela Universidad de Salamanca, Espanha. Formado pela National Defense University, Washington, Estados Unidos, em Combate às Organizações Criminosas Transnacionais e Redes Ilícitas nas Américas. Professor de Direito Penal e palestrante em congressos e universidades no País e no exterior. Autor de diversas obras jurídicas. Embaixador de Cristo.

Apresentação da Coleção

A **Coleção Decifrado** da Editora Método foi concebida visando, especialmente, ao público que se prepara para provas de concursos jurídicos (os mais variados), embora atenda perfeitamente às necessidades dos estudantes da graduação, os quais em breve testarão o conhecimento adquirido nas salas de aula – seja no Exame da Ordem, seja em concursos variados.

Nessa toada, destacamos que o grande diferencial da coleção consiste na metodologia do "objetivo e completo".

Objetivo, àqueles que têm pressa e necessitam de um material que foque no que realmente importa, sem rodeios ou discussões puramente acadêmicas que não reflitam na prática dos certames.

Completo, porque não foge a nenhuma discussão/posicionamento doutrinário ou jurisprudencial que já tenha sido objeto dos mais exigentes certames. Para tanto, embora os autores não se furtem à exposição de seu posicionamento quanto a temas controversos, empenham-se em destacar a posição que, por ser majoritária, deverá ser adotada em prova.

Na formulação de cada obra, os autores seguiram o padrão elaborado pelos coordenadores a partir de minudente análise das questões extraídas dos principais concursos jurídicos (Magistratura, Ministério Público, Delegado, Procuradoria, Defensoria etc.), indicando tópicos obrigatórios, sem lhes tirar a liberdade de acrescentar outros que entendessem necessários. Foram meses de trabalho árduo, durante os quais sempre se destacou que o **foco da coleção é a entrega de um conteúdo apto a viabilizar a aprovação do candidato em todas as fases das mais exigentes provas e concursos do país.**

Para tanto, ao longo do texto, e possibilitando uma melhor fluidez e compreensão dos temas, a coleção conta com fartos e atualizados julgados ("Jurisprudência destacada") e questões comentadas e gabaritadas ("Decifrando a prova").

Como grande diferencial, contamos ainda com o **Ambiente Digital Coleção Decifrado**, pelo qual é possível ter uma maior interação com os autores e é dado acesso aos diferentes conteúdos de todos os títulos que compõem a coleção, como informativos dos Tribunais Superiores, atualizações legislativas, webinars, mapas mentais, artigos, questões de provas etc.

Convictos de que o objetivo pretendido foi alcançado com sucesso, colocamos nosso trabalho à disposição dos leitores, futuros aprovados, que terão em suas mãos obras completas e, ao mesmo tempo, objetivas, essenciais a todos que prezam pela otimização do tempo na preparação.

Cláudia Barros Portocarrero, Filipe Ávila e Rogério Greco

Apresentação da obra

CRIMINOLOGIA PARA CONCURSOS

A criminologia é uma disciplina que vem sendo cada vez mais cobrada em provas de concursos públicos, em especial para carreiras policiais e jurídicas. O grande desafio encontrado na matéria é entender conceitos muitas vezes acadêmicos e abstratos, que acabam fugindo da atenção geral do aluno na graduação. Aliás, trata-se de matéria normalmente optativa nos cursos de Direito.

A maior missão dessa obra foi conseguir "traduzir" tais termos para o mundo dos concursos, de forma prática e simples, sem os floreios presentes em obras acadêmicas. O objetivo deste livro não é, em absoluto, formar criminólogos, com estudos aprofundados e discussões acadêmicas, mas oferecer uma solução prática para provas de concursos públicos.

Nossa meta é dar a você subsídios suficientes para acertar a maior quantidade de questões, tomando o mínimo do seu tempo, o que, como sabemos, é muito escasso, com dezenas de outas matérias para serem estudadas.

Em um primeiro momento, para aqueles que não têm qualquer familiaridade com a disciplina, pode-se achar que se trata de um conteúdo extremamente complexo e abstrato, o que não deixa de ser verdade. Contudo, analisando detidamente as questões de provas que já abordaram o tema, percebe-se que o nível de profundidade das questões em geral é baixo e concentrado em tópicos bem específicos.

Embora a matéria seja muito complexa, heterogênea, diversificada, historicizada, seu tratamento na formulação de questões em provas de concursos é bastante simplificado e repetitivo, sendo fácil perceber que não se requer um grande aprofundamento, mas, sim, o conhecimento básico de determinados conceitos e do sentido das principais teorias.

Esse foi o norte desta obra, que conta com centenas de assertivas de questões de concursos, demonstrando na prática como o conteúdo é cobrado. Além disso, buscamos usar, como dito, uma linguagem simples, clara e objetiva, com vários esquemas e destaques, sempre focando nos tópicos que têm maior probabilidade de aparecer nas provas.

Analisamos centenas de questões de criminologia que foram objeto de cobrança nos últimos anos em concursos de carreiras jurídicas, em especial para Delegado de Polícia, Promotor de Justiça, Magistratura e Defensoria de diversas bancas organizadoras.

Com isso, foi possível traçar um perfil de cobrança da matéria, direcionando os estudos do concurseiro aos pontos de maior relevância.

A seguir, indicamos quais são os conteúdos mais cobradas nos concursos citados anteriormente.

Tópico	Incidência	Capítulo do livro
Teorias criminológicas sociológicas – sociologia criminal	32,80%	3
Controle social – prevenção e reação à criminalidade	21,23%	5
Evolução histórica e escolas criminológicas tradicionais	14,14%	2
Noções introdutórias sobre a criminologia moderna	12,63%	1
Temas contemporâneos de criminologia	12,63%	6 e 7
Vitimologia	6,57%	4

Incidência de questões de criminologia em concursos para carreiras jurídicas

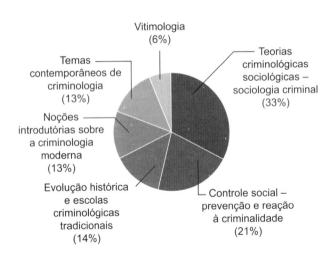

Dentro de cada conteúdo, foram analisados detidamente quais os pontos com maior incidência e demonstrados durante o livro.

Assim sendo, o aluno que optar por utilizar esta obra pode ter a certeza de que o conteúdo foi escolhido cuidadosamente para abranger a maior parte das questões, sem adicionar temas que fossem apenas ocupar o tempo escasso de quem se prepara para concursos públicos.

Os dados estatísticos apresentados servem apenas para direcionar os estudos, contudo, você já deve ter percebido que o conteúdo de criminologia em geral não é grande e pode ser um importante diferencial nas provas, com um ótimo custo-benefício se estudado detidamente.

Ademais, alguns tópicos com até considerável pouca incidência, como a vitimologia, foram sintetizados e podem ser estudados rapidamente.

Já tópicos com maior incidência, como as teorias criminológicas sociológicas, são extensos e densos, exigindo um pouco mais de atenção e dedicação.

Sendo assim, a mensagem que se quer passar é para que não se negligencie nenhuma parte do conteúdo, que, como dito, é pequeno e vai lhe render pontos valiosos no certame.

Por fim, sugerimos ao candidato que faça uma análise detida de seu edital e verifique qual o capítulo do livro que trata de cada tema, na medida em que a cobrança dos tópicos é bastante heterogênea em cada certame. Assim, pode-se otimizar ainda mais o tempo, sem que seja necessário estudar tópicos que não serão objeto de questões na prova.

Nota à 2ª edição

A 2ª edição deste livro foi revista, atualizada e ampliada.

Foram inseridas diversas questões novas dos maiores concursos públicos no Brasil, pertinentes a cada um dos temas que se apresentam.

Ampliaram-se o tema de sociologia criminal e, principalmente, as teorias sociológicas do conflito, esquematizando as principais ideias sobre o tema.

Além do mais, considerando a pertinência de temas novos cobrados em concursos, acrescentaram-se capítulos específicos de Criminologia e Segurança Pública e de Criminologia e Direitos Humanos, na perspectiva dos autores clássicos mais consagrados do tema.

Foram inseridos tabelas, quadros comparativos, esquemas e gráficos para melhor compreensão e memorização do leitor concurseiro.

Bons estudos e forte abraço!

Sumário

1	**Noções introdutórias sobre a criminologia moderna**		**1**
1.1	Conceito moderno de criminologia		1
	1.1.1	Criminologia como ciência autônoma e seu método de estudo	2
	1.1.2	Interdisciplinaridade	6
	1.1.3	Função e finalidade	7
1.2	Os objetos de estudo da criminologia moderna: delito, delinquente, vítima e controle social		10
	1.2.1	Delito	12
	1.2.2	Delinquente	15
	1.2.3	Vítima	16
	1.2.4	Controle social	17
1.3	Classificações da criminologia		19
1.4	Ciências penais e criminologia		20
	1.4.1	Ciências criminais	23
2	**Evolução histórica e escolas criminológicas tradicionais**		**25**
2.1	Fase pré-científica		25
	2.1.1	Antiguidade	25
		2.1.1.1 Grécia	27
		2.1.1.2 Roma	28
	2.1.2	Idade Média	29
	2.1.3	Pseudociências ou ciências ocultas	30
	2.1.4	O Iluminismo	31
2.2	Escolas criminológicas tradicionais		32

2.2.1	Escola Clássica		32
2.2.2	Escola Cartográfica		39
2.2.3	Escola Positiva		39
	2.2.3.1	Cesare Lombroso e a fase antropológica do positivismo	41
	2.2.3.2	Enrico Ferri e a fase da sociologia criminal	45
	2.2.3.3	Rafael Garófalo (ou Raffaele Garofalo) e a fase jurídica do positivismo	47
2.2.4	"Luta" entre as Escolas Clássica e Positiva		50
2.2.5	Escola Alemã		52
2.2.6	*Terza Scuola Italiana* (Terceira Escola Italiana)		52
2.2.7	Escola Técnico-Jurídica		53
2.2.8	Escola de Lyon		54
2.2.9	Escola Correcionalista		54
2.2.10	Nova Defesa Social		55
2.2.11	Escolas penais no Brasil		55

3 Teorias criminológicas sociológicas – sociologia criminal ... 59

3.1	Noções gerais		59
3.2	Teorias do consenso		62
	3.2.1	Escola de Chicago	62
		3.2.1.1 Teoria da desorganização social ou ecologia criminal	64
		3.2.1.2 Áreas de delinquência	65
		3.2.1.3 Teoria das janelas quebradas	67
		3.2.1.4 Tolerância zero (movimento Lei e Ordem)	68
	3.2.2	Teoria da subcultura delinquente	70
	3.2.3	Teoria da associação diferencial	72
	3.2.4	Teoria da anomia	74
		3.2.4.1 Émile Durkheim	76
		3.2.4.2 Robert King Merton	79
3.3	Teorias de conflito		82
	3.3.1	Teoria crítica	84
		3.3.1.1 Criminologia radical (nova criminologia marxista)	86
		3.3.1.2 Criminologia da pacificação	87
		3.3.1.3 Criminologia crítica de Alessandro Baratta	87
		3.3.1.4 Criminologia realista/realismo de esquerda	88
		3.3.1.5 Criminologia verde	88

		3.3.1.6	Criminologia pós-moderna	90
	3.3.2	Teoria do etiquetamento (*labeling approach*)		90
	3.3.3	Criminologia da reação social		96
3.4	Síntese das escolas criminológicas			97
	3.4.1	Pseudociências		97
	3.4.2	Escola Clássica		97
	3.4.3	Escola Cartográfica		98
	3.4.4	Escola Positiva		98
	3.4.5	Teorias sociológicas		98
		3.4.5.1	Teorias sociológicas do consenso	99
			3.4.5.1.1 Escola de Chicago	99
			3.4.5.1.2 Escola da associação diferencial	99
			3.4.5.1.3 Teoria da subcultura delinquente	100
			3.4.5.1.4 Teoria da anomia	100
		3.4.5.2	Teorias sociológicas do conflito	101
			3.4.5.2.1 Teoria do etiquetamento/rotulação/*labelling approach*	101
			3.4.5.2.2 Teoria crítica	101

4 Vitimologia — 103

4.1	Papel da vítima no fenômeno criminal		103
	4.1.1	Fases de importância da vítima	103
	4.1.2	Modelos de reação ao delito e vitimologia	104
4.2	Noções gerais sobre vitimologia		105
	4.2.1	Processo de vitimização	107
	4.2.2	Conceito de vítima	111
	4.2.3	Classificações de vítimas	111
	4.2.4	Vitimodogmática	115
4.3	Síndromes envolvendo vítimas		116
	4.3.1	Síndrome de Estocolmo	116
	4.3.2	Síndrome de Londres	117
	4.3.3	Síndrome da Mulher de Potifar	118
	4.3.4	Síndrome de Lima	119
	4.3.5	Síndrome de Oslo	119
	4.3.6	Síndrome de Otelo	119
	4.3.7	Síndrome de Dom Casmurro	119
	4.3.8	Síndrome da Barbie	120

5	Controle social – prevenção e reação à criminalidade no Estado Democrático de Direito	121
5.1	Prevenção do delito no Estado Democrático de Direito	121
	5.1.1 Espécies de prevenção	121
	5.1.2 Instâncias de controle da criminalidade	125
	5.1.3 Modelos teóricos de prevenção ao delito	127
5.2	Prevenção situacional	128
5.3	Modelos de reação ao delito	128
5.4	Penalogia e a prevenção e repressão ao delito	130
	5.4.1 Teorias da pena	130
	5.4.1.1 Teorias absolutas	131
	5.4.1.2 Teorias relativas	133
	5.4.1.3 Teorias da prevenção geral	134
	5.4.1.4 Teorias da prevenção especial	138
	5.4.1.5 Teorias unitárias ou mistas	140
	5.4.1.6 Teorias deslegitimadoras	143
5.5	Processo de criminalização	143
5.6	Estatísticas e cifras criminais	145

6	Discursos punitivos e movimentos ideológicos	149
6.1	Discursos punitivos	149
	6.1.1 Teoria das janelas quebradas	149
	6.1.2 Tolerância zero (movimento Lei e Ordem)	150
	6.1.3 Direito penal do inimigo	151
	6.1.4 Direito penal simbólico ou de emergência e direito penal promocional, populismo penal	154
	6.1.5 Tendências securitária, justicialista e belicista	155
6.2	Movimentos ideológicos	156
	6.2.1 Direito penal mínimo	156
	6.2.2 Garantismo penal	157
	6.2.3 Teoria agnóstica da pena	159
	6.2.4 Abolicionismo	160
	6.2.4.1 Louk Hulsman	161
	6.2.4.2 Thomas Mathiesen	162
	6.2.4.3 Nils Christie	162

7	**Temas contemporâneos de criminologia e de política criminal**		**165**
7.1	Política criminal atuarial		165
7.2	Crimes do colarinho branco (*white-collar crimes*)		167
	7.2.1	Associação diferencial	168
	7.2.2	Cifras douradas e obstáculos à repressão	169
	7.2.3	Conclusões	170
7.3	Criminologia e crime organizado		171
7.4	Criminologia ambiental		173
	7.4.1	*Hotspots* criminais	174
	7.4.2	Teoria das atividades rotineiras	174
	7.4.3	Teoria da escolha racional	175
7.5	Mídia e criminalidade		176
7.6	Política criminal de drogas		177
7.7	Criminologia cultural		178
7.8	Criminologia feminista		180
7.9	Criminologia *queer*		183
7.10	Criminologia do desenvolvimento		184
7.11	Técnicas e testes criminológicos		185
	7.11.1	Perfilamento criminal (*criminal profiling*)	185
	7.11.2	Testes de personalidade	186
	7.11.3	Testes de inteligência	187
7.12	Fatores sociais desencadeadores de criminalidade		187
7.13	Teorias psicanalíticas da criminalidade		188
	7.13.1	Delito por sentimento de culpa de Freud	189
	7.13.2	A antipsiquiatria	190
8	**Criminologia e segurança pública**		**191**
8.1	Policiamento e segurança pública no século XXI		191
	8.1.1	Polícia – terminologia e surgimento	191
	8.1.2	A segurança pública na Constituição Federal	193
	8.1.3	Criminologia e segurança pública	194
	8.1.4	Polícia e sistema penal – direito penal subterrâneo, policização e militarização	196
	8.1.5	Desafios da segurança pública do século XXI	197
	8.1.6	A extensão da criminalidade no mundo e no Brasil	200
	8.1.7	Estudo do homicídio	201

8.2		Criminologia e sistema carcerário..	203
	8.2.1	Sistema penal e reprodução da realidade social................................	203
	8.2.2	Cárcere e marginalidade social...	205
	8.2.3	Prisão na sociedade moderna...	208
	8.2.4	Foucault e a questão prisional...	212
	8.2.5	O encarceramento no Brasil...	215
	8.2.6	Política de guerras às drogas e superencarceramento......................	224
	8.2.7	Prisão como pena hegemônica e alternativas à prisão	226
9		**Criminologia e direitos humanos..**	**229**
9.1		Criminologia, política criminal e direitos humanos...	230
	9.1.1	Criminologia do reconhecimento e dignidade da pessoa humana.......	233
	9.1.2	Criminologia, invisibilidade e reconhecimento	234
	9.1.3	Criminologia, direitos humanos e grupos vulneráveis......................	235
	9.1.4	Criminologia, direitos humanos e racismo estrutural.......................	238
	9.1.5	Criminologia das relações raciais e letalidade policial	242
	9.1.6	Política criminal alternativa	245
Referências..			**247**

Noções introdutórias sobre a criminologia moderna

1.1 CONCEITO MODERNO DE CRIMINOLOGIA

Etimologicamente, a palavra **criminologia** vem do latim *crimino* (crime) e do grego *logos* (estudo), assim sendo, literalmente, significa "o estudo do crime". Essa definição, apesar de incompleta, como veremos adiante, não está errada. Do ponto de vista histórico, a palavra criminologia foi cunhada pela primeira vez pelo antropólogo francês **Paul Topinard** (1830-1911) em 1883 e utilizada largamente após a publicação do livro *Criminologia*, escrito pelo jurista italiano **Raffaele Garofalo** (1851-1934) em 1885 (PENTEADO FILHO, 2014, p. 21).

O conceito de criminologia não é algo uniforme na doutrina e evoluiu com o decorrer dos anos.

Compilando os conceitos, principalmente para fins de concursos públicos, podemos conceituar a criminologia, de uma forma didática e completa, como sendo: **uma ciência autônoma, empírica, indutiva, interdisciplinar, zetética, que tem como objetos de estudo o delito, o delinquente, a vítima e o controle social, com a finalidade de, a partir da experiência e observação, explicar, compreender e mudar a realidade criminal, com a função de subsidiar as tomadas de decisões e demais ciências enxergando o crime (ou fenômeno criminal) como um fato social.**

Decifrando a prova

(2019 – Instituto Acesso – Polícia Civil/ES – Delegado de Polícia – Adaptada) A Criminologia adquiriu autonomia e *status* de ciência quando o positivismo generalizou o emprego de seu método. Nesse sentido, é correto afirmar que a criminologia é uma ciência do "ser" e, logo, serve-se do método indutivo e empírico, baseado na análise e observação da realidade?
( ) Certo   ( ) Errado
Gabarito comentado: estudaremos o positivismo mais adiante, contudo, neste momento, é importante memorizar o método utilizado pela criminologia, seja método indutivo e empírico. Portanto, a assertiva está certa.

Cada palavra dessa definição é importante para fins de concursos públicos e serão todas esmiuçadas ao longo desta obra. Veja a seguir as palavras-chave que você já deve começar a memorizar.

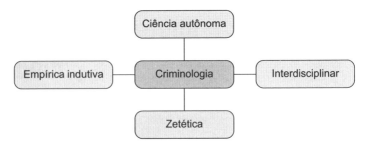

> **Decifrando a prova**
>
> **(2016 – Cebraspe/Cespe – Polícia Civil/PE – Delegado de Polícia – Adaptada)** A criminologia moderna ocupa-se com a pesquisa científica do fenômeno criminal – suas causas, características, sua prevenção e o controle de sua incidência –, sendo uma ciência causal-explicativa do delito como fenômeno social e individual.
> ( ) Certo ( ) Errado
> **Gabarito comentado:** a questão aborda o conceito moderno de criminologia, o qual delimita o método e as finalidades. Verifica-se que quando a assertiva aborda a "pesquisa científica do fenômeno criminal" trata, em síntese, do método empírico (análise e observação da realidade) e causas, características, prevenção e controle são as finalidades da criminologia. Portanto, a assertiva está correta.

Podemos dizer a que a criminologia é a ciência que estuda a criminalidade e a periculosidade preparatória da criminalidade dos seguintes objetos:

- as causas e as concausas;
- as manifestações e os seus efeitos;
- a etiologia e suas derivações.

1.1.1 Criminologia como ciência autônoma e seu método de estudo

Apesar de no passado já ter sido discutível a classificação da criminologia como uma ciência autônoma, em especial com relação ao direito penal, atualmente não há dúvidas em classificá-la desta forma.

Como qualquer outra área que se debruce sobre o fenômeno criminal, a criminologia, não traz um diagnóstico absoluto e definitivo sobre o problema criminal, mas sim uma ideia relativa, na medida em que com o tempo e o progresso, as teorias se superam e agregam novos valores e visões.

Quando nasceu, a criminologia tratava de explicar a origem da delinquência utilizando o método das ciências, o esquema **causal e explicativo**, ou seja, buscava a causa do efeito produzido. Pensou-se que erradicando a causa se eliminaria o efeito, como se fosse suficiente fechar as maternidades para o controle da natalidade.

De maneira científica e autônoma, a criminologia "nasce" com a publicação da obra de Cesare Lombroso chamada de *L'Uomo Delinquente* (O Homem Delinquente), em 1876.

Já existiram várias outras tendências causais como embriões da criminologia. A maioria delas baseada no iluminismo e contratualismo do fim da Idade Média. Um dos principais expoentes da época, Rousseau, pensou que a criminologia deveria procurar a causa do delito na sociedade. Já para Lombroso, para erradicar o delito, deveríamos encontrar a eventual causa no próprio delinquente, e não no meio.

Modernamente, fala-se no elemento biopsicossocial. O crime é visto como um fenômeno multicausal.

Dada sua interdisciplinaridade, a criminologia acaba sempre transitando pelas teorias que buscam analisar **o crime, a criminalidade, o criminoso e a vítima**. Passa pela sociologia, pela psicopatologia, psicologia, biologia, religião, antropologia, política; enfim, a criminologia habita o universo da ação humana, buscando uma noção holística do fenômeno criminal.

Não se trata de uma ciência teleológica, que analisa as raízes do crime para discipliná-lo, mas de uma ciência **causal-explicativa**, que retrata o delito enquanto fato, perquirindo as suas origens, razões da sua existência, os seus contornos e forma de exteriorização.

Trata-se de ciência **autônoma,** isso porque tem objeto, método de estudo e finalidade própria. Assim sendo, não se trata de um sub-ramo ou depende a qualquer outra ciência, nem mesmo ao direito penal, da qual já ganhou autonomia há muito tempo.

O método do estudo da criminologia é o **empírico**, como o é a maior parte das ciências. O empirismo é baseado na observação, pesquisa, interpretação, comparação e conclusão dos fatos sociais. O que de fato distingue a criminologia é o fato de se utilizar como método o empírico **indutivo**.

O método **indutivo** se contrapõe ao **dedutivo**. Neste, parte-se de algo definido (dogma) para os fatos sociais. É o que o ocorre, por exemplo, no direito penal, no qual se tem determinada conduta tipificada como crime e, em havendo a subsunção da conduta ao fato típico, resta praticado o delito. Já naquele, parte-se dos fatos sociais para a conclusão. É o que ocorre na criminologia: primeiro observamos o mundo dos fatos para, depois, chegarmos a qualquer conclusão. Isso é comum em outras ciências humanas como a filosofia e sociologia.

Método **dedutivo** se trata de uma forma de análise informativa para que se chegue a uma solução. Com isso, nos valemos de uma dedução para que possamos achar um resultado. Ele funciona de maneira sequenciada e correspondente. Isso porque deve apresentar soluções verdadeiras com base em premissas verdadeiras, respeitando uma lógica validada.

O método **indutivo** é uma forma de raciocínio que considera casos gerais para montar conclusões. A ideia é tirar de um quadro geral informações que possam levar a outros resultados.

Método dedutivo: parte-se de algo definido (dogma) para os fatos sociais

Método indutivo: é uma forma de raciocínio que considera casos gerais para montar conclusões

Decifrando a prova

(2018 – Cebraspe/Cespe – Delegado de Polícia Civil – PC/SE – Adaptada) Acerca do conceito e das funções da criminologia, julgue o item seguinte:
A pesquisa criminológica científica visa evitar o emprego da intuição ou de subjetivismos no que se refere ao ilícito criminal, haja vista sua função de apresentar um diagnóstico qualificado e conjuntural sobre o delito.
( ) Certo   ( ) Errado
Gabarito comentado: ao usar o método empírico, a criminologia passa a lançar mão de cientificidade na análise do delito, buscando se livrar de subjetivismos. Portanto, a assertiva está certa.

Com isso, conseguimos fazer a construção de novas informações a partir de premissas antigas. Tudo acontece por meio da vigilância sistemática de alguns fatos encontrados anteriormente. Um estudioso pode repetir diversas teorias e fazer suposições em cima da ocorrência delas.[1]

Decifrando a prova

(2019 – Instituto Acesso – Delegado de Polícia – PC/ES – Adaptada) A criminologia adquiriu autonomia e *status* de ciência quando o positivismo generalizou o emprego de seu método. Nesse sentido, é correto afirmar que a criminologia é uma ciência do "ser"; logo, serve-se do método indutivo e empírico, baseado na análise e observação da realidade.
( ) Certo   ( ) Errado
Gabarito comentado: o método científico usado pela criminologia é justamente o indutivo e empírico. Portanto, a assertiva está certa.

---

[1] Método dedutivo e indutivo: definição e diferenças, *Psicanálise Clínica*, 2019. Disponível em: https://www.psicanaliseclinica.com/metodo-dedutivo-e-indutivo/. Acesso em: 23 ago. 2020.

É justamente nesse ponto que a criminologia se coloca como ciência **zetética**, pois prioriza **a visão humanística**, a capacidade de refletir sobre os fatos para torná-los mais condizentes com a realidade social, contrapondo-se às ciências dogmáticas (como o direito penal).

Decifrando a prova

(2019 – Instituto Acesso – Delegado de Polícia – PC/ES – Adaptada) A criminologia adquiriu autonomia e *status* de ciência quando o positivismo generalizou o emprego de seu método. Nesse sentido, é correto afirmar que a criminologia é uma ciência empírica e teorética; logo, utiliza-se do método indutivo e empírico, baseado em deduções lógicas e opinativas tradicionais.
( ) Certo   ( ) Errado
Gabarito comentado: a criminologia é uma ciência **zetética**, além disso, não se baseia em deduções lógicas. Portanto, a assertiva está errada.

As disciplinas de enfoque zetético privilegiam a **pergunta** em detrimento da resposta. Estão a todo momento procurando refletir criticamente sobre a realidade social. São disciplinas especulativas, como a Filosofia do Direito, Antropologia Jurídica, História do Direito, Sociologia do Direito etc.

Já as disciplinas de enfoque **dogmático** enfatizam o aspecto **resposta** em detrimento do aspecto pergunta. Toda vez que nos valemos de uma abordagem dogmática, buscamos premissas de raciocínio (dogmas). Prescinde a reflexão crítica. Prescinde a problematização. Não há espaço para a reflexão crítica do universo. No campo do Direito, o dogma é a norma.

Decifrando a prova

(2017 – Fapems – Delegado de Polícia – PC/MS – Adaptada) A atividade policial dentre suas finalidades deve prevenir e reprimir o crime. Em particular, à polícia judiciária cabe investigar, com o fim de esclarecer fatos delitivos que causaram danos a bens jurídicos relevantes tutelados pelo direito penal. A criminologia dada a sua interdisciplinaridade constitui ciência de suma importância na atividade policial por socorrer-se de outras ciências para compreender a prática delitiva, o infrator e a vítima, possuindo métodos de investigação que visam a atender sua finalidade. Diante do exposto, analise a assertiva a seguir sobre a criminologia como ciência e seus métodos:
Os métodos biológico e sociológico são utilizados pela criminologia, que, por meio do empirismo e da experimentação, estuda a motivação criminosa do sujeito.
( ) Certo   ( ) Errado
Gabarito comentado: de fato, a criminologia como uma ciência interdisciplinar se utiliza de vários ramos do saber e, entre eles, estão a biologia e a sociologia. Portanto, a assertiva está certa.

1.1.2 Interdisciplinaridade

Dizer que a criminologia é **interdisciplinar** significa que ela se utiliza de conhecimentos de outras ciências, também autônomas, para chegar a suas conclusões e como parâmetros de estudos.

Isso se dá, no caso da criminologia, a partir da sociologia, filosofia, biologia, medicina, antropologia e muitas outras.

A interdisciplinaridade pode ser percebida até mesmo na sua raiz histórica como ciência. Note-se, por exemplo, seus fundadores foram um médico (Cesare Lombroso), um jurista sociólogo (Enrico Ferri) e um magistrado (Raffaele Garofalo), como analisaremos mais adiante.

Podemos distinguir **interdisciplinaridade** e **multidisciplinaridade**.

Na **interdisciplinaridade** há Intercâmbio mútuo e interação de diversos conhecimentos de forma **recíproca e coordenada**; com perspectiva metodológica comum a todos, buscando integrar os resultados. Assim, permanecem os interesses próprios de cada disciplina, porém, buscam-se soluções de seus próprios problemas por meio da articulação com as outras disciplinas (CARDOSO, 2018).

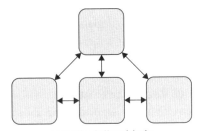

Interdisciplinaridade
Existe cooperação e diálogo entre as disciplinas.
Existe uma ação coordenada

Fonte: Adaptada de: https://minhasmemoriaspraconcurso.wordpress.com/2018/12/15/multi-pluri-inter-trans/. Acesso em: 5 ago. 2022.

Já na **multidisciplinaridade** mais de uma disciplina, que aparentemente não tem relação uma com a outra, permanece com sua metodologia própria. Assim sendo, não há um resultado integrado. De acordo com Piaget (1972 *apud* POMBO; GUIMARÃES; LEVY, 1994), multidisciplinaridade ocorre quando a solução de um problema requer a obtenção de informações de uma ou mais ciências ou setores do conhecimento **sem que as disciplinas evocadas sejam alteadas ou enriquecidas.**

Multidisciplinaridade
Existe uma temática comum.
Não existe relação nem cooperação entre as disciplinas.

Fonte: Adaptada de: https://osmurosdaescola.wordpress.com/2011/07/06/multi-pluri-trans-inter-mas-o-que-e-tudo-isso/. Acesso em: 5 ago. 2022.

Portanto, a interdisciplinaridade apresenta maior grau de influxo (conexão/diálogo) entre as outras ciências e a multidisciplinaridade menor grau de conexão.

Além do mais, falar que a criminologia utiliza de diversos ramos do saber não significa dizer que ela não tem um conhecimento próprio, pois cria seu conhecimento científico com a contribuição dessas diversas áreas.

> **Decifrando a prova**
>
> **(2018 – Cebraspe/Cespe – PC/MA – Delegado de Polícia – Adaptada)** Julgue o item a seguir:
> Afirmar que a criminologia é interdisciplinar e tem o empirismo como método significa dizer que esse ramo da ciência utiliza um método analítico para desenvolver uma análise indutiva.
> ( ) Certo ( ) Errado
> **Gabarito comentado:** esses são os métodos da criminologia. Portanto, a assertiva está certa.

1.1.3 Função e finalidade

A principal função da criminologia é entender o crime como fenômeno social, em suas diversas facetas, subsidiando outras ciências como o direito penal e a política criminal. Busca-se entender o delito enquanto fato, perquirindo as suas origens, razões da sua existência, os seus contornos e forma de exteriorização.

Podemos dizer, portanto, que a função básica da criminologia consiste em subsidiar a tomada de decisões dentro da sociedade, em especial pelos poderes públicos sobre o delito, o delinquente, a vítima e o controle social. Além de servir como fonte para o próprio direito penal, a partir da produção legislativa, buscando prevenir e intervir com eficácia e de modo positivo no homem delinquente.

A finalidade é justamente buscar diminuir os efeitos da criminalidade na sociedade, na vítima e no próprio criminoso, com diferentes respostas ao fenômeno criminal.

> **Cuidado!**
> A criminologia não tem como objetivo erradicar o crime, pois isso seria uma verdadeira utopia. Não há de se falar em sociedade sem algum grau de presença de delitos. O que se buscar é entender cientificamente esse fenômeno e de alguma forma minimizar seu impacto na sociedade.

José César Naves de Lima Júnior (2017, p. 57), citando Sumariva, afirma que a função da criminologia é informar a sociedade e os Poderes Públicos sobre o crime, o criminoso, a vítima e o controle social. Ademais, busca-se indicar um diagnóstico qualificado e conjuntural sobre crime. No cenário social, seu papel acaba se voltando à luta contra a criminalidade, ao controle e à prevenção do delito.

A criminologia tem as seguintes funções que serão vistas posteriormente:

- explicar o crime – etiologia do crime;
- prevenir o crime;
- intervir na pessoa do infrator;
- avaliar as diferentes formas de resposta ao crime.

Vejamos, rapidamente, cada uma delas:

Explicar o crime (etiologia do crime) – análise diagnóstica do problema criminal por saberes interdisciplinares – sociologia, psicologia, arquitetura, medicina, biologia, entre outras.

Atenção

Etiologia (buscar as causas e origem de um certo fenômeno) é diferente de etimologia (origem, significado das palavras).

Decifrando a prova

(2017 – Cespe/Cebraspe – PC/GO – Delegado de Polícia Substituto – Adaptada) A respeito do conceito e das funções da criminologia, julgue a assertiva:
A determinação da etimologia do crime é uma das finalidades da criminologia.
( ) Certo ( ) Errado
Gabarito comentado: a etiologia (busca das causas) é uma das finalidades da criminologia, e não a etimologia (estudo ou origem das palavras). Portanto, a assertiva está errada.

Prevenir/controlar o crime – reduzir o crime e a criminalidade. Vejamos as etapas de prevenção: primária, secundária e terciária.

Prevenção primária	Prevenção secundária	Prevenção terciária
Atua nas raízes do problema. Medidas indiretas de prevenção.	Atua onde ocorre o crime. Prevenção situacional.	Tem um destinatário específico: o preso/detento. Destina-se à ressocialização.
Atua antes que o crime aconteça. A médio e longo prazos.	Atua no momento em que o crime está acontecendo.	O crime já ocorreu. Atua no âmbito penitenciário.

Prevenção primária	Prevenção secundária	Prevenção terciária
Destina-se a todos os cidadãos. Principalmente àqueles que mais precisam de direitos sociais: trabalho, educação, assistência social, moradia.	Atua seletivamente: onde o crime acontece ou acabou de acontecer. Atua nas chamadas zonas quentes de criminalidade.	Destina-se ao preso, pessoa reclusa, quem sofreu uma sanção pelo Estado.
Instrumentaliza-se por políticas sociais – art. 6º da Constituição Federal.	São exemplos: • instalação de câmeras de segurança; • operações policiais; • iluminação pública; • políticas legislativas.	Instrumentos de ressocialização: Exemplo: trabalho no presídio ou fora dele, liberdade assistida.
A finalidade é neutralizar as causas do crime e da criminalidade.	A finalidade é trazer um efeito dissuasório indireto: desvantagens ao cometimento do crime. Ideia de que o "crime não compensa".	A finalidade é evitar a reincidência.

Intervir na pessoa do infrator – de acordo com a doutrina, a função de intervir na pessoa do infrator possui três metas. Vejamos:

- impacto real da pena em quem a cumpre e os seus efeitos;
- desenhar e avaliar programas de reinserção. Não de forma individualizada, mas de forma funcional;
- fazer a sociedade perceber que o crime é um problema de todos. Trata o crime como um problema social.

Avaliar as diferentes formas de resposta ao crime – há três modelos de reação ao crime, segundo a doutrina. Atualmente, também podemos falar no modelo consensual ou negocial.

1. **Modelo clássico, dissuasório ou retributivo:** fundamenta-se na punição do criminoso. A pena possui caráter retributivo, existe para reparar o mal causado pelo criminoso. A vítima e a sociedade não participam do conflito. Os protagonistas: estado x réu.

> **Importante**
>
> O modelo dissuasório clássico reconhece o efeito da intimidação ao crime pela pena, pela perfeita perseguição penal dos órgãos responsáveis e pela eficaz aplicação da lei, o que inibe a atuação desviante do indivíduo.

2. **Modelo ressocializador:** fundamenta-se na reinserção social do delinquente. O protagonista é a sociedade.

3. **Modelo restaurador, integrador ou de Justiça Restaurativa:** fundamenta-se na reparação do dano à vítima, a qual exerce um papel central. A Lei nº 9.099/1995 é um exemplo de Justiça Restaurativa. Protagonista é a vítima.
4. **Modelo consensual/negocial**: fundamenta-se na negociação entre Estado e criminoso. Atualmente, é aplicada no direito processual penal com o instituto do acordo de não persecução penal (art. 28-A do Código de Processo Penal) ou até mesmo pelo instituto da delação premiada, nos termos da Lei nº 12.850/2013.

1.2 OS OBJETOS DE ESTUDO DA CRIMINOLOGIA MODERNA: DELITO, DELINQUENTE, VÍTIMA E CONTROLE SOCIAL

Toda ciência deve ter um objeto, um método e uma finalidade. É o objeto que distingue as ciências. Método é o fim que conduz ao conhecimento ou à verdade científica.

Uma das características **que mais se destaca na moderna criminologia** é a progressiva ampliação e problematização do seu objeto.

> **Decifrando a prova**
>
> **(2014 – Fundep – Ministério Público Estadual/MG – Promotor de Justiça – Adaptada)**
> É certo ou errado afirmar que é característica da chamada "nova criminologia" o deslocamento do interesse cognoscitivo das causas do desvio criminal para os mecanismos sociais e institucionais por meio dos quais é construída a "realidade social" do desvio?
> ( ) Certo   ( ) Errado
> **Gabarito comentado:** a criminologia moderna enxerga o delito como sendo um fenômeno social e multicausal, ou seja, tira-se o foco apenas da pessoa do criminoso e transfere-se parte da responsabilidade da conduta delitiva a toda a sociedade. Portanto, a assertiva está certa.

Com o passar do tempo, o objeto de estudo da criminologia sofreu fortes mudanças. Inicialmente o foco era o crime na Escola Clássica. Depois passou-se a focar a pessoa do criminoso, a partir dos estudos de Lombroso, na Escola Positiva.

Até o século XX, a criminologia possuía apenas dois objetos de estudo: **delito** e **delinquente**.

A partir da década de 1950, iniciou-se um estudo sistemático das vítimas por Benjamin Mendelsohn. Na mesma época começou a existir no âmbito da criminologia a preocupação com a reação e controle social frente à criminalidade.

Assim sendo, vemos que o objeto da criminologia sofreu uma progressiva ampliação e problematização. Houve um deslocamento do interesse do estudo criminológico simplista, focado apenas no crime e criminoso, para um caráter mais dinâmico e pluralista.

A criminologia moderna **enxerga o delito como sendo um fenômeno social** e multicausal, ou seja, tira-se o foco apenas da pessoa do criminoso e transfere-se parte da responsabilidade da conduta delitiva a toda a sociedade, ao contrário do que era apregoado nas teorias clássica e positiva.

Atualmente podemos dizer que o estudo da criminologia tem como elementos essenciais (objeto) **o delito, o delinquente, a vítima e o controle social.**

Deverá ela orientar a política criminal na prevenção especial e direta dos crimes socialmente relevantes, na intervenção relativa às suas manifestações e aos seus efeitos graves para determinados indivíduos e famílias. Deverá orientar também a política social na prevenção geral e indireta das ações e omissões que, embora não previstas como crimes, merecem a reprovação máxima.

Não se preocupe com o detalhamento destes objetos agora, pois cada um deles será alvo de aprofundamento no momento oportuno no decorrer da obra. Você precisa agora apenas memorizar cada um desses itens, pois são comumente cobrados em provas. Observe uma breve conceituação deles.

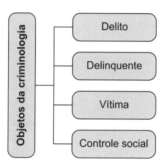

Decifrando a prova

(2015 – Vunesp – Polícia Civil/CE – Delegado de Polícia – Adaptada) Verifique se a afirmativa a seguir é correta ou incorreta:
Os objetos de estudo da moderna criminologia estão divididos em quatro vertentes: delito, delinquente, vítima e controle social.
( ) Certo ( ) Errado
Gabarito comentado: trata-se dos objetos descritos pela criminologia moderna: delito, delinquente, vítima e controle social. Portanto, a assertiva está certa.

(2021 – Cespe/Cebraspe – Polícia Federal – Delegado de Polícia Federal) No que se refere à criminologia, julgue o item a seguir:
Os objetos da criminologia são o delinquente, a vítima, o controle social e a justiça criminal.
( ) Certo ( ) Errado
Gabarito comentado: justiça criminal não é objeto da criminologia. Conforme visto, são objetos da criminologia: crime, criminoso, vítima e controle social. Portanto, a assertiva está errada.

1.2.1 Delito

Para a criminologia, **o crime é um fator humano, cultural e social**.

Assim sendo, a criminologia moderna vê o fenômeno criminal como uma disfunção de toda a sociedade, e não apenas do indivíduo ou de um pequeno grupo de pessoas. Assim sendo, em **primeiro lugar**, se analisam as características sociais e as influências ambientais e, em segundo lugar, o comportamento individual.

Decifrando a prova

(2017 – Cebraspe/Cespe – DPU – Defensor Público Federal) A respeito do conceito e dos objetos da criminologia, julgue o item a seguir:

O desvio ou o delito, objetos da criminologia, devem ser abordados, primordialmente, como um comportamento individual do desviante ou delinquente; em segundo plano, analisam-se as influências ambientais e sociais.

( ) Certo   ( ) Errado

Gabarito comentado: a criminologia moderna vê o fenômeno criminal como uma disfunção de toda sociedade, e não apenas do indivíduo ou de um pequeno grupo de pessoas. Assim sendo, em primeiro lugar se analisam as características sociais e as influências ambientais e, em segundo lugar, o comportamento individual. Portanto, a assertiva está errada.

Preliminarmente, é importante deixar claro que os conceitos de crime para a criminologia e para o direito penal são completamente distintos.

De maneira bastante sucinta, podemos dizer que para o **direito penal** há três conceitos de delito: **material, formal e analítico**.

Conforme a doutrina tradicional, o conceito **material** está vinculado ao ato que possui danosidade social ou que provoque lesão ou exponha lesão a um bem jurídico relevante. O conceito **formal** está ligado ao fato de existir uma lei penal que descreva determinado ato como infração criminal punível, como regra, com penas de detenção e reclusão ou prisão simples, como crime ou contravenção, respectivamente. Já o conceito **analítico** expõe os elementos estruturais e aspectos essenciais do conceito de crime, com as teorias: a) **bipartidas:** fato típico e ilícito; b) **tripartidas:** fato típico, ilícito e culpável (majoritária); e c) **quadripartida:** fato típico, ilícito, culpável e punível.

Como ensina o professor Nestor Sampaio Penteado Filho (2014, p. 23), para a **criminologia**, o crime é um fenômeno social, comunitário e que se mostra como um "problema" maior, a exigir do pesquisador uma empatia para se aproximar dele e o entender em suas múltiplas facetas.

Destarte, a relatividade do conceito de delito é patente na criminologia, que o observa como um problema social.

Sob a ótica da criminologia, no crime, há os seguintes elementos: a) conduta de incidência **massiva** na sociedade; b) produção de **sofrimento** (dor, aflição e angústia); c) **persistência no espaço e no tempo (distribuição no território por tempo juridicamente relevante); d) inequívoco consenso a respeito de sua etiologia e técnicas para intervenção mais eficazes para seu combate; e e) consciência geral sobre a sua negatividade.

Vejamos cada um desses elementos do crime para a criminologia:

1. **Incidência massiva** (o crime deve acontecer frequentemente na sociedade).

O exemplo clássico da doutrina de Sheicara (2020, p. 49) de crime sem incidência massiva é a conduta de molestar cetáceo, algo que não ocorre com frequência no país (art. 1º da Lei nº 7.643/1987).

2. **Incidência aflitiva** (o crime causa dor, medo, temor, repulsa na sociedade).

O exemplo clássico da doutrina é a falta de consenso sobre a lesividade do crime de utilização da expressão "couro sintético" para denominar produtos que não sejam couro de fato, vindo do animal (Lei nº 4.888/1965).

3. **Persistência espaço temporal** (a conduta deve distribuir-se por todo o território nacional e ser reiterada – constante – ao longo do tempo).
4. **Inequívoco consenso a respeito de sua etiologia e técnicas para intervenção mais eficazes para seu combate** (é a consciência da sociedade que aquele fato deva ser criminalizado).
5. **Consciência geral sobre a sua negatividade.**

O exemplo citado por Shecaira é o uso do álcool. Verifica-se que o uso indiscriminado do álcool possui consequências danosas a sociedade: há uma incidência massiva, aflitiva e persistência espaço-temporal. Todavia, será que hoje em dia alguém defenderia a criminalização do uso ou contrabando de álcool? Portanto, a solução do problema do álcool não gira em torno da criminalização para a maioria, de tal forma que não há consenso que a técnica de criminalizar seria a mais adequada para combater o seu mal.

Crime (direito penal)	Crime (criminologia)
Tem conceitos diferentes nas perspectivas:	Crime precisa ter os seguintes elementos:
◆ Conceito formal: contradição entre o fato e a normal penal incriminadora.	◆ incidência massiva;
◆ Conceito analítico: crime é fato típico, ilícito e culpável.	◆ incidência aflitiva;
◆ Conceito material: crime é lesão ou perigo de lesão a bem jurídico.	◆ persistência espaço-temporal;
	◆ inequívoco consenso a respeito de sua etiologia e técnicas para intervenção mais eficazes para seu combate ou consciência geral sobre a sua negatividade.

Observação

Alguns fatos que são penalmente irrelevantes para o direito penal são objetos de preocupação da criminologia. Ex.: suicídio e prostituição. Portanto, o crime tem um objeto muito maior na criminologia do que o direito penal.

O crime para as escolas/teorias penais ou escolas/teorias criminológicas apresenta diferentes perspectivas:

- Para a **Escola Clássica** (etapa pré-científica da criminologia), o crime é um **ente jurídico** – violação de uma norma (norma do direito natural) (expressão de Francesco Carrara).
- Para a **Escola Positiva** (etapa científica da criminologia), o crime é algo natural. Nessa escola há uma preocupação com o criminoso (ser atrasado biologicamente). Garofalo trouxe o conceito natural de crime: conduta que viola os sentimentos de probidade e piedade da sociedade.
- Nas **teorias sociológicas**, o crime acontece pela desorganização social, perda das raízes, fluxo migratório. Cidades se estruturam de forma desorganizada.
- Para a **teoria crítica,** crime é rotulação. Os detentores do poder para a dominação inventam o crime que buscam indivíduos para serem criminalizados.
- Atualmente, não há como verificar uma causa para o crime. Portanto, é um fenômeno multifatorial, real e dinâmico. É um problema individual e social.

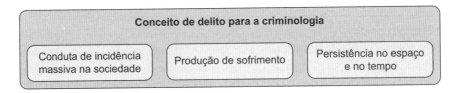

Decifrando a prova

(2018 – Nucepe/Uespi – Polícia Civil/PI – Delegado de Polícia – Adaptada) Sobre a criminologia, é correto afirmar que o crime é um fenômeno social?
( ) Certo   ( ) Errado
Gabarito comentado: a criminologia moderna enxerga o delito como sendo um fenômeno social e multicausal, ou seja, tira-se o foco apenas da pessoa do criminoso e transfere-se parte da responsabilidade da conduta delitiva a toda a sociedade. Portanto, a assertiva está certa.

A criminologia moderna busca se antecipar aos fatos que precedem o conceito jurídico-penal de delito. O direito penal, como regra, só entra em atuação depois que políticas criminais e suas formas de prevenção já falharam. Já a criminologia busca perceber a dinâmica do crime e intervir nesse processo com o intuito de intervir antes que o crime ocorra, ou, ao menos, diminuir sua incidência.

Por fim, importante destacar que o crime **não é um conceito ontológico** para a criminologia, ou seja, não é um fim nele mesmo.

1.2.2 Delinquente

O conceito de criminoso para a criminologia também mudou vertiginosamente com o passar do tempo. Cada escola criminológica acabou por tratá-lo de uma forma distinta. O delito foi o objeto principal de estudo da Escola Clássica Criminal. Foi com o surgimento da Escola Positiva que houve uma mudança no foco de estudo, abandonando-se a centralização na figura do crime e passando-se a análise para a pessoa do delinquente.

Na **Escola Clássica**, o criminoso era visto como um pecador, pois escolheu livremente em praticar o crime. Assim sendo, tal corrente descartava o determinismo e acreditava no livre-arbítrio para a prática criminosa.

O **positivismo**, por seu turno, via o delinquente como um doente, um ser atávico, que já nascia criminoso. Assim, observa-se que eram adeptos à tese do determinismo criminal.

A **Escola Correcionista** tinha o criminoso com um ser débil, inferior, que precisava ser protegido pelo estado.

Em um prisma **sociológico**, dentro da macrocriminologia, o conceito de criminoso é relativo a cada vertente (crítica ou de consenso), ganhando importância secundária no fenômeno criminal, que acaba se voltando mais como um problema social que individual.

Segundo Marx (teoria crítica), o criminoso ou culpável é a própria sociedade, em razão da existência de certas estruturas econômicas.

Na moderna criminologia, o estudo do homem delinquente passou a um segundo plano, como consequência do giro sociológico experimentado por ela e da necessária superação dos enfoques individualistas em atenção aos objetivos político-criminais. O centro de interesse das investigações – ainda que não tenha abandonado a pessoa do infrator – **deslocou-se prioritariamente para a conduta delitiva, para a vítima e para o controle social**. Em todo caso, o delinquente é examinado, "em suas interdependências sociais", como unidade biopsicossocial, e não de uma perspectiva biopsicopatológica como sucedera com tantas obras clássicas orientadas pelo espírito individualista e correcionalista da criminologia tradicional.

Em síntese, temos:

1. Para a **Escola Clássica**, criminoso é um pecador que optou pelo mal. **O criminoso para a Escola Clássica tem livre-arbítrio**. Optou pelo mal quando podia optar pelo bem. Há um indeterminismo, não há nenhuma causa que leva o indivíduo a praticar o crime.

2. Para a **Escola Positiva** (etapa científica da criminologia), **criminoso é um ser atávico, um ser biologicamente atrasado**. Há um determinismo (causa para o crime), ou seja, de razão genética – biológica – para a prática do crime.

3. Para a **Escola Correcionalista, criminoso é um ser débil**, inferior. Portanto, merece proteção do Estado, o qual tem função paternalista e possui funções de proteção e orientação.

4. Para as **Escolas Sociológicas**, há a preocupação inédita com o controle social e com a vítima. O estudo do criminoso é deixado em segundo plano, mas não é esquecido. Cuidado nas provas.
5. Para a **teoria marxista** – teoria crítica – o criminoso é vítima das estruturas econômicas de dominação.
6. Atualmente, o "criminoso" é examinado como uma unidade biopsicossocial (determinantes biológicos, psicológicos e sociais).

Como já dito, o tema será mais bem tratado no decorrer dos capítulos.

1.2.3 Vítima

A criminologia moderna tem a vítima como um de seus objetos de estudo, ao lado do delito, delinquente e o controle social. Assim sendo, o papel da vítima no fenômeno criminal tem substancial importância, tanto para entender o crime, quanto para promover mecanismos que garantam sua proteção.

Na história da civilização ocidental, a vítima passou por **três** fases principais.

Primeiro, na fase conhecida como **idade de ouro**, se valorizava muito a vítima, valorava-se muito a pacificação dos conflitos, e a vítima era bastante respeitada. **Período**: até o fim da alta Idade Média. Aqui, prevalecia a vingança privada, a autotutela, a Lei do Talião. Assim, caso a vítima tivesse um filho morto, poderia matar o filho do criminoso; se tivesse um braço arrancado, poderia arrancar o braço do criminoso.

Posteriormente, com a responsabilização do Estado pelo conflito social, adveio a chamada **neutralização da vítima**, que durou **até o Código Penal Francês de 1791**. O Estado, assumindo o monopólio da aplicação da pretensão punitiva, diminuiu a importância da vítima no conflito. Ela passou a ser tratada como uma testemunha de segundo plano, haja vista que, aparentemente, ela tinha interesse direto na condenação dos acusados.

Por último, da década de 1950 até os dias atuais, adentramos na fase do redescobrimento da vítima, cuja importância é retomada sob um aspecto mais humano por parte do Estado. A vítima passa a ser considerada importante, e surge, então, a vitimologia.

A vitimologia em si é uma ciência que estuda o papel da vítima no crime, trazendo uma posição de equilíbrio. A vítima é peça central no crime, e não o réu, que, obviamente, tem respeitado todos os seus direitos e garantias.

Há autores que tratam a vitimologia como ciência autônoma. Porém, a maioria doutrinária entende que ela é parte integrante da criminologia.

Em síntese, temos:

- **1ª fase do protagonismo/idade de ouro:** surge na Antiguidade até a alta Idade Média. O crime era um problema particular, resolvido pela vítima. Vingança era privada. Lei de talião: olho por olho, dente por dente. Não havia participação do estado.
- **2ª fase da neutralização/ esquecimento:** o Estado se apropria do conflito, assumindo o direito de punir. A vítima é esquecida. O Código de Processo Penal originário, de 1941, só tinha um artigo para a vítima.

- **3ª fase do redescobrimento/fase da revalorização:** o marco histórico é o pós-Segunda Guerra Mundial. Depois de 1945. Exemplo: Lei nº 9.099/1995 – o instituto da composição civil dos danos é exemplo de redescobrimento da vítima. Outro exemplo é a Lei Maria da Penha (Lei nº 11.340/2006), que traz mecanismos de proteção a vítima de violência doméstica e familiar contra a mulher. A Lei nº 9.807/1999 protege vítimas e testemunhas ameaçadas.

A criminologia tradicional/positiva desconsiderou o estudo da vítima por considerá-la mero objeto neutro e passivo, tendo polarizado em torno do delinquente as investigações sobre o delito, sua etiologia e prevenção.

Mais à frente, em capítulo específico nesta obra, estudaremos em mais detalhes a vitimologia, dada sua importância e subclassificações.

1.2.4 Controle social

O **controle social** é um conjunto de mecanismos e sanções sociais que buscam submeter os indivíduos às normas de convivência social. É estudado na sociologia criminal, principalmente na obra *Controle Social*, de Edward A. Ross (1866-1951). O termo designa a capacidade de uma sociedade de se autorregular socialmente.

Trata-se uma expressão que pode levar a um número elevado de conceituações. Ele é exercido das mais diferentes formas e o objetivo principal é transformar o padrão de comportamento de um indivíduo adaptando-o aos padrões de comportamento sociais dominantes.

Conforme ensina Shecaira (2020, p. 57), no âmbito da sociologia de origem norte-americana a expressão **controle social** é familiar desde o início do século XX, com o advento de alguns artigos escritos pelo sociólogo norte-americano Edward A. Ross (1866-1951). Toda sociedade (ou grupo social), desde que Max Weber (1864-1920) introduziu a ideia de "monopólio da força legítima", necessita de mecanismos disciplinares que assegurem a convivência interna de seus membros, razão pela qual se vê obrigada a criar uma gama de instrumentos que garantam a conformidade dos objetivos eleitos no plano social. Este processo irá pautar as condutas humanas, orientando posturas pessoais e sociais.

Dentro desse contexto, **podemos definir o controle social como o conjunto de mecanismos e sanções sociais que pretendem submeter o indivíduo aos modelos e normas comunitários.** Para alcançar tais metas, as organizações sociais lançam mão de dois sistemas articulados entre si.

Há dois sistemas de controle que coexistem na sociedade: o controle social **informal** (família, escola, religião, profissão, clubes de serviço etc.), com **nítida visão preventiva** e educacional, e o **controle social formal** (Polícia, Ministério Público, Forças Armadas, Justiça, Administração Penitenciária etc.), mais rigoroso que aquele e de conotação político-criminal.

De um lado tem-se o **controle social informal**, que passa pela instância da sociedade civil: família, escola, profissão, opinião pública, grupos de pressão, clubes de serviço etc. Outra instância é a do **controle social formal**, identificada com a atuação do aparelho político do Estado.

São controles realizados por intermédio da Polícia, da Justiça, do Exército, do Ministério Público, da Administração Penitenciária e de todos os consectários de tais agências, como controle legal, penal etc.

Assim sendo, podemos definir o controle **formal** é aquele exercido pelas **instituições oficiais do estado** como Polícia, Poder Judiciário e Ministério Público.

Já o **controle informal** é aquele exercido pela **própria sociedade**, como família, escola, igreja. O controle formal é eminentemente repressivo, enquanto o controle informal é preventivo.

O ideal é que o crime acabe contido ainda nas instâncias informais de controle. Contudo, quando esta falha, entra em atuação o controle formal.

Dentro do controle formal, podemos ainda elencar as fases ou seleções das instituições, agindo cada qual em um momento distinto da persecução penal.

- 1ª fase (seleção) – controle primário: Polícia.
- 2ª fase (seleção) – controle secundário: Ministério Público.
- 3ª fase (seleção) – controle terciário: Poder Judiciário.

Decifrando a prova

(2021 – Cespe/Cebraspe – Polícia Federal – Delegado de Polícia Federal) No que se refere à criminologia, julgue o item a seguir.
A polícia, o Poder Judiciário e o sistema penitenciário exercem o controle social formal.
( ) Certo   ( ) Errado
Gabarito comentado: o controle social formal é exercido pelo Poder Público de maneira geral. Portanto, a assertiva está certa.

(2018 – Fumarc – PC/MG – Escrivão de Polícia – Adaptada) A respeito dos objetos da criminologia, analise a assertiva a seguir e a classifique em certa ou errada:
O controle social consiste em um conjunto de mecanismos e sanções sociais que pretendem submeter o indivíduo a modelos e normas comunitários. Para alcançar tais metas, as organizações sociais lançam mão de dois sistemas articulados entre si: o controle social informal e o controle social formal.
( ) Certo   ( ) Errado
Gabarito comentado: o controle social é um conjunto de mecanismos e sanções sociais que buscam submeter os indivíduos às normas de convivência social. Portanto, a assertiva está certa.

	Controle social informal	Controle social formal
Agentes	Família, escola, religião, clubes recreativos, opinião pública etc.	Polícia, Ministério Público, Poder Judiciário, administração penitenciária.
Momento	Disciplina o indivíduo por meio de um largo e sutil processo de socialização, interiorizando ininterruptamente no indivíduo as pautas e conduta.	Entra em funcionamento quando as instâncias informais de controle falham.
Estratégias	Distintas estratégias (prevenção, repressão, ressocialização etc.) e diferentes modalidades de sanções (positivas, como recompensas; negativas, como punições).	Atua de modo coercitivo (violento) e impõe sanções mais estigmatizantes, que atribuem ao infrator da norma um singular *status* (desviado, perigoso ou delinquente).
Efetividade	a. Costuma ser mais efetivo, porque é ininterrupto e onipresente, o que ajuda a explicar os níveis mais baixos de criminalidade nas pequenas cidades do interior, onde é mais forte. b. O enfraquecimento dos laços familiares e comunitários explica em boa medida a escassa confiança depositada na sua efetividade.	a. A eficaz prevenção do crime não depende tanto da maior efetividade do controle social formal, senão da melhor integração do controle social formal e informal. b. O controle razoável e eficaz da criminalidade não pode depender exclusivamente da efetividade das instâncias do controle social, pois a intervenção do sistema legal não incide nas raízes do delito.

1.3 CLASSIFICAÇÕES DA CRIMINOLOGIA

A doutrina majoritária define que a criminologia é uma ciência aplicada que se subdivide em dois ramos: **criminologia geral** e **criminologia clínica**.

A criminologia geral consiste na sistematização, comparação e classificação dos resultados obtidos no âmbito das ciências criminais acerca do crime, criminoso, vítima, controle social e criminalidade.

A criminologia clínica consiste **na aplicação dos conhecimentos teóricos daquela para o tratamento dos criminosos**.

Podemos ainda dizer que a criminologia pode ser dividida em: criminologia **científica** (conceitos e métodos sobre a criminalidade, o crime e o criminoso, além da vítima e da justiça penal); criminologia **aplicada** (abrange a porção científica e a prática dos operadores do direito); criminologia **acadêmica** (sistematização de princípios para fins pedagógicos); criminologia **analítica** (verificação do cumprimento do papel das ciências criminais e da política criminal) e criminologia **crítica ou radical** (negação do capitalismo e apresentação do delinquente como vítima da sociedade, tem no marxismo suas bases).

1.4 CIÊNCIAS PENAIS E CRIMINOLOGIA

A tríade direito penal, política criminal e criminologia formam as chamadas Ciências Criminais ou Penais. Trata-se de ciências autônomas e distintas, mas que de alguma forma acabam abordando o fenômeno criminal.

Para fins de concursos públicos, é extremamente importante ter em mente as diferenças entre elas, já que são comumente cobradas. Já tratamos do conceito, métodos e finalidade da criminologia. Agora vamos conceituar de maneira simples e objetiva o direito penal e política criminal.

- **Direito penal**: é ciência normativa, dogmática e valorativa, visualizando o crime como conduta anormal para a qual fixa uma punição. O direito penal conceitua crime como conduta (ação ou omissão) típica, antijurídica e culpável (corrente causalista). É uma ciência do dever-ser, que enxerga o crime com fato jurídico (norma).

> **Decifrando a prova**
>
> **(2018 – Fumarc – Polícia Civil/MG – Escrivão de Polícia – Adaptada)** A relação entre criminologia e direito penal está evidenciada de forma correta na afirmativa a seguir?
>
> A criminologia e o direito penal são disciplinas autônomas e interdependentes e possuem o mesmo objetivo com meios diversos. A criminologia, na atualidade, erige-se em estudos críticos do próprio direito penal, o que evita qualquer ideia de subordinação de uma ciência em cotejo com a outra.
>
> ( ) Certo ( ) Errado
>
> **Gabarito comentado:** o direito penal e a criminologia são ciências "irmãs", contudo, com meios de estudo (método) diferentes. Portanto, a assertiva está certa.

- **Política criminal**: tem no seu âmago a específica finalidade de trabalhar as estratégias e meios de controle social da criminalidade (caráter teleológico). De acordo com Aníbal Bruno (1967, p. 41): "É característica da política criminal a posição de vanguarda em relação ao direito vigente, vez que, enquanto ciência de fins e meios, sugere e orienta reformas à legislação positivada".

> **Decifrando a prova**
>
> **(2018 – Vunesp – Polícia Civil/BA – Delegado de Polícia – Adaptada)** Julgue a seguinte afirmação:
>
> A política criminal é uma disciplina que estuda estratégias estatais para atuação preventiva sobre a criminalidade e que tem como uma das principais finalidades o estabelecimento de

uma ponte eficaz entre a criminologia, enquanto ciência empírica, e o direito penal, enquanto ciência axiológica.

( ) Certo ( ) Errado

Gabarito comentado: conforme descrito, a política criminal atua no campo decisional e com função precípua de buscar estratégias para diminuição do crime e da criminalidade. É uma ponte eficaz entre direito penal e criminologia, facilitando a comunicação entre tais ciências. Portanto, a assertiva está correta.

(2018 – UEG – Polícia Civil/GO – Delegado de Polícia – Adaptada) Indique se a descrição apresentada a seguir se refere a um conceito de política criminal.

"Ciência ou a arte de selecionar os bens (ou direitos), que devem ser tutelados jurídica e penalmente, e escolher os caminhos para efetivar tal tutela, o que iniludivelmente implica a crítica dos valores e caminhos já eleitos" (ZAFFARONI, E. R.; PIERANGELI, J. H. *Manual de direito penal brasileiro*. 12. ed. São Paulo: Revista dos Tribunais, 2018, p. 128).

( ) Certo ( ) Errado

Gabarito comentado: como visto, esse é um papel da política criminal. Portanto, a assertiva está certa.

Shecaira (2020) explica que a **política criminal** é uma **disciplina que oferece aos poderes públicos as opções científicas concretas mais adequadas para controle do crime**, de tal forma a servir de ponte eficaz entre o direito penal e a criminologia, facilitando a recepção das investigações empíricas e sua eventual transformação em preceitos normativos. Assim, a criminologia fornece o substrato empírico do sistema, seu fundamento científico. A política criminal, por seu turno, incumbe-se de **transformar a experiência criminológica em opções e estratégias concretas** assumíveis pelo legislador e pelos poderes públicos.

Decifrando a prova

(2018 – Cebraspe/Cespe – Polícia Civil/MA – Delegado de Polícia – Adaptada) João nutria grande desejo por Estela, sua colega de turma, mas não era correspondido. Esse desejo transformou-se em ódio e fez com que João planejasse o estupro e o homicídio da colega. Para isso, ele passou a observar a rotina de Estela, que trabalhava durante o dia e estudava à noite com João. Determinado dia, após a aula, em uma rua escura no caminho de Estela para casa, João realizou seus intentos criminosos, certo de que ficaria impune, mas acabou sendo descoberto e preso.

Com relação à situação hipotética descrita no texto e às funções da criminologia, da política criminal e do direito penal, assinale a opção correta.

A política criminal tem a função de propor medidas para a redução das condições que facilitaram o cometimento do crime por João, como a urbanização e a iluminação de ruas.

( ) Certo ( ) Errado
Gabarito comentado: como visto, uma das finalidades da política criminal é definir estratégias para a diminuição da criminalidade. Portanto, a assertiva está certa.

O **direito penal** é ciência normativa, visualizando o crime como conduta anormal para a qual fixa uma punição. Trata-se de ciência axiológica, dogmática, ou seja, do "dever ser". Uma das suas características é justamente utilizar-se do conhecimento trazido da criminologia e da política social e o converter em proposições jurídicas, gerais e obrigatórias, ou seja, as normas penais.

Decifrando a prova

(2014 – Vunesp – Polícia Civil/SP – Delegado de Polícia – Adaptada) Julgue o item a seguir:
A criminologia é uma ciência empírica e interdisciplinar, fática do "ser"; o direito penal é uma ciência jurídica, cultural e normativa, do "dever-ser".
( ) Certo ( ) Errado
Gabarito comentado: estão corretas as relações entre criminologia e direito penal.

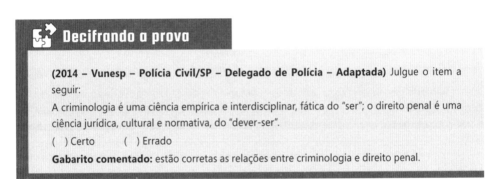

Por fim, com fins de auxiliá-lo em grande parte das questões de concursos, agora que você já entendeu bem do que se trata a criminologia, vamos citar alguns termos que **não** definem a criminologia, ou seja, **que a deixarão incorreta se estiverem presentes na assertiva.**

A criminologia NÃO é			
Normativa	Dogmática	Valorativa	Teleológica
Do dever-ser	Dependente	Exata	Dedutiva
Teorética	Axiológica	Unidisciplinar	Lógica

Decifrando a prova

(2018 – Cebraspe/Cespe – Polícia Civil/SE – Delegado de Polícia – Adaptada) Acerca do conceito e das funções da criminologia, julgue o item seguinte:
A criminologia é uma ciência dogmática que se preocupa com o ser e o dever-ser e parte do fato para analisar suas causas e buscar definir parâmetros de coerção punitiva e preventiva.
( ) Certo   ( ) Errado
Gabarito comentado: a criminologia **não** é uma ciência dogmática, tendo em vista que se preocupa com os fatos, e não com as normas postas (dogmas). Além do mais não é ciência do dever-ser e, tão somente, ciência do ser. Portanto, a assertiva está errada.

1.4.1 Ciências criminais

> **Importante**
>
> A criminologia é uma ciência e integra as ciências criminais. Fazem parte das ciências criminais três ramos do saber: **o direito penal, a criminologia e a política criminal.**

Cai muito em prova a diferença entre direito penal, criminologia e política criminal. Vamos fazer um quadro para ilustrar, de forma pormenorizada cada um dos elementos.

Direito penal	Criminologia	Política criminal
É ciência autônoma. • ciência do dever-ser; • ciência normativa; • ciência axiológica/valorativa.	É ciência autônoma. • ciência do ser; • ciência empírica; • ciência naturalística.	Não é ciência (para a maioria da doutrina). É a ponte eficaz entre a criminologia e o direito penal.
Para saber o que é crime – análise jurídica. Subsunção (enquadramento) do tipo penal (norma penal incriminadora) ao fato da vida. A intervenção estatal tem por imperativo o princípio da legalidade.	Olha para a realidade para explicar e compreender o crime/desvio, pretendendo transformá-lo. Reclama do investigador uma análise totalizadora do crime.	Estuda as estratégias de prevenção criminal. Constitui a sistematização de estratégias, táticas e meios de controle social da criminalidade, com o propósito de sugerir e orientar reformas na legislação positivada.
Ocupa-se do crime enquanto **norma** (lei).	Ocupa-se do crime enquanto **fato**.	Ocupa-se do crime enquanto **valor**.

Direito penal	Criminologia	Política criminal
◆ método dedutivo; ◆ método jurídico--dogmático; ◆ método dedutivo--sistemático.	◆ método indutivo; ◆ método indutivo--empírico; ◆ método causal--explicativo. Análise interdisciplinar.	Ciências políticas. Análise crítica (metajurídica) do Direito posto, no sentido de ajustá--lo aos ideais jurídico--penais.
Cunho operativo.	Cunho opinativo.	Cunho decisório.
Momento normativo ou instrumental.	Momento explicativo--empírico.	Momento decisional ou programacional.
Exemplo: é crime a prática do tráfico de drogas – art. 33 da Lei nº 11.343/2006.	Exemplo: quais fatores contribuem para o tráfico de drogas? Razões biológicas? Pobreza? Meio social? Inadaptação dos meios institucionais e necessidade de atingimento de metas sociais? Ânsia por lucro a todo custo?	Exemplo: estuda como diminuir o tráfico de drogas – promulgação de leis incriminadoras, descriminalização das drogas, políticas públicas (iluminação, instalação de câmeras) ou até mesmo tratamento de saúde nos usuários de drogas.

Importante

A criminologia e o direito penal são disciplinas autônomas e interdependentes, e possuem o mesmo objetivo, com meios diversos. A criminologia, na atualidade, erige-se em estudos críticos do próprio direito penal, o que evita qualquer ideia de subordinação de uma ciência em cotejo com a outra.

Decifrando a prova

(2021 – Fapec – PC/MS – Delegado de Polícia – Adaptada) Considerando os conceitos doutrinários de direito penal, de criminologia e de política criminal, julgue a assertiva:

A criminologia é uma disciplina de caráter preponderantemente dogmático e representa a atividade intelectual que estuda os processos de criação das normas penais e das normas sociais que estão relacionadas com o comportamento desviante, os processos de infração e de desvio destas normas e a reação social.

( ) Certo   ( ) Errado

Gabarito comentado: a criminologia não é normativa. É uma ciência do ser, ciência empírica e naturalística. Portanto, a assertiva está errada.

2 Evolução histórica e escolas criminológicas tradicionais

A criminologia, como uma **ciência autônoma**, é relativamente nova.

Não há consenso na doutrina sobre qual seria o exato momento do nascimento da criminologia. Como vimos no capítulo anterior, o termo somente foi usado pela primeira vez no já século XIX. Contudo, não se pode desprezar que desde sempre o homem reflete, de alguma forma, sobre o fenômeno criminal, criminalidade e o criminoso.

A criminologia enquanto ciência é fruto de uma evolução histórica que pode ser dividida em algumas fases. Além disso, como ciência autônoma, desgarrada do direito penal e processual penal, é uma ciência relativamente nova, ou seja, durante um longo período histórico a criminologia esteve "presa" a essas outras ciências. Isso dura, aproximadamente, até o surgimento das Escolas Clássicas ou Tradicionais.

Nessa esteira, podemos dividir a evolução da criminologia em duas fases: **científica** e **pré-científica**.

2.1 FASE PRÉ-CIENTÍFICA

Em um primeiro momento, na fase pré-científica, a análise da criminologia acaba se confundindo com o direito penal, ou seja, com o Poder Punitivo em si.

2.1.1 Antiguidade

Na **Antiguidade**, quando o Direito, inclusive o penal, era eminentemente consuetudinário (costumeiro, não escrito ou codificado), o estudo do crime era ligado ao jusnaturalismo e visto ou confundido com o pecado. Conforme afirmam Moraes e Neto (2019, p. 132), foi no período Neolítico que surgiu a primeira fórmula de pena, a chamada Lei de Talião, a qual apregoava um castigo na mesma medida da conduta perpetrada, ou seja, na rigorosa reciprocidade do crime e da pena ("olho por olho, dente por dente").

> **Decifrando a prova**
>
> **(2018 – Nucepe/Uespi – Polícia Civil/PI – Delegado de Polícia – Adaptada)** Acerca da história da criminologia, julgue a sentença:
> Desde a Antiguidade, o direito penal, em concreto, passou a ser compilado em Códigos e âmbitos jurídicos, tal qual como nos dias de hoje, entretanto, algumas vezes eram imprecisos.
> ( ) Certo ( ) Errado
> **Gabarito comentado:** na Antiguidade o direito penal era eminentemente consuetudinário. Portanto, a assertiva está errada.

Cita-se também a **Lei de Hamurabi** (na Babilônia), que foi inspirada na Lei de Talião (prevalecia a retaliação proporcional ao delito praticado), formulada já por volta de 2000 a.C., que previu os crimes de **estupro, falso testemunho, roubo, receptação, corrupção**, dentre outros, além matérias ligadas a outros ramos do Direito. Ademais, havia a diferença entre a punição de cada classe.

Em geral, os mais pobres sofriam penas mais severas pelo mesmo delito do que quando praticado por pessoas de classe social mais elevada. Havia penas maiores para pessoas que prejudicavam pessoas de classe superior. Havia, ainda, penas médias por prejuízo a membros de classe inferior.

> **Decifrando a prova**
>
> **(2018 – Nucepe/Uespi – Polícia Civil/PI – Delegado de Polícia – Adaptada)** Acerca da história da criminologia, julgue a sentença:
> Da Antiguidade à Modernidade, o furto famélico (roubar para comer) nunca foi considerado crime.
> ( ) Certo ( ) Errado
> **Gabarito comentado:** o roubo ou o furto famélico não eram descriminalizados na Antiguidade; pelo contrário, os mais pobres geralmente tinham penas mais severas. Portanto, a assertiva está errada.

Na mesma linha (mas com diferenças nos delitos), no **Torá** (conjunto de cinco livros bíblicos escritos por Moisés), em que constam os famosos 10 mandamentos, não há distinção de punição por classes sociais.

Tanto na Lei de Hamurabi quanto na Torá era possível que a pena passasse da pessoa do condenado, podendo chegar até a quarta geração.

Na Ásia, **Confúcio** (510-478 a.C.) já refletia sobre o crime, dizendo "tem cuidado de evitar os crimes para depois não te ver obrigado a castigá-los".

> **Decifrando a prova**
>
> **(2018 – Nucepe/UESPI – Polícia Civil/PI – Delegado de Polícia – Adaptada)** Acerca da história da criminologia, julgue a sentença:
> O Código de Hamurabi (Babilônia) possuía dispositivos, punindo furtos, roubos, mas não considerava crime a corrupção praticada por altos funcionários públicos.
> ( ) Certo   ( ) Errado
> **Gabarito comentado:** o Código de Hamurabi previu os crimes de estupro, falso testemunho, roubo, receptação, corrupção, dentre outros, além de matérias ligadas a outros ramos do Direito. Portanto, a assertiva está errada.

2.1.1.1 Grécia

Em uma evolução no tempo, surge o **direito grego**, fortemente influenciado pela Filosofia e pelos grandes pensadores da época, aos quais analisaremos em síntese suas reflexões sobre o fenômeno criminal e punição.

Pitágoras (559-470 a.C.) aplicou a lógica matemática na punição por crimes, prezando pela proporção entre conduta e castigo.

Na visão de **Sócrates** (470-339 a.C.), o crime estaria ligado à noção de ignorância (desconhecimento), na medida em que aquele que conhecesse o bem e o justo não cometeria crimes, salvo se fosse louco. Assim sendo, a pena teria uma finalidade de ressocialização e educação, para evitar a reiteração delitiva.

Merecem destaque nesse contexto as ideias de **Platão** (428-348 a.C.), que iniciou a ponderação entre delinquência e doença, contudo como uma doença de dano social, e não individual. Para Platão, o remédio seria a punição com a finalidade de intimidar o corpo social, evitando a prática de crimes. Essa correlação entre doença e crime foi mais tarde retomada pela Escola Positiva de Lombroso, como estudaremos alhures. Em sua obra mais relevante – *A República* – Platão relacionava os delitos com a ganância, inveja, cobiça e outros fatores econômicos.

Protágoras (485-410 a.C.), sob influência de Platão, também apregoava que a pena deveria ter um caráter intimidativo, e não mero efeito de castigo. Por meio da sanção poder-se-ia gerar um efeito dissuasório na sociedade e no próprio delinquente, o que hoje conhecemos como prevenção geral e especial, como estudaremos mais adiante.

Outro discípulo de Platão, **Aristóteles** (384-322 a.C.), em sua obra *A Política*, também defendia que o crime tinha como regra geral motivação econômica, sendo a educação a melhor forma para evitá-los; contudo, adicionou que os crimes mais graves seriam cometidos por motivos banais, para alcançar o supérfluo ou por paixões humanas. Ademais, disse que a impunidade era a mola propulsora para o cometimento dos delitos. Ou seja, o criminoso acabava cometendo o crime por saber que não seria punido. Também apregoava que a pena acabava tendo um efeito de prevenção, por desestimular a prática delitiva, trazendo o conceito de utilitarismo à sanção penal: "A Pena é justa porque é necessária".

Importante observar a grande contribuição do pensamento grego ao fenômeno criminal, trazendo mais racionalidade e reflexão, ultrapassando a fase draconiana (século XII a.C.) na qual a pena para todo e qualquer delito seria a morte. O termo faz referência a Drácon, tido como primeiro legislador ateniense.

2.1.1.2 Roma

No início do **Império Romano** (753 a.C.) há uma retomada do caráter divino da pena, como resultado do cometimento de delitos em face dos deuses, sacerdotes e imperadores, que eram vistos como divindades. O criminoso poderia ser morto por qualquer pessoa, a qual restaria impune, pois sua ação seria resultado da vingança dos deuses.

Com o surgimento da República Romana (509 a.C.), emergiram a Leis Valérias (*Lex Valeria*) e Pórcias, as quais estabeleceram certos direitos para os cidadãos romanos, incluindo o *iudicium Populi*, um julgamento popular feito em praças públicas *provocatio ad populum* (direito de apelar aos tribunos da plebe).

Com o fim da República (82 a.C.), surge o chamado núcleo do direito penal romano clássico, formado pela *Leges Carnelieae, Juliae* e *Augusto*. Nesse contexto, há praticamente a extirpação da vingança privada, com a monopólio da punição e julgamento pelo Estado, com exceção do *pater familias,* no qual o patriarca poderia aplicar sanções no âmbito familiar e de seus escravos, contudo de forma limitada. Foi nesse período que surge pela primeira vez o princípio da reserva legal e anterioridade, pois as penas e sanções deveriam ser previamente previstas em Lei Positiva.

Por volta de 200 d.C., a acusação também passa a ser função do Estado, por meio do Senado ou funcionários imperiais. Até então qualquer particular poderia levar a acusação aos tribunais. Surgem alguns direitos processuais como a possibilidade de recurso, vedação à tortura, dentre outros. Nessa fase inicia-se a distinção entre culpa e dolo.

Decifrando a prova

(2018 – Nucepe/UESPI – Polícia Civil/PI – Delegado de Polícia – Adaptada) Acerca da história da criminologia, julgue a assertiva:
Em sua obra *A Política*, Aristóteles ressaltou que a miséria causa rebelião e delito. Para o referido filósofo, os delitos mais graves eram os cometidos para possuir o voluptuário, o supérfluo.
( ) Certo   ( ) Errado
Gabarito comentado: Aristóteles, em seu livro *A Política*, também defendia que o crime tinha como regra geral motivação econômica, sendo a educação a melhor forma para evitá-los, contudo, adicionou que os crimes mais graves seriam cometidos por motivos banais, para alcançar o supérfluo ou por paixões humanas. Portanto, a assertiva está certa.

2.1.2 Idade Média

Em um contexto histórico, a Idade Média se inicia com a queda do Império Romano no Ocidente, em 476 d.C., quando os povos bárbaros germânicos tomaram e conquistaram a capital Constantinopla (hoje Istambul), o que perdurou até 1453, quando o local foi novamente tomado pelo Turcos.

Em um primeiro momento, viveu-se um retrocesso ao que já visto no império romano, com o ressurgimento da ideia do direito privado e da pena como mero instrumento de vingança, com forte influência religiosa. As penas eram verdadeiras barbaridades com mutilações, torturas, decapitações, linchamentos públicos etc. Não havia crimes nem penas escritas. A criminalização e aplicação das penas era baseada apenas nos costumes.

Decifrando a prova

(2018 – Nucepe/Uespi – Polícia Civil/PI – Delegado de Polícia – Adaptada) Acerca da história da criminologia, indique se a afirmativa a seguir está correta ou incorreta:
Durante a Antiguidade, o crime era considerado pecado. Somente na Idade Média é que a dignidade da pessoa humana passou a ser considerada, e as punições deixaram de ser cruéis.
( ) Certo ( ) Errado
Gabarito comentado: durante a maior parte da Idade Média, as penas eram verdadeiras barbaridades com mutilações, torturas, decapitações, linchamentos públicos etc. Não havia crimes nem penas escritas. A criminalização e a aplicação das penas eram baseadas apenas nos costumes. Portanto, a assertiva está errada.

Nesse período, surgiu na Europa o sistema feudal e o cristianismo.

O direto penal canônico, apesar de ter nascido ainda antes do início da Idade Média, ainda continuou a vigorar na Europa durante a primeira fase dessa idade. Ganhou força no decorrer da Idade Média, substituindo o direito germânico primitivo.

Dentro desta teoria há uma íntima aproximação entre religião e poder (teologia e teocracia), quando o crime é confundido com o próprio pecado e a pena é a busca pelo perdão, **baseando-se no livre-arbítrio do homem**. A pena de morte nesse período era muitas vezes vista como insuficientes para reprimenda do crime, sendo substituída por longos períodos de castigos físicos e tortura, por exemplo.

A teoria de **Santo Agostinho** (354-430 d.C.), apesar de ter se iniciado antes da Idade Média propriamente dita, influenciou grandemente esse período. Defendeu que a pena deveria ter finalidade de defesa social, buscar a ressocialização do criminoso, evitar a reiteração delitiva, contudo sem perder de vista seu caráter intimidatório (prevenções especial e geral). Para ele o homem não era totalmente livre, na medida em que já nascia com o pecado original.

São Tomás de Aquino (1225-1274), já no século XII, deu início à filosofia de liberdade total do homem, dizendo que "o homem é livre e consciente por si mesmo". Foi ele o precursor da chamada "Justiça Distributiva", enunciando que se deve dar a cada um aquilo que é seu, segundo certa igualdade. Ademais, foi um dos pioneiros na defesa da não punição do furto famélico, ou seja, a subtração de alimentos para satisfazer a subsistência imediata, sem a qual o sujeito estaria fadado à morte por inanição. O eclesiástico dizia que a fome e a pobreza eram fatores que fomentavam a prática de delitos, ou seja, atribuía certa parcela de culpa para o fenômeno criminal a fatores externos ao agente.

A Idade Média foi o período de surgimento da Inquisição e, portanto, da criação dos chamados inquéritos para apuração de crimes. Os trabalhos eram conduzidos geralmente por bispos, que visitavam os povoados e por meio de questionamentos e tortura (que não tinham como objetivo a confissão apenas, mas também o castigo) buscavam solucionar os delitos. Essa metodologia perdurou até o século XII, quando os inquéritos saíram das mãos da igreja e passaram a ser conduzidos pelo Estado.

Com o Renascimento (séculos XIV e XV), os inquéritos passaram por certa modernização, começando a se buscar solucionar os delitos sem base em dogmas religiosos, com aplicação de outras ciências como astronomia e geográfica e com aceitação de torturas com o fito único de se obter a confissão do suspeito.

2.1.3 Pseudociências ou ciências ocultas

Ainda durante a Idade Média, mas já na virada para a Idade Moderna, e depois desse período, já entrando na Idade Moderna, surgiram algumas teorias na tentativa de explicar o delito, com base em estudos sem muito embasamento teórico, por isso são chamadas de pseudociências.

A primeira delas é a **demonologia**, que associava a prática de delitos à atuação de demônios. Assim sendo, o criminoso estaria possuído por algum demônio e deveria ser exorcizado ou submetido a outras medidas curativas, até mesmo cruéis, como exposição ao fogo ou queimar o delinquente vivo, utilização de gelo, dentre outros, com o fito de expulsar a entidade.

De maneira ainda não identificada, os adeptos a tal corrente chegaram a catalogar milhões de demônios, atribuindo a eles cada tipo de delito praticado.

Segundo Eduardo Viana (2016, p. 27), os mais afetados nessa época eram os doentes mentais, que na maioria das vezes eram confundidos com endemoniados ou possuídos, sendo submetidos a sessões de exorcismo e tratamentos curativos esdrúxulos.

É nessa teoria que nasce a ideia de "tentação" ao crime, que seria causada pelo demônio que estivesse dominando o sujeito.

Já a **fisionomia**, que acabou sendo precursora do Positivismo, fazia correlação entre aspectos físicos e criminosos. Tendo suas bases postas na doutrina de Hipócrates, considerado pai da medicina, ainda na Grécia antiga, que inovou ao relacionar a aparência física de seus pacientes com suas patologias, dizendo, por exemplo, que aqueles que tinham mais dentes viviam mais, que aqueles que tinham cabeça grande, olhos pequenos e gaguejassem teriam vida curta, e os que tinham cabeça grande, olhos negros e grande, nariz grosso e achatado, eram saudáveis, dentre outros exemplos.

Os fisionomistas apontavam uma relação entre o aspecto físico e o psíquico. Foram diversos os estudiosos da doutrina. Como exemplo dessa relação podemos citar o famoso Edito de

Valério, criado pelo juiz italiano Marquês de Moscardi, o qual decidia em última instância os processos que até ele chegavam e afirmava: "na dúvida entre dois suspeitos, condena-se sempre o mais feio" e sempre terminava suas sentenças com a frase: "ouvidas a acusação e defesa e examinada a cabeça e face do acusado, condeno-o"(SHECAIRA, 2020, p. 81).

Derivada da fisionomia, surge a **frenologia**, ou cranioscopia, desenvolvida por **Franz Joseph Gall** (1758-1828), o qual preceituava, por meio de medições internas e externas, que a forma do crânio era uma reprodução fiel da composição cerebral, que toda faculdade da mente tem um território definido e que existem ligações entre o cérebro, as faculdades psíquicas e a formação craniana.

Gall passou a buscar em criminosos deformidades ou más-formações no crânio como forma de explicar a prática criminosa, chegando a mapear todas as áreas do cérebro, após estudar diversos criminosos condenados à morte em penitenciárias e manicômios, elaborando o famoso mapa frenológico de Gall (BARONA, 2014):

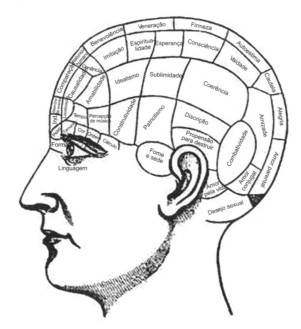

Mapa frenológico de Gall

Fonte: https://statics-submarino.b2w.io/sherlock/books/firstChapter/132394822.pdf. Acesso em: 19 ago. 2022.

2.1.4 O Iluminismo

O movimento que marcou o fim da Idade Média no século XVIII teve grande influência sobre o direito penal e o pensamento criminológico.

Com base nos ideários de grandes filósofos e sociólogos da época, como Montesquieu, Rousseau, John Locke, Thomas Hobbes, dentre outros, os quais buscavam combater o absolutismo vigente até a época e fundamentar a existência do Estado, evitando seus arbítrios, em contraposição com o direito romano e principalmente o direito canônico.

Assim, trouxe-se a necessidade de aplicação da pena, com base no contrato social (ou em seu rompimento), para dentro do direito público, portanto, **o crime e a punição tornam-se interesses diretos e prioritários do próprio Estado, e não mais apenas da vítima**.

E assim sendo, deve-se também aplicar certo humanismo e razão na aplicação das sanções, com proporcionalidade, reserva legal e moderação, percursores do devido processo legal.

As ideias eram tratadas pelos citados autores de maneira ampla e genérica, com aplicação em todo o direito, de maneira esparsa, apesar de alguns autores fazerem referência diretamente ao direito penal, como o próprio Montesquieu (1689-1755) no seu célebre livro *O Espírito das Leis*, no qual previu pela primeira vez o princípio da reserva legal.

E é nesse contexto que surge o livro *Dos Delitos e das Penas* do célebre **Cesare Bonesana**, o **Marquês de Beccaria (1738-1794), em 1764**, que trata exclusivamente do direito penal e significou uma verdadeira revolução nesta área, inaugurando a chamada **Escola Clássica**, a qual estudaremos com mais detalhes a partir de agora.

2.2 ESCOLAS CRIMINOLÓGICAS TRADICIONAIS

> **Atenção**
>
> Tema com altíssima relevância e incidência em provas de concursos públicos.

2.2.1 Escola Clássica

Para entendermos melhor os postulados da Escola Clássica, é importante relembrarmos como era o direito penal à época.

Como ensinam Maíllo e Prado (2019, p. 75), antes da primeira metade do século XVII as normas penais eram caóticas. As Leis não eram codificadas e sequer existia a necessidade de se ter uma lei prévia, criando os delitos e cominando penas. A punição era baseada na vingança e as penas eram cruéis, desumanas, desproporcionais, aplicadas, geralmente, ao meio alvedrio dos juízes e governantes. Era comum e aceita a tortura tanto como meio de castigo, quanto como meio de se buscar confissões.

Assim sendo, naquela época vigorava enorme insegurança jurídica no campo penal, com confusão entre crime e pecado, pena e castigo.

Ademais havia uma grande desigualdade nos julgamentos, com impunidade aos membros de classes sociais mais altas e dura penalização dos mais pobres.

Nesse contexto, surge a Escola Clássica, a qual, como dito anteriormente, tem origem no Iluminismo e nos ideários que contaminavam aquela época, rompendo com a realidade posta.

O Iluminismo ou Ilustração foi o período da história em que a burguesia lutou contra o poder da monarquia absolutista, no sentido de limitar os poderes estatais para, no futuro, o exercício do poder ser titularizado pelo povo.

Foi "inaugurada" pela obra de Cesare Bonesana, o Marquês de Beccaria, intitulada *Dos Delitos e das Penas*, datado de 1764.

Vale lembrar que ainda estamos localizados dentro das teorias pré-científicas da criminologia. Isso porque, apesar de a Escola Clássica ser um movimento muito importante dentro da criminologia e de modernização do direito penal como um todo, ainda não era dotada de método, objeto e funções próprias, aptas a elencar tal corrente como uma verdadeira ciência criminológica, o que só aconteceu posteriormente com a Escola Positiva, como veremos.

A ideia central do livro, nas palavras do próprio Beccaria (1996, p. 61), não era tratar de um estudo criminológico em si, mas sim de trazer uma reforma ao sistema penal e da justiça daquela época.

Interessante destacar que inicialmente o movimento era chamado de Escola Jurídica Italiana, quando o nome de Escola Clássica surgiu apenas no século seguinte por Ferri, doutrinador da Escola Positiva, como veremos mais adiante.

Decifrando a prova

(2017 – Vunesp – Defensoria Pública/RO – Defensor Público – Adaptada) Considerando o estudo da criminologia, indique se a assertiva a seguir é certa ou errada.
A Escola Clássica nasceu na Suíça no final do século XX.
( ) Certo   ( ) Errado
Gabarito comentado: a Escola Clássica teve origem na Itália. Portanto, a assertiva está errada.

Essa corrente buscou **trazer mais humanismo ao direito penal**, explicando o fenômeno criminoso, que, para eles, tinha origem estritamente **pessoal**, e o indivíduo cometia os delitos por livre escolha (**livre-arbítrio**) e por isso deveria ser penalizado por romper o pacto (contrato) social. O crime era visto, portanto, como um ente jurídico.

Decifrando a prova

(2018 – Vunesp – Delegado de Polícia – PC/BA – Adaptada) Em relação ao conceito de crime, de criminoso e de pena nas diversas correntes do pensamento criminológico e ao desenvolvimento científico de seus modelos teóricos, é correto afirmar:
No pensamento criminológico das Escolas Clássicas, identifica-se uma grande preocupação com os conceitos de crime e pena como entidades jurídicas e abstratas de modo a estabelecer a razão e limitar o poder de punir do Estado.
( ) Certo   ( ) Errado
Gabarito comentado: uma das principais preocupações da Escola Clássica era justamente em limitar o poder punitivo estatal e trazer mais humanismo ao direito penal. Portanto, a assertiva está certa.

Duas características são marcantes na Escola Clássica. A primeira é a concepção do homem como um **ser livre e racional, que comete os delitos por livre e espontânea vontade**, após fazer uma análise dos riscos e vantagens envolvidas no ato criminoso. Para Beccaria (1996, p. 180), o prazer e a dor são norteadores da conduta humana.

> **Decifrando a prova**
>
> **(2016 – Cebraspe/Cespe – Delegado de Polícia – PC/PE)** Os objetos de investigação da criminologia incluem o delito, o infrator, a vítima e o controle social. Acerca do delito e do delinquente, assinale a opção correta.
> Para a criminologia clássica, criminoso é um ser atávico, escravo de sua carga hereditária, nascido criminoso e prisioneiro de sua própria patologia.
> ( ) Certo   ( ) Errado
> **Gabarito comentado:** para a Escola Clássica o criminoso era um ser racional que optava livremente pelo cometimento de delitos. Nega-se por completo qualquer tipo de determinismo. Portanto, a assertiva está errada.

A segunda caraterística é a utilização do **método abstrato (lógico)-dedutivo**, o que significa que, diferentemente do método empírico experimental indutivo (utilizado na criminologia moderna), partia-se da norma, do dogma, para a conclusão. Assim sendo, aspectos como o ambiente, fatores sociais e outras características pessoais, envolvendo o mundo dos fatos ou do criminoso, eram em grande parte desprezados, levando-se em consideração preponderantemente **a vontade humana de praticar o delito**. Assim sendo, a Escola Clássica **refutava qualquer tipo de determinismo**, utilizando-se apenas do conceito utilitário da conduta (utilitarismo), apesar de admitir em alguma medida que esse cálculo por si só não era suficiente do ponto de vista racional.

Reconhecia-se que essa ideia não poderia ser aplicada igualmente a todos, como por exemplo no caso de loucos e menores, contudo, essa parcela de pessoas não seria suficiente em termos quantitativos para alterar a regra geral.

Como a ideia central era que o delito acontecia após um exame por parte do delinquente entre as vantagens (prazer) do crime e da possível penalização que viesse a sofrer (prejuízo, dor, sofrimento), a pena para a Escola Clássica tinha evidente papel de "impedir o réu de causar novos danos aos seus concidadãos e afastar os demais de cometer outros iguais" (BECCARIA, 1996, p. 78).

Assim sendo, a pena ganha especial importância para a prevenção (geral e especial) do delito. Tanto é que, Beccaria (1996, p. 80) criticava o uso deliberado e exagerado de indutos, perdões judiciais e da graça em geral, por ter isso como violação da Lei, bem como por meio de estimular práticas delitivas.

Outro ponto interessante da Escola Clássica é o resgate das ideias aristotélicas de educação e cultura para prevenção de delitos e na busca de penas racionais, proporcionais e humanas para cada tipo de delito praticado.

Além disso, Beccaria trouxe alguns conceitos que hoje são tidos como fundamentos do direito penal, mas que naquela época não eram sequer cogitados, como a publicidade dos julgamentos, a taxatividade e clareza da Lei Penal, a anterioridade, reserva legal, proporcionalidade, dentre outros aspectos já citados, abrindo caminho para o direito penal moderno e demais teorias dali decorrentes.

A Escola Clássica não é formada apenas pelas ideias de Beccaria. Muito pelo contrário, já que vários outros doutrinadores deram continuidade às suas ideias.

Em síntese, com relação a Beccaria, as ideias principais são (VIANA, 2020, p. 39):

- Fundamentação filosófica: Limitação ou humanização do direito de punir. Busca a racionalização das penas.
- O crime é uma quebra do pacto social.
- As penas devem ser proporcionais.
- Prevenção dos crimes é mais útil que a repressão.
- A pena deve ser prevista em lei = princípio da legalidade.
- Não admite a tortura como técnica de busca da confissão e da verdade real.
- Admite a pena de morte, tão somente, para casos excepcionais, em momentos de instabilidade política ou quando for o único meio para dissuasão.

Observação

A exclusão da pena de morte é contrastada na ideia de contrato social. É impensável que os indivíduos, espontaneamente, coloquem em depósito público não só uma parte da própria liberdade, mas sua própria existência.

- Juiz obediente a lei, negação da justiça de gabinete próprio do sistema inquisitório e da tortura.
- Acusação deve ser pública, e não secreta.
- Necessidade de funcionamento de uma justiça livre de corrupção.
- As leis e sanções devem ser conhecidas pelo maior número de pessoas.
- As sanções devem ser certas, rápidas e severas.
- O temor das leis pelo homem é saudável.
- O mais seguro meio de prevenir os delitos é aperfeiçoar a educação.
- Dano social e defesa social constituem elementos fundamentais, da teoria do delito e da pena, respectivamente.

Decifrando a prova

(2021 – NC/UFPR – PC/PR – Delegado de Polícia – Adaptada) A respeito das escolas criminológicas, julgue a assertiva:

> Cesare Beccaria, cujo pensamento é apontado como uma das mais influentes bases da Escola Clássica, fez uma forte crítica ao sistema penal do Antigo Regime e lançou bases filosóficas limitadoras do poder punitivo estatal.
> ( ) Certo ( ) Errado
> **Gabarito comentado:** a Escola Clássica, pelas lições de Beccaria, buscava a limitação ou humanização do direito de punir. Portanto, a assertiva está certa.

Francesco Carrara (1805-1888), jurista italiano e seguidor de Beccaria, que sem dúvidas foi um dos principais doutrinadores da Escola. Foi ele que aplicou ao crime o conceito de ente jurídico. Isso porque para ele o crime não era um ente de fato, na medida em que era uma infração, e não uma ação, ou seja, **o crime é visto como a violação do direito como exigência racional, e não como uma norma de direito positivo**, o qual emana da liberdade do indivíduo, que opta por violar as Leis e o contrato social (SHECAIRA, 2020, p. 92).

Delito é um ente jurídico, não é um ente de fato, ou seja, o delito é uma violação de uma lei/norma. Sua essência nada mais é que uma relação contraditória entre o fato do homem a lei. Por isso é uma infração (ANITUA, 2008, p. 188).

> É infração da Lei do Estado, promulgada para proteger a segurança dos cidadãos, resultante de um ato externo de poder, positivo ou negativo, moralmente imputável e politicamente danoso.

Para Carrara, o fim da pena é a eliminação do perigo social. A vingança, correção, reeducação podem ser acessórios, mas nunca razão ou medida do castigo. O fim último da pena é o bem social.

Esse é o ponto crucial da punição na Escola Clássica: a liberdade.

Outros grandes filósofos influenciaram e fizeram parte de alguma forma da Escola, em pontos diferentes da Europa, como **Francesco Carrara** (1805-1888), **Jeremy Benthan** (1748-1832), **John Howard** (1726-1790), **Gaetano Filangieri** (1753-1788), **Gian Domenico Romagnosi** (1761-1835), **Immanuel Kant** (1724-1804), **Georg Wilhelm Friedrich Hegel** (1770-1831), **Paul Johann Anselm Ritter von Feuerbach** (1775-1833), **Giovanni Carmignani** (1768-1847).

Vejamos alguns dos autores mais cobrados em provas:

GIAN DOMENICO ROMAGNOSI (1761-1835)

O princípio essencial do direito natural é a conservação da espécie humana e a obtenção da máxima utilidade. Desse princípio, derivam três relações ético-jurídicas:

1. o direito e dever de cada um de conservar a própria existência;
2. o dever recíproco dos homens de não atentar contra sua própria existência;
3. o direito de cada um de não ser ofendido por outro.

O fim da pena é a defesa social, a conservação da sociedade. **A pena constitui em relação ao impulso criminoso, um contraestímulo** (ANITUA, 2008, p. 187):

> (...) se depois do primeiro delito existisse uma certeza moral de que não ocorreria nenhum outro, a sociedade não teria direito algum de puni-lo.

FEUERBACH (1775-1833)

Representante tanto do liberalismo penal contratualista e da defesa social.

Segundo Anitua (2008, p. 180), citando Paul Johann Anselm von Feuerbach, não apenas existem direitos prévios ao contrato social e que subsistem a ele e que são inalienáveis da condição humana, mas também é possível saber quais são esses direitos mediante a razão.

O Estado só se justifica se não se danifica e, além disso, protege os indivíduos também do desrespeito a seus direitos, produzidos por outros indivíduos.

A pena é justificada como uma coação psicológica – as pessoas desistem de cometer delitos pelo temor de serem castigadas no futuro (ANITUA, 2008, p. 181).

Decifrando a prova

(2016 – MPE/SC – Promotor de Justiça – Adaptada) O italiano Cesare Lombroso, autor da obra *L'Uomo Delinquente*, foi um dos precursores da Escola Clássica de Criminologia, a qual admitia a ideia de que o crime é um ente jurídico – infração –, e não ação.

( ) Certo   ( ) Errado

Gabarito comentado: Lombroso foi um dos percursores da Escola Positiva. Para não esquecer os nomes mais importantes da Escola Clássica, lembre-se do mnemônico **CBF**: Carrara **(C)**, Beccaria ou Bonesana **(B)** e Feuerbach **(F)**. Portanto, a assertiva está errada.

(2021 – FAPEC – PC/MS Prova – Delegado de Polícia – Adaptada) Sobre o movimento intelectual que ficou conhecido como Escola Clássica da Criminologia, julgue a assertiva:
A consideração do crime como um comportamento definido pelo direito e o repúdio à abordagem patológica do criminoso como um ser diferente são traços da Escola Liberal Clássica, que, contudo, não rompeu definitivamente com o paradigma etiológico da criminologia.

( ) Certo   ( ) Errado

Gabarito comentado: de fato, a etiologia patológica do crime vai ser desenvolvida pela Escola Positiva, sob a teoria do homem delinquente de Cesare Lombroso. Portanto, a assertiva está certa.

Por fim, especialmente para fins de concursos, podem assim sintetizar os principais pontos da Escola Clássica:

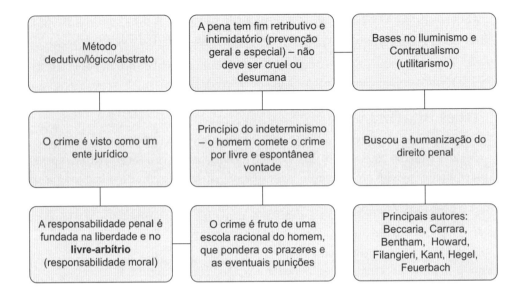

🧩 Decifrando a prova

(2019 – MPE/GO – Promotor de Justiça – Adaptada) A chamada Escola Clássica do direito penal tem como caracteres, dentre outros, os seguintes: o direito tem uma natureza transcendente, segue a ordem imutável da lei natural; o delinquente é, em regra, um homem normal, que se sente livre para optar entre o bem e o mal, e preferiu o último; os objetos de estudo do direito penal são o delito, a pena e o processo. Um importante autor dessa época é Carrara.
( ) Certo   ( ) Errado
Gabarito comentado: a assertiva traz corretamente os principais postulados da Escola Clássica.

(2021 – MPE/SC – Promotor de Justiça Substituto) Com relação ao comportamento criminoso para as diferentes escolas criminais, julgue o item seguinte.
Para a Escola Clássica, o comportamento criminoso é resultado da predisposição do agente, que apresenta características inatas e biológicas identificáveis a partir de estigmas anatômicos.
( ) Certo   ( ) Errado
Gabarito comentado: a grande diferença entre a Escola Clássica e a Positiva é o estudo do criminoso. Para a Clássica, o criminoso tem livre-arbítrio, e para Escola Positiva, de fato, o criminoso é objeto central no estudo, eis que é um ser atávico, possui características inatas e biológicas identificáveis. Portanto, a assertiva está errada.

2.2.2 Escola Cartográfica

O principal autor é o matemático Adolphe Quételet (1796-1874).

A Escola Cartográfica representa uma zona de transição entre a criminologia clássica e a criminologia positivista. A criminalidade é uma função representável matematicamente em decorrência de estados econômicos e sociais do momento. Método estatístico para investigação do crime (VIANA, 2020, p. 50).

Afirmou que existe uma relação invariável entre os delitos conhecidos e julgados e os delitos desconhecidos que são cometidos – embrião das cifras negras ou ocultas da criminalidade).

Percebeu que o número de nascimentos e falecimentos era muito semelhante a cada ano. O mesmo ocorria quanto aos índices de delinquência: as cifras francesas, dos anos de 1826 a 1829, de acusados, condenados, delitos contra a propriedade ou contra as pessoas eram surpreendentemente parecidas.

Leis físicas poderiam medir o comportamento do homem médio. **Uma série de fatores interfere para a ocorrência dos crimes: clima, pobreza, sexo, situação geográfica, analfabetismo.**

Criou as leis térmicas, o dado climático interfere nas paixões humanas, nos hábitos e costumes. Por exemplo, no inverno são cometidos mais crimes contra a propriedade do que no verão (pelo fato de que a vida é muito mais difícil no inverno) (VIANA, 2020, p. 51):

> Leis térmicas: o ambiente físico e social, associado as tendências individuais, hereditárias e adquiridas, e aos impulsos ocasionais, determina, necessariamente, relativo contingente de crimes.

Quételet é firme defensor das estatísticas oficiais para a medição do delito. Junto com **Guerry**, são os primeiros autores que tratam a sociologia como método científico.

Em síntese, desenvolveu três preceitos importantes (VIANA, 2020, p. 51):

1. o crime é um fenômeno social;
2. os crimes são cometidos ano a ano com intensa precisão;
3. há várias condicionantes da prática delitiva, como miséria, analfabetismo, clima etc.

2.2.3 Escola Positiva

Como se percebe, a Escola Clássica não apresentava qualquer preocupação com o delinquente. A análise do fenômeno criminal era estritamente legal e dogmática, sem se preocupar com o criminoso e com a etiologia ou gênese (origem) criminal.

Foi justamente esse ponto, a ausência de método próprio de investigação do crime e o interesse apenas pelo fenômeno jurídico e seus reflexos, que impediu o reconhecimento da Escola Clássica como o da criminologia ciência autônoma, ficando aquela teoria condicionada a ser apêndice do próprio direito penal, sem deixar de reconhecer sua grande importância.

A **Escola Positiva**, que teve início no começo do século XIX, ao revés, teve outro contorno, sendo apontada pela maioria da doutrina como o **marco inicial da criminologia como ciência autônoma**.

Tal escola teve início com a publicação do livro *L'Uomo Delinquente* em 1876, de **Cesare Lombroso** (1835-1909), fortemente influenciado nas ideias da fisionomia e frenologia, já estudadas anteriormente. O nome do livro já indica qual seria o principal foco de dessa escola: **o criminoso**, em detrimento da análise do delito, como ocorrera na Escola Clássica.

Para a criminologia positivista, **a criminalidade é uma realidade ontológica, pré-constituída ao direito penal**, ao qual cabe tão somente reconhecê-la e positivá-la. Lombroso afirmava que o crime **não seria uma entidade jurídica, mas sim um fato natural, decorrente da vida em sociedade, um verdadeiro fenômeno biológico**.

Ademais, a criminologia positivista **utiliza-se do método empírico, experimental, indutivo, causal-explicativo**, que retrata o delito enquanto fato, perquirindo as suas origens, razões da sua existência, os seus contornos e forma de exteriorização.

> **Decifrando a prova**
>
> **(2018 – Vunesp – Delegado de Polícia – PC/BA – Adaptada)** Em relação ao conceito de crime, de criminoso e de pena nas diversas correntes do pensamento criminológico e ao desenvolvimento científico de seus modelos teóricos, é correto afirmar:
>
> As teorias desenvolvidas nas Escolas Positivistas a partir do método dedutivo buscaram maximizar as garantias individuais na persecução penal e fora dela.
>
> ( ) Certo   ( ) Errado
>
> **Gabarito comentado:** o método utilizado pela Escola Positiva foi o empírico **indutivo**. Portanto, a assertiva está errada.

Em linhas gerais, a criminologia positivista via o crime como uma disfuncionalidade biológica, uma patologia, ou seja, negava o livre-arbítrio, base da Escola Clássica, e acreditava no **determinismo**, ou seja, o homem criminoso nasceria fadado a essa característica, não cometendo o crime por sua opção, mas sim pela sua **determinação biológica**.

> **Decifrando a prova**
>
> **(2013 – Cebraspe/Cespe – Delegado de Polícia Federal)** Julgue o item a seguir, relacionados aos modelos teóricos da criminologia.
>
> O positivismo criminológico caracteriza-se, entre outros aspectos, pela negação do livre-arbítrio, pela crença no determinismo e pela adoção do método empírico-indutivo, ou indutivo-experimental, também apresentado como indutivo-quantitativo, embasado na observação

> dos fatos e dos dados, independentemente do conteúdo antropológico, psicológico ou sociológico, como também a neutralidade axiológica da ciência.
> ( ) Certo   ( ) Errado
> **Gabarito comentado:** a assertiva traz os principais postulados da Escola Positiva. Portanto, a assertiva está certa.

A pena, portanto, **teria uma função de prevenção**, sendo um instrumento da defesa da sociedade, baseada não na culpabilidade, mas sim na periculosidade do criminoso, que deveria, em virtude do seu desvio biológico, ser segregado da sociedade, para proteção dela.

Para entender melhor o positivismo, devemos conhecer os principais autores: **Cesare Lombroso (1835-1909)**, **Enrico Ferri (1856-1929)**, **Raffaele Garofalo (1851-1934)** e suas chamadas fases: **antropológica**, **sociológica** e **jurídica**, atribuídas a cada um deles, respectivamente.

Decifrando a prova

> **(2018 – Fundatec – Delegado de Polícia – PC/RS – Adaptada)** A criminologia é definida tradicionalmente como a ciência que estuda de forma empírica o delito, o delinquente, a vítima e os mecanismos de controle social. Os autores que fundaram a criminologia (positivista) são: Cesare Lombroso, Enrico Ferri e Raffaele Garofalo.
> ( ) Certo   ( ) Errado
> **Gabarito comentado:** para ajudar a decorar os nomes dos doutrinadores da Escola Positiva, lembre-se do mnemônico **LFG** – Lombroso, Ferri e Garofalo. A assertiva está certa.

2.2.3.1 Cesare Lombroso e a fase antropológica do positivismo

Lombroso era um médico psiquiátrico italiano formado em 1858 aos 23 anos, iniciando seus trabalhos no manicômio da cidade de Pesaro, local em que começou sua ligação com a loucura e o crime, somando-se a sua experiência como médico da Penitenciária de Turim. Sua primeira obra foi publicada em 1870, intitulada *Gênio e Loucura*.

Inspirado no positivismo de Augusto Comte,[1] mais precisamente no positivismo evolucionista, com base nas ideias de Darwin, Lombroso foi o percursor da própria **Antropologia Criminal**.

---

[1] Isidore Auguste Marie François Xavier Comte (1798-1857) foi um filósofo francês, considerado o pai do Positivismo Jurídico.

Lombroso é considerado pela doutrina majoritária como sendo o **pai da criminologia**, apesar dele mesmo não se intitular e negar a pecha de criminólogo.

Lombroso se dedicou exaustivamente a analisar os aspectos físicos e fisiológicos, como o tamanho e características da mandíbula, mãos, olhos, cabeça, lábios, orelhas, cabelos, sensibilidade a dor, vaidade, crueldade etc. e relacioná-los aos criminosos e espécies de crimes praticados.

Para tanto, Lombroso chegou a estudar cerca de 400 de cadáveres de delinquentes condenados e 6.000 indivíduos vivos, passando até mesmo pelo estudo das tatuagens presentes neles.

É nesse sentido que se observa uma das principais diferenças entre a Escola Clássica e a Positiva, a **principal contribuição de Lombroso para a criminologia**: o **método** empregado, o qual se faz presente até nos dias atuais. No positivismo utiliza-se o **empirismo**, a **investigação** e o método **indutivo-experimental**. Vê-se que o investigador parte do fato para a conclusão, ou seja, da análise da vida real para a teoria doutrinária. Assim sendo, o que se busca são as causas da criminalidade, o que concorre para esse fato, e não mais apenas a análise estritamente legalista e dogmática do "dever-ser" feita na Escola Clássica.

Para Lombroso, o criminoso era um ser **atávico**, ou seja, que trazia consigo características primitivas e hereditárias, defendendo, portanto, que o indivíduo era geneticamente determinado para o mal, com tendência inapta ao crime, desprezando por completo o conceito da Escola Clássica de racionalidade e livre-arbítrio.

No manicômio de Pésaro, em 1871, começou a identificar os criminosos. Havia possibilidade de reconhecimento desses criminosos.

O criminoso nato tem as seguintes características:

- **Características físicas identificáveis**: fronte fugidia, crânio assimétrico, cara larga e chata, grandes maçãs no rosto, lábios finos, canhotismo (na maioria dos casos), barba rala, olhar errante ou duro, tatuagem.
- **Características anatômicas identificáveis**: particularidades da calota craniana, particularidades no desenvolvimento do cérebro, fissura na fosseta occipital média.
- **Características psíquicas identificáveis**: analgesia (sensibilidade dolorosa diminuída), crueldade, aversão ao trabalho, tendência a superstição, hedonismo (jogo, sexo, álcool), vingança e crueldade.

Decifrando a prova

(2017 – Vunesp – Defensor Público do Estado de Rondônia – Adaptada) Assinale a alternativa correta em relação aos estudos e contribuições de Lombroso para o desenvolvimento histórico da criminologia.

Os estudos de Lombroso inserem-se no contexto de ideias que contrapõem o conceito de livre-arbítrio.

( ) Certo   ( ) Errado

> **Gabarito comentado:** Lombroso era adepto ao determinismo criminal, ou seja, negava que o crime fosse praticado por uma escolha racional do criminoso, mas sim por fatores biológicos. Portanto, a assertiva está certa.
>
> **(2021 – FUMARC – PCMG – Investigador – Adaptada)** Isabela, Investigadora de Polícia Civil do Estado de Minas Gerais, participava de um curso de especialização quando se deparou com a argumentação de um professor que, após a projeção da imagem de uma pessoa no quadro, começou a explicar:
> "Percebam as rugas frontais existentes na face desse indivíduo. É verdadeiramente típico o modo de se apresentar a característica destas rugas em alguns criminosos ainda jovens. São tão profundas que a fronte se apresenta, em tais casos, reiteradamente pregada, ou com uma incisão como uma ferida proveniente de um corte". Atenta, Isabela logo concluiu que a argumentação do docente se correlacionava ao pensamento criminológico de Cesare Lombroso.
> ( ) Certo   ( ) Errado
> **Gabarito comentado:** é justamente a hipótese do criminoso nato, o qual possui características identificáveis. Portanto, a assertiva está certa.

Atualmente essas ideias podem parecer estranhas e repulsivas, em especial pelo tom pejorativo e em certa medida preconceituosos, mas foram muito bem aceitas e difundidas em época.

O crime na teoria de Lombroso seria reflexo de três características básicas: a loucura moral, o atavismo e a esquizofrenia.

Impendente ressaltar, que, no decorrer de sua obra, outras caraterísticas estranhas a aspectos físicos foram adicionadas ao fenômeno criminal por Lombroso, como o clima, a profissão, o alcoolismo, o vício em jogos etc. e, por conta disso, outas espécies de criminosos também foram classificadas. Contudo, como explica Shecaira (2020, p. 95), essas características exógenas apenas serviam para desencadear fatores endógenos, ou seja, aflorar aqueles traços biológicos natos no indivíduo.

Portanto, podemos visualizar três categorias de delinquentes na obra de Lombroso: o **delinquente nato** é sem dúvidas a espécie mais importante, pois decorre de características físicas e fisiológicas. O **pseudodelinquente**, que engloba os criminosos **passionais** e **ocasionais**, e por fim os chamados por Lombroso de **criminaloides, meio-delinquentes ou meio-loucos**.

De maneira analítica, Lombroso dividiu os criminosos da seguinte forma:

a. **Criminoso nato:** aquele fadado ao crime por características biológicas, fisiológicas e físicas. É o ser atávico, primitivo. Teria cabeça pequena, deformada, fronte fugidia, sobrancelhas salientes, maçãs afastadas, orelhas malformadas, braços compridos, face enorme, muito cabelo, olhos juntos, mão grande, mentiroso, tatuado, falador de gírias etc.

> **Decifrando a prova**
>
> **(2018 – UEG – Delegado de Polícia – PC/GO – Adaptada)** Para a criminologia positivista, a criminalidade é uma realidade ontológica, pré-constituída ao direito penal, ao qual cabe tão somente reconhecê-la e positivá-la. Neste sentido, tem-se o seguinte:
> Em seus primeiros estudos, Cesare Lombroso encontrou no atavismo uma explicação para relacionar a estrutura corporal ao que chamou de criminalidade habitual.
> ( ) Certo ( ) Errado
> **Gabarito comentado:** o conceito trazido na assertiva é de criminoso nato, na lição de Lombroso. Portanto, a assertiva está errada.

b. **Criminosos de ocasião:** seriam os pseudodelinquentes, com predisposição criminal, mas que acabariam sendo influenciados por situações esporádicas.
c. **Criminosos loucos:** loucos morais, perversos, sanguinários e psicopatas.
d. **Criminosos por paixão:** eram levados por sentimentos, como ciúmes, ódio, raiva, vingança. Usam a violência para resolver questões passionais.

> **Decifrando a prova**
>
> **(2018 – Nucepe/Uespi – Delegado de Polícia Civil – PC/PI)** Marque a alternativa correta, no que diz respeito à classificação do criminoso, segundo Lombroso:
> Criminoso por paixão: aquele que utiliza de violência para resolver problemas passionais, geralmente é nervoso, irritado e leviano.
> ( ) Certo ( ) Errado
> **Gabarito comentado:** a assertiva traz corretamente a classificação dos criminosos segundo Lombroso.

Três teses centrais de Lombroso:

- criminoso possui sinais físicos e psíquicos distintos dos não criminosos;
- criminoso é uma variante da espécie humana – ser atávico (degeneração);
- essa variação pode ser transmitida hereditariamente.

Registre-se que Lombroso não negava fatores exógenos, apenas afirmava que estes só servem como desencadeadores de fatores clínicos. O mundo circundante era motivo desencadeador de uma predisposição inata, própria do sujeito em referência. Posteriormente, influenciado por Ferri, Lombroso também acopla em sua teoria um determinismo social.

Pontos positivos da teoria de Lombroso:

- Rompe com o dualismo metafísico da Escola Clássica (indivíduo-estado) por lentes que compreendem o delito como um fenômeno natural e ancorando-se nas ciências que compreendem o homem a partir da lente sensível.
- Marca movimento científico.

Influências da teoria de Lombroso:

- Tem influências político-criminais: penas preventivas à proteção da sociedade através da prisão perpétua ou pena de morte.
- Tem influência política às leis raciais de Mussolini, em 1938, que excluíam os judeus das escolas públicas e os privavam de possuir propriedades.
- No Brasil, o autor Nina Rodrigues realiza os experimentos de Lombroso na Bahia, e dirige a lógica do crime nato ao negro.
- O pensamento de Lombroso já era preconceituoso e, no Brasil, seu preconceito foi reforçado pelo racismo, onde a população negra, predominantemente de pessoas pobres, serão principalmente vitimadas pela visão determinista dessa criminologia positivista, para a qual a descendência, a herança genética ou o ambiente eram determinantes para a formação da mente criminosa.

2.2.3.2 Enrico Ferri e a fase da sociologia criminal

Originário de Lombardia, na Itália em 1856, aluno e genro de Cesare Lombroso, **Enrico Ferri** se firmou como um dos expoentes do positivismo, inaugurando a chamada fase da **sociologia criminal**, tendo como sua principal obra o livro com esse nome em 1884.

Diferentemente de Lombroso, Ferri era jurista e tinha orientação política socialista.

Ferri concentrou seus estudos nas influências sociais e econômicas que concorriam para o crime, expandindo os estudos de Lombroso, sem, contudo, negar os ensinamentos até então difundidos por seu mestre.

Decifrando a prova

(2018 – UEG – Delegado de Polícia – PC/GO – Adaptada) Nos marcos do pensamento criminológico positivista, Enrico Ferri, embora discípulo de Lombroso, abandonou a noção de criminalidade centrada em causas de ordem biológica, passando a considerar como centrais as causas ligadas à etiologia do crime, sendo estas: as individuais, as físicas e as sociais
( ) Certo ( ) Errado
Gabarito comentado: Ferri não abandonou os estudos de Lombroso, apenas ampliou seu aspecto. Portanto, a assertiva está errada.

Foi um forte crítico do livre-arbítrio e racionalismo da Escola Clássica. Defendia que a pena **não deveria se fundar na responsabilização moral, mas sim social**. A pena deveria ter, portanto, o fim de **promover a defesa social** e condão preventivo, ao ponto de defender a segregação de criminosos até mesmo antes da prática delitiva.

> **Decifrando a prova**
>
> **(2018 – UEG – Delegado de Polícia – PC/GO – Adaptada)** Tendo a obra *O Homem Delinquente*, de Cesare Lombroso (1836-1909), como fundante da criminologia surgida a partir da segunda metade do século XIX, verifica-se que, segundo a sistematização realizada por Enrico Ferri (1856-1929), o pensamento criminológico positivista assenta se, dentre outras, na tese de que a defesa social é tomada como o principal objetivo da justiça criminal.
> ( ) Certo   ( ) Errado
> **Gabarito comentado:** esse é um dos cernes do pensamento desenvolvido por Ferri. Portanto, a assertiva está certa.

Entendia o crime como uma soma de fatores **antropológicos** (aspectos biológicos e fisiológicos), **físicos** (clima, estações, temperaturas etc.) e **sociais** (família, educação, cultura, religião etc.). Partindo dessa premissa, criou a chamada "Lei de Saturação", a qual utilizava-se desses fatores para determinar o nível de criminalidade, levando em consideração as diferentes condições do meio físico e social, além de tendências congênitas e impulsos ocasionais dos indivíduos. Contudo, verifica-se que Ferri sempre acabou dando maior enfoque a aspectos sociais.

> **Decifrando a prova**
>
> **(2014 – Vunesp – Delegado de Polícia – PC/SP – Adaptada)** Assinale a alternativa correta em relação a Enrico Ferri.
> Foi autor da obra *Sociologia Criminal*; para ele a criminalidade deriva de fenômenos antropológicos, físicos e sociais.
> ( ) Certo   ( ) Errado
> **Gabarito comentado:** Ferri estudava o crime como uma soma de fatores **antropológicos** (aspectos biológicos e fisiológicos), **físicos** (clima, estações, temperaturas etc.) e **sociais** (família, educação, cultura, religião etc.). Portanto, a assertiva está certa.

Concatenando esses fatores, Ferri (1999, p. 255-262) desenvolveu a seguinte classificação dos criminosos:

a. **Criminoso nato (muitos doutrinadores entendem que ele foi o primeiro a usar tal nomenclatura):** seguia a mesma classificação de Lombroso, caracterizado por ser impulsivo, desproporcional e o mais perigoso de todos.

b. **Criminoso louco:** comete crimes pela enfermidade mental e moral.
c. **Criminoso habitual:** começa com faltas leves e depois pela influência das prisões acaba se tornando criminoso de fato.
d. **Criminoso ocasional:** comete crimes sobretudo por influência de características ambientais. São de menor periculosidade e maior readaptabilidade.
e. **Criminoso passional:** movido por paixões sociais.

Princípios do Direito Criminal (1928) sintetizou suas ideias:

* negação do livre-arbítrio;
* defesa social é o propósito da justiça criminal;
* três fatores influenciam para o crime (trinômio do delito);
* classificação dos criminosos;
* substitutos penais como meio de defesa indireta: colônias agrícolas substituindo isolamento celular durante o dia, ênfase no uso da indenização pecuniária como sanção a favor da vítima e, por fim, o princípio de que o crime deve ser utilizado a favor do delinquente.

Há uma compreensão mais alargada da criminalidade – fatores sociológicos também influenciam no criminoso nato.

Os substitutivos penais eram bem variáveis, mas cabe mencionar a prevenção do alcoolismo, melhora das condições econômicas dos cidadãos, multas e escolas profissionais e de reforma para jovens. Fala em reparação dos danos às vítimas.

Decifrando a prova

(2016 – FCC – Defensor Público do Estado do Espírito Santo – Adaptada) Sobre a Escola Positivista da criminologia, é correto afirmar:
Por ter enveredado pela sociologia criminal, Enrico Ferri não é considerado um autor da Escola Positivista, que possui viés médico e antropológico.
( ) Certo ( ) Errado
Gabarito comentado: como visto, Ferri foi um dos importantes autores da Escola Positiva. Portanto, a assertiva está errada.

2.2.3.3 Rafael Garófalo (ou Raffaele Garofalo) e a fase jurídica do positivismo

Raffaele Garofalo foi um magistrado italiano e conservador, ao contrário de Ferri. Sua contribuição para Escola Positiva foi basicamente estabelecer uma sistematização jurídica aos postulados desenvolvidos.

No ano de 1885 publicou sua obra *Criminologia*, termo esse que, apesar de já ter sido utilizado por Paul Topinard em 1883, ganhou verdadeira notoriedade apenas com Garofalo, fato que levou diversos doutrinadores a considerá-lo **criador de fato da expressão** da forma que conhecemos hoje, inclusive defendendo-a como ciência autônoma, a qual teria três pilares trabalhados pelo jurista: o crime, o criminoso e a pena.

> **Decifrando a prova**
>
> **(2017 – Vunesp – Defensor Público do Estado de Rondônia – Adaptada)** Considerando o estudo da criminologia, assinale a alternativa correta.
> Raffaele Garofalo está ligado à Escola Criminal Positiva.
> ( ) Certo ( ) Errado
> **Gabarito comentado:** Raffaele Garofalo foi um dos três principais autores da Escola Positiva. Portanto, a assertiva está certa.

Foi crítico aos seus antecessores da Escola Positiva por se concentrarem excessivamente no criminoso, deixando outras variáveis, contudo não rompeu com os pensamentos da Escola.

Defendeu existir duas espécies de crimes: **os legais e naturais**. Aqueles seriam os previstos em legislações de cada país. Já os **crimes naturais** seriam aqueles em qualquer lugar ou sociedade seriam considerados crimes, como o homicídio, latrocínio etc., que violam os sentimentos altruísticos de piedade e probidade.

Ademais dizia que o crime está sempre no indivíduo e se manifesta com a **degeneração de sua natureza**.

Introduziu o conceito de medida de segurança, baseada na periculosidade (temerabilidade) do indivíduo, tendo como objetivo proteção da sociedade, sem prazo determinado, até que se verificasse a cessão da condição do agente, além de defender a pena de morte para casos mais extremos, na qual se verificasse a incapacidade de recuperação do criminoso. Assim sendo, a pena teria base na **responsabilidade social**, sendo uma medida de defesa da sociedade. Na visão do doutrinador, o crime é um **fenômeno natural e necessário**.

Raffaele Garofalo sustentou em seus estudos, inclusive, a possibilidade de aplicação das penas de deportação ou expulsão da comunidade para aqueles que carecessem do sentido de justiça ou o tivessem aviltado, na medida em que não acreditava na regeneração de criminosos mais perigosos.

> **Decifrando a prova**
>
> **(2018 – UEG – Delegado de Polícia – PC/GO – Adaptada)** A periculosidade, ou *temeritá*, tal como conceituada por Enrico Ferri, foi definida como a perversidade constante e ativa a recomendar que esta, e não o dano causado, a medida de proporcionalidade de aplicação da pena.
> ( ) Certo ( ) Errado
> **Gabarito comentado:** o conceito de periculosidade (*temeritá*) foi desenvolvido por **Rafael Garofalo**, em 1887, na chamada fase jurídica do positivismo. Era utilizada para mensurar a quantidade de mal que podemos esperar do criminoso, em razão de sua perversidade. Portanto, a assertiva está errada.

Percebe-se, portanto, que a teoria de Garofalo perpassa por três eixos: "**teoria do delito natural**", a "**teoria da criminalidade**" e por fim "o fundamento do castigo ou **teoria da pena**", como bem salienta Viana (MORAES; NETO, 2019, p. 153).

Por fim, Raffaele Garofalo também registrou sua própria classificação dos delinquentes, da seguinte forma:

a. **Criminosos assassinos:** que cometem crimes por instinto, atávicos, egoístas etc.
b. **Criminosos enérgicos ou violentos:** que não tem compaixão, empatia, sem senso moral, impulsivos, coléricos.
c. **Criminosos ladrões ou neurastênicos:** não lhes faltam senso moral, contudo não tem probidade, honra.
d. **Criminosos cínicos:** autores de crimes contra a dignidade sexual.

Decifrando a prova

(2018 – UEG – Delegado de Polícia – PC/GO – Adaptada) Para a criminologia positivista, a criminalidade é uma realidade ontológica, pré-constituída ao direito penal, ao qual cabe tão somente reconhecê-la e positivá-la. Neste sentido, tem-se o seguinte:
Para Raffaele Garofalo (1851-1934), a defesa social era a luta contra seus inimigos naturais carecedores dos sentimentos de piedade e probidade.
( ) Certo   ( ) Errado
Gabarito comentado: a pena no escólio de Garofalo tinha como plano de fundo a defesa do corpo social. Portanto, a assertiva está certa.

Feita a análise da Escola Positivista, nas suas três vertentes, vamos agora sintetizar seus **principais postulados**.

Escola Positiva

Crime como fenômeno natural e social	Determinismo biopsicológico	Pena como instrumento de defesa social (prevenção)	Método empírico/indutivo/ experimental
Responsabilidade penal é uma responsabilidade social	Principais autores: Lombroso, Ferri e Garofalo	Criminoso é um ser anormal, portador de uma patologia	Negação ao livre-arbítrio e racionalismo

Outro ponto que vale atenção é para a **classificação dos delinquentes de acordo com cada um dos doutrinadores** da Escola Positiva. Como é tema comum de prova, vamos esquematizá-los para facilitar sua memorização.

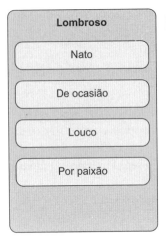

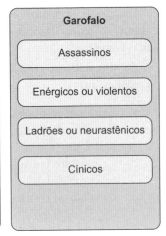

2.2.4 "Luta" entre as Escolas Clássica e Positiva

Conforme Shecaira (2020, p. 126), da polêmica entre clássicos e positivistas muitas lições podem ser tiradas. Na Europa, a exacerbação da discussão acabou por causar uma espécie de autofagia jurídica. Todos os autores viam, no adotar uma das posturas, uma necessidade imperiosa de sobrevivência intelectual. Ou se era clássico, ou positivista. O máximo que se permitia era ter uma opinião distinta das ditas escolas, criando uma terceira, cujo pensamento não deixava de ser o resultado da tomada de postura ora coincidente com uma delas, ora com outra. As tentativas não eram de superação daquelas perspectivas, mas sim de posicionamento em face daqueles pensamentos.

Dada a importância dessas duas escolas para o desenvolvimento da criminologia moderna, bem como pelo fato de apresentarem conceitos diametralmente opostos, costuma-se comparar e elencar as **principais diferenças entre as teorias**.

 Decifrando a prova

(2018 – Fumarc – Delegado de Polícia – PC/MG – Adaptada) Sobre o método, o objeto e as funções da criminologia, considera-se:
A luta das escolas (positivismo *versus* classicismo) pode ser traduzida como um enfrentamento entre adeptos de métodos distintos; de um lado, os partidários do método abstrato, formal e dedutivo (os clássicos) e, de outro, os que propugnavam o método empírico e indutivo (os positivistas).
( ) Certo   ( ) Errado
Gabarito comentado: a terminologia "luta de escolas" surge das ideias e concepções antagônicas entre as Escolas Clássica e Positiva, de forma que a questão separou os métodos distintos das teorias referidas. Portanto, a assertiva está correta.

Isso é relevante especialmente em provas de concursos públicos, nas quais o examinador sempre procura confundir o candidato com os termos. Por isso, vamos elencá-los em tabela:

	Escola Clássica	Escola Positiva
Crime é visto como	Fenômeno jurídico	Fenômeno natural e social
Reponsabilidade penal	Fundada no livre-arbítrio e na **racionalidade**	Fundada na responsabilidade social – **determinismo**
Método	Lógico/dedutivo/abstrato	Empírico/indutivo/experimental
Principais autores	Beccaria, Carrara, Bentham, Howard, Filangieri, Kant, Hegel, Feuerbach	Cesare Lombroso, Enrico Ferri, Raffaele Garofalo
Pena com fim	Retributivo: baseada na culpabilidade	Preventivo: baseada na periculosidade e na defesa social
Criminoso é visto como	Ser racional que opta livremente pela prática do delito	Ser anormal, doente, atávico, que comete o crime por fatores biopsicológicos

Decifrando a prova

(2018 – Fumarc – Delegado de Polícia – PC/MG – Adaptada) Numere as seguintes assertivas de acordo com a ideia de criminologia que representam, utilizando (1) para a criminologia positivista e (2) para a Escola Liberal Clássica do direito penal.

( ) Assumia uma concepção patológica da criminalidade.
( ) Considerava a criminalidade como um dado pré-constituído às definições legais de certos comportamentos e certos sujeitos.
( ) Não considerava o delinquente como um ser humano diferente dos outros.
( ) Objetivava uma política criminal baseada em princípios como os da humanidade, legalidade e utilidade.
( ) Pretendia modificar o delinquente.

A sequência que expressa a associação CORRETA, de cima para baixo, é 1, 1, 2, 2, 1.
( ) Certo   ( ) Errado

Gabarito comentado: a sequência traz corretamente os postulados de cada escola, como visto.

2.2.5 Escola Alemã

Também chamada de Escola Sociológica Alemã, Escola Moderna, Nova Escola, Escola de Marburgo e Escola de Política Criminal, desenvolveu-se na Alemanha na mesma época de Escola Positiva.

Teve como principal expoente o austríaco **Franz von Liszt** (1851-1919) e marca uma certa ecleticidade entre alguns conceitos da Escola Clássica e da Escola Positiva.

Negava-se o determinismo do positivismo, bem como a tese do livre-arbítrio racional e deliberado da Escola Clássica, desenvolvendo um olhar **sociológico do delito**, e ao mesmo tempo conserva o estudo dogmático da norma, **sem negar** a possibilidade do estudo antropológico do criminoso.

De toda forma, para a Escola Alemã, o crime tinha **como principal** fator de ocorrências as questões sociais. O crime era, portanto, **visto como um fenômeno humano-social e fato jurídico**.

Defendia-se a pena não como mera retribuição ou prevenção, mas sim como uma **defesa**, devendo-se ser adequada à personalidade do criminoso.

Uma das suas maiores contribuições **foi a criação do sistema duplo-binário**, dando independência à pena e à medida de segurança, quase nos moldes que temos atualmente em nosso Código Penal.

Assim sendo, havia **divisão** entre **imputáveis** (substituiu-se o conceito de livre-arbítrio por "normais") e **inimputáveis** (tidos como anormais, devendo ser submetidos a medidas de segurança com base na sua periculosidade).

Além disso, salientou-se como função da pena como arma para a manutenção do próprio Estado e o sistema jurídico. Outros nomes da Escola são **Aldophe Prinz e Von Hummel**.

2.2.6 *Terza Scuola Italiana* (Terceira Escola Italiana)

Cuida-se de escola que se desenvolveu também na mesma época do positivismo (início do século XX). Também conhecida como **Escola Eclética, Escola Crítica ou positivismo crítico**.

Esta corrente funcionou como uma fusão das Escolas Clássica e Positiva, que também têm matrizes italianas.

Utilizou as características da Escola Clássica como a responsabilidade moral, mas rechaçava a teoria do livre-arbítrio. Da Escola Positiva aproveitou dos estudos sobre etiologia do crime, bem como antropologia e sociologia criminal.

Via o crime como um **fenômeno individual e social**, tendo a pena um caráter de prevenção especial, ou seja, **meramente aflitivo** e com vistas a evitar o cometimento de crimes pela sociedade em geral.

Como ensina Penteado Filho (2014, p. 19), a *Terza Scuola Italiana*, cujos expoentes foram **Manuel Carnevale (1861-1941), Bernardino Alimena (1861-1915) e Giovan Battista Impallomeni (1846-1907)**, fixou os seguintes postulados criminológicos:

- **distinção** entre imputáveis e inimputáveis;
- responsabilidade **moral baseada no determinismo** (quem não tiver a capacidade de se levar pelos motivos deverá receber uma medida de segurança);
- crime como **fenômeno social e individual**;
- pena com caráter **aflitivo**, cuja finalidade é a **defesa social**.

Além disso, a escola defendia que o direito penal deveria ser uma ciência autônoma e independente e considerada que fatores sociais podem influenciar na prática de delitos, devendo o Estado manter a ordem e reformas sociais.

> **Decifrando a prova**
>
> **(2014 – Vunesp – Investigador de Polícia – PC/SP – Adaptada)** A distinção entre imputáveis e inimputáveis, a responsabilidade moral baseada no determinismo, o crime como fenômeno social e individual e a pena com caráter aflitivo, cuja finalidade é a defesa social, são características da *Terza Scuola Italiana*.
> ( ) Certo ( ) Errado
> **Gabarito comentado:** a assertiva traz os principais postulados da *Terza Scuola Italiana*. Portanto, está certa.

2.2.7 Escola Técnico-Jurídica

Diretamente ligada à Terceira Escola Italiana, a Escola Técnico-Jurídica nasceu pela conferência de **Arturo Rocco** na Universidade de Sassari em 1990. O movimento ocorreu graças à crise do positivismo na Itália e Europa. Defendia-se uma total independência e autonomia do Direito com relação a qualquer outra disciplina, restando aquele preso apenas à exegese do Direito Positivo (MORAES; NETO, 2019, p. 157).

Ela se assemelhou à Escola Clássica, mas negava o livre-arbítrio, baseando a aplicação na pena no conceito de **imputabilidade** e **responsabilidade moral**, além da previsão de medida de segurança para **inimputáveis**.

Ademais, utilizava-se o mesmo método da Escola Clássica: o **logico-dedutivo-abstrato**.

Para a teoria o crime era visto como uma **relação jurídica**, com conteúdo individual e social e, portanto, **a pena seria uma reação ao delito**, com finalidade de prevenção.

> **Decifrando a prova**
>
> **(2019 – Cebraspe/Cespe – Juiz de Direito – TJ/PR – Adaptada)** Com relação às escolas e tendências penais, julgue os itens seguintes.

> A Escola Técnico-Jurídica, que utiliza o método indutivo ou experimental, apresenta as fases antropológica, sociológica e jurídica.
>
> ( ) Certo   ( ) Errado
>
> **Gabarito comentado:** essas são caraterísticas da Escola Positiva, e não da Escola Técnico-Jurídica. Portanto, a assertiva está errada.

2.2.8 Escola de Lyon

Era opositora ao positivismo, em especial as teses de Lombroso. Via o criminoso como **uma espécie de vírus**, que era acionado tanto pelo meio social quanto por características sociais.

Concentrava nas influências sociais e econômicas sobre os criminosos e os índices de criminalidade. Pensadores: **Émile Durkheim e Alexandre Lacassagne**, a quem se atribui a frase "As sociedades têm os criminosos que merecem".

2.2.9 Escola Correcionalista

Tem como marco inicial a obra *Comentatio na Pena Malum esse Debeat* (1839) do alemão **Cárlos Davis Augusto Roder**. Contudo, teve pouca aceitação no país germânico, alcançando sua maior influência na Espanha.

Para a Escola Correcionalista, o criminoso é visto como um ser **incapaz e inválido**, que em verdade **precisa de ajuda**, e por isso o Estado deve o **tratá-lo de maneira paternalista**.

> **Decifrando a prova**
>
> **(2016 – Cebraspe/Cespe – Delegado de Polícia – PC/PE – Adaptada)** Para os correcionalistas, criminoso é um ser inferior, incapaz de dirigir livremente os seus atos: ele necessita ser compreendido e direcionado, por meio de medidas educativas.
>
> ( ) Certo   ( ) Errado
>
> **Gabarito comentado:** esse é o conceito central da Escola Correcionalista. Portanto, a assertiva está certa.

Assim sendo, a pena serve apenas como defesa da sociedade, destrelada do conceito de punição. O correcionismo defendia a piedade e o altruísmo na aplicação da Lei Penal, o que se busca é a cura do delinquente e não sua punição.

O criminoso é visto para a teoria correcionalista como um ser inferior, incapaz de guiar livremente a sua conduta por haver debilidade em sua vontade: a intervenção estatal se faz necessária para **correção** da direção de sua vontade.

> **Decifrando a prova**
>
> **(2019 – Cebraspe/Cespe – Defensor Público do Distrito Federal)** De acordo com a teoria positivista, o criminoso é um ser inferior, incapaz de guiar livremente a sua conduta por haver debilidade em sua vontade: a intervenção estatal se faz necessária para correção da direção de sua vontade.
> ( ) Certo   ( ) Errado
> **Gabarito comentado:** essa é uma acepção da Escola Correcionalista, e não da Escola Positivista. Portanto, a assertiva está errada.

2.2.10 Nova Defesa Social

A Nova Defesa Social, sob o enfoque de **Marc Ancel**, foi um movimento que tinha como objetivo a modernização do direito penal, em especial das penas aplicadas. Na verdade, a teoria defendia até mesmo o fim do direito penal da forma que temos atualmente.

Ancel trouxe à teoria da defesa social traços da Escola Clássica, reafirmando o livre-arbítrio. Além disso via no delito a responsabilidade tanto do criminoso quanto do corpo social, sendo que a pena deveria ter um caráter, sobretudo, ressocializador e educativo.

A ala radical da Nova Defesa Social é capitaneada por **Filippo Gramatica** no período pós-guerra. Para o teórico as normas penais teriam caráter relativo, pois seriam apenas convenções sociais emanadas pelo Estado. Apregoa a substituição da pena por uma tentativa de ressocialização, a chamada medida de defesa social, que não comportaria tempo determinado e poderia ser aplicada tanto antes quanto depois da prática do delito.

> **Decifrando a prova**
>
> **(2014 – Vunesp – Investigador de Polícia – PC/SP)** A corrente do pensamento criminológico, que teve por precursor Filippo Gramatica e fundador Marc Ancel, a qual apregoa que o delinquente deve ser educado para assumir sua responsabilidade para com a sociedade, a fim de possibilitar saudável convívio de todos (pedagogia da responsabilidade), é denominada Nova Defesa Social.
> ( ) Certo   ( ) Errado
> **Gabarito comentado:** a assertiva traz corretamente os postulados da Nova Defesa Social.

2.2.11 Escolas penais no Brasil

A criminologia foi objeto de preocupação no Brasil só nó final do século XIX e início do século XX, sob um viés racista. A elite branca preocupava-se em reprimir uma população negra que tinha pouco conhecimento do trabalho de fábrica, em razão da produção escravista que não havia a disciplinado para o trabalho capitalista (ANITUA, 2008, p. 353).

Seguindo o tom racista, o Código Penal de 1890, a título de curiosidade, criminalizava a prática de "capoeira" ou fazer parte de grupos de rua, da qual fazia parte a cultura negra (ANITUA, 2008, p. 353).

No Brasil, a criminologia foi inicialmente estudada através de Tobias Barreto, Nina Rodrigues, Clóvis Beviláqua, João Vieira de Araújo, Viveiros de Castro, Cândido Mota, Roberto Lyra, Afrânio Peixoto, Leonídio Ribeiro.

Vejamos alguns desses autores e suas principais ideias.

Em primeira análise, veremos os autores brasileiros que trouxeram as ideias do positivismo criminológico.

Viveiros de Castro, na obra *A Nova Escola Penal*, em 1894, teria sido o pioneiro a trazer as lições do positivismo italiano para o Brasil. Segundo Viana (2020, p. 115):

> critica o livre-arbítrio como critério para valoração da conduta humana; considera a hereditariedade como fator da criminalidade; recusa a definição legal de crime proposta pelos clássicos; argumenta que uma responsabilidade penal fundada no livre-arbítrio conduz à impunidade e à impotência da defesa social contra criminosos; defende os substitutivos penais em substituição à pena; e em relação ao sexo e a criminalidade, argumentava que o menor número de crimes praticados pelas mulheres está associado à sua pequena capacidade craniana.

O autor Nina Rodrigues é considerado o pai da criminologia brasileira, realiza os experimentos de Lombroso na Bahia, e dirige a lógica do criminoso nato ao negro, evidenciando o caráter racista de sua obra e a segregação dos negros até então escravizados.

Portanto, no aporte teórico da Escola Positiva no Brasil (GÓES, 2016), "a proposta política de Nina Rodrigues projetava um *apartheid* brasileiro de cunho eugênico e com objetivos criminalizantes acauteladores dos negros e seus descendentes".

Nina Rodrigues defendia, inclusive, códigos penais distintos conforme a raça e demonstra o tom racista e segregador do negro nas obras *As Raças Humanas e a Responsabilidade Penal no Brasil* (1894), *O Animismo Fetichista dos Negros na Bahia* (1900) e *Os Africanos no Brasil* (1932) (VIANA, 2020, p. 119).

Decifrando a prova

(2021 – Fumarc – PC/MG – Delegado de Polícia) Sobre o pensamento de Raimundo Nina Rodrigues, na escola criminológica brasileira do final do século XIX e início do século XX, pode-se afirmar, EXCETO:
A) Raimundo Nina Rodrigues acaba por justificar a existência de um controle social orientado pelo criminoso e não pelo crime.
B) Raimundo Nina Rodrigues foi influenciado pela escola criminológica italiana, em especial os estudos de Cesare Lombroso.

> C) Raimundo Nina Rodrigues reconheceu que a raça negra, no Brasil, constituiu um dos fatores da inferioridade do povo brasileiro.
> D) Inexiste nos estudos de Raimundo Nina Rodrigues qualquer orientação no sentido de reconhecer o aspecto rixoso e a violência dos negros nas suas pulsões sexuais.
>
> **Gabarito comentado:** todas as alternativas contemplam as ideias descritas no enunciado,, salvo a letra D, tendo em vista que trouxe como causa do crime o homem delinquente, nas lições de Lombroso e, no caso brasileiro, o atavismo estaria relacionado a raça negra, reconhecendo o aspecto rixoso e a violência dos negros nas pulsões sexuais. Portanto, a letra D é o gabarito.

Para além do positivismo, o tecnicismo jurídico também recebeu adeptos no Brasil.

Lembre-se de que a direção técnico-jurídica tem como ponto de partida o direito positivo. Arturo Rocco (1910) preocupou-se nos estudos da lei penal, a partir do método dogmático, guiada por um espírito realista. Estudo desenvolvido em três etapas: fase de interpretação (exegética) da lei, fase sistemática (coordenação dos princípios extraídos da interpretação da lei) e fase crítica (permitir ao jurista determinar como o direito deve ser).

Importando referida teoria, Nélson Hungria preocupa-se com o limite da lei do direito penal excluindo qualquer outra ciência na incidência do direito penal como sociologia, medicina ou biologia. Em um segundo momento, Hungria torna-se adepto à teoria da defesa social, de modo que a recuperação do delinquente se tornava a principal finalidade da pena, fato, inclusive, que resultou no Código de Hungria (1969), o qual nunca chegou a entrar em vigor (VIANA, 2020, p. 124).

Roberto Lyra foi um dos grandes expoentes brasileiros no avanço da criminologia, sobretudo por abrir o campo da sociologia no campo das ciências criminais, sendo um adepto das teorias de Ferri da Escola Positiva Italiana. Na obra *Economia e Crime* trata de concausas do crime relacionadas a desigualdade econômica.

Sobre as ideias de Roberto Lyra, Viana (2020, p. 125) as sintetiza da seguinte forma:

a. na sociedade dividida em classes, a ordem jurídico-penal baseia-se na defesa dos interesses individuais ou grupos dominantes;
b. as causas propriamente ditas da criminalidade relevante são sociais;
c. a criminalidade relevante não provém do mau funcionamento da sociedade e sim da má organização desta (oficialização das injustiças sociais);
d. a responsabilidade deve basear-se na periculosidade contra sociedade e a humanidade;
e. as sanções devem ser meio de defesa efetiva e direta da sociedade e da humanidade.

A criminologia crítica também recebe destaque no Brasil por intermédio de Heleno Fragoso, Ester Kosovski, Nilo Batista, Juarez Tavares, Juarez Cirino dos Santos, entre outros.

3 Teorias criminológicas sociológicas – sociologia criminal

3.1 NOÇÕES GERAIS

A criminologia moderna enxerga o delito como sendo um **fenômeno social e multicausal**, ou seja, tira-se o foco apenas da pessoa do criminoso e transfere-se parte da responsabilidade da conduta delitiva a toda a sociedade, ao contrário do que era apregoado nas teorias da criminologia estudadas anteriormente.

Giro sociológico é expressão de Alessandro Baratta para demarcar esse período, eis que, principalmente, no século XX, a criminologia tem uma virada teórica, nos Estados Unidos.

Começa a deixar de lado (mas não há o abandono por completo) o estudo do crime e do criminoso para se preocupar com o controle social. Inversão do pêndulo da biologia para sociologia.

As teorias sociológicas elevam a sociedade ao patamar de fator criminógeno.

Em seu início, a sociologia criminal buscava associar a gênese delituosa a fatores biológicos. Posteriormente, ela passou a englobar as chamadas teorias **macrossociológicas**, que não se limitavam à análise do delito segundo uma visão do indivíduo ou de pequenos grupos, mas **consideravam a sociedade como um todo**.

> **Decifrando a prova**
>
> **(2019 – Cebraspe/Cespe – Juiz Estadual – TJ/BA – Adaptada)** A explicação do crime como fenômeno coletivo cuja origem pode ser encontrada nas mais variadas causas sociais, como a pobreza, a educação, a família e o ambiente moral, corresponde à perspectiva criminológica denominada sociologia criminal.
> ( ) Certo ( ) Errado
> **Gabarito comentado:** esses são os objetos de estudo da sociologia criminal. Portanto, a assertiva está certa.

Com o surgimento das teorias sociológicas da criminalidade (ou teorias macrossociológicas da criminalidade), houve uma repartição marcante das pesquisas criminológicas em **dois grupos principais**. Essa divisão leva em consideração, principalmente, a forma como os sociólogos encaram a composição da sociedade: **consensual** (teorias do consenso, funcionalistas ou da integração), de matriz **funcionalista**, ou **conflitual** (teorias do conflito social), de viés **argumentativo**.

Decifrando a prova

(2014 – Vunesp – Delegado de Polícia – PC/SP) A moderna sociologia criminal possui visão bipartida do pensamento criminológico atual, sendo uma de cunho funcionalista e outra de cunho argumentativo. Trata-se das teorias do consenso e do conflito.
( ) Certo   ( ) Errado
Gabarito comentado: essa é a divisão do pensamento da sociologia criminal. Portanto, a assertiva está certa.

Teorias do consenso: também chamada de teoria da integração, tem matriz mais conservadora, de cunho funcionalista, defendem que a **finalidade da sociedade é atingida quando todas as instituições nela inseridas funcionam em plenitude**, aceitando as regras comuns e compartilhando os mesmos objetivos e valores (SHECAIRA, 2020, p. 132). Possuem o axioma de que toda sociedade é composta de elementos uniformes, que são interligados e funcionais, **baseando-se do consenso e voluntariedade dos indivíduos para que se mantenha estável**, ou seja, os objetivos da sociedade são atingidos quando as instituições funcionam e os indivíduos, que dividem os mesmos valores, concordam com as regras de convívio.

Decifrando a prova

(2018 – FCC – Defensor Público do Estado do Amazonas – Adaptada) O funcionalismo na criminologia defende que a pena tem como função a manutenção da coesão e harmonia social em um quadro social caracterizado pelo consenso.
( ) Certo   ( ) Errado
Gabarito comentado: para as teorias de consenso, o direito penal e a pena têm como objetivo justamente manter a coesão e harmonia social. Portanto, a assertiva está certa.

São exemplos de teorias do consenso: **Escola de Chicago, teoria da associação diferencial, teoria da subcultura do delinquente** e **teoria da anomia**.

Teorias do conflito: têm matriz mais progressista, de cunho argumentativo, que encontra suas raízes em Karl Marx. Para a corrente, a harmonia social decorre da **coerção e desigualdade entre as classes sociais**. Ao contrário das teorias de consenso, não existe uma situação de voluntariedade, mas sim a **imposição e coerção**. Exemplos de teorias do conflito: teoria crítica ou radical e teoria do etiquetamento (*labeling approach*).

Decifrando a prova

(2018 – Cebraspe/Cespe – Delegado de Polícia Civil – PC/SE) As teorias sociológicas de consenso vinculam-se a orientações ideológicas e políticas progressistas. Essas teorias consideram que os objetivos da sociedade são atingidos quando as instituições funcionam e os indivíduos, que dividem os mesmos valores, concordam com as regras de convívio.
( ) Certo   ( ) Errado

Gabarito comentado: as teorias de consenso vinculam-se por orientações **conservadoras** e não progressistas como afirma o item. Portanto, a assertiva está errada.

Vamos passar a análise das principais escolas e teorias de consenso e conflito.

3.2 TEORIAS DO CONSENSO

3.2.1 Escola de Chicago

A Escola de Chicago nasceu no início do século XX, em meio à Revolução Industrial e ao crescimento desordenado e acentuado daquela cidade norte-americana, em especial do centro para a periferia.

Cuida-se de uma Escola Sociológica que busca explicar o fenômeno criminal a partir do meio em que o indivíduo está inserido, estando classificada dentro das **teorias de consenso**. Para tal corrente, a cidade produziria o crime e a delinquência.

A Escola de Chicago aparece estreitamente unida ao Departamento de Sociologia da Universidade de Chicago. Recebeu apoio de John Rockefeller, na cifra de 30 milhões de dólares. Chicago tinha um acentuado crescimento urbanístico, econômico e financeiro no final do século XIX e início do século XX.

Segundo os dados de Gabriel Anitua (2008, p. 411), em 1840, Chicago, recém-fundada, tinha 2 mil habitantes. Em 1860, 110 mil habitantes. Em 1910, já contaria com 2 milhões de habitantes. A cidade às margens do lago Michigann era um entroncamento de linhas ferroviárias que seguiam para o Oeste, o que fez com que se transformasse em grande centro comercial do Meio-Oeste.

O crescimento populacional não foi feito só com o crescimento demográfico, mas também com a chegada de imigrantes estrangeiros: alemães, italianos, poloneses, gregos, holandeses, escandinavos, tchecos, lituanos, judeus etc. Em 1920, metade da população era nascida fora do EUA. Acrescente-se o grande número de negros provenientes de correntes migratórias do Sul, onde não houvesse tanta discriminação racial (ANITUA, 2008, p. 411).

> **Decifrando a prova**
>
> **(2013 – FCC – Procurador da Assembleia Legislativa da PB)** A avaliação do espaço urbano é especialmente importante para compreensão das ondas de distribuição geográfica e da correspondente produção das condutas desviantes. Este postulado é fundamental para compreensão da corrente de pensamento, conhecida na literatura criminológica, como Escola de Chicago.
> ( ) Certo   ( ) Errado
> **Gabarito comentado:** trata-se do postulado cerne da Escola de Chicago. Portanto, a assertiva está certa.

A Escola de Chicago fomentou a utilização de métodos de pesquisa que propiciou o conhecimento da realidade da cidade antes de se estabelecer a política criminal adequada para intervenção estatal. Para tanto, utilizou-se dos chamados **inquéritos sociais** (*social surveys*) na investigação da criminalidade.

Esses inquéritos eram realizados a partir de interrogatórios diretos feitos por uma equipe de pesquisadores por meio de uma amostragem de pessoas, juntamente com análises biográficas individuas que permitiam traçar um perfil delitivo.

> **Decifrando a prova**
>
> **(2018 – FCC – Defensor Público do Estado do Amazonas)** Sobre as escolas criminológicas, é correto afirmar:
> A Escola de Chicago fomentou a utilização de métodos de pesquisa que propiciou o conhecimento da realidade da cidade antes de se estabelecer a política criminal adequada para intervenção estatal.
> ( ) Certo   ( ) Errado
> **Gabarito comentado:** a Escola de Chicago foi pioneira a utilizar os chamados "inquéritos sociais" (*social surveys*) na investigação da criminalidade. Portanto, a assertiva está certa.

Percebe-se assim que a Escola de Chicago buscou a **aplicação do método científico** empírico, com pesquisa, observação e comparação, bem como buscou a compreensão da criminalidade pela influência do meio urbano.

Ganha especial importância por ser a **primeira vertente da criminologia a se debruçar no meio social que gera a criminalidade**. Ademais, buscou uma atuação prática e objetiva, tentando resolver o problema da criminalidade, sem o devaneio filosófico e sociológico que permeava a criminologia da época.

O principal postulado dessa corrente é que a avaliação do espaço urbano é **especialmente importante** para compreensão das ondas de **distribuição geográfica** e da correspondente produção das **condutas desviantes**.

> **Decifrando a prova**
>
> **(2016 – Cebraspe/Cespe – Delegado de Polícia – PC/PE – Adaptada)** Considerando que, conforme a doutrina, a moderna sociologia criminal apresenta teorias e esquemas explicativos do crime, assinale a opção correta acerca dos modelos sociológicos explicativos do delito.
> A Escola de Chicago, ao atentar para a mutação social das grandes cidades na análise empírica do delito, interessa-se em conhecer os mecanismos de aprendizagem e transmissão das culturas consideradas desviadas, por reconhecê-las como fatores de criminalidade.
> ( ) Certo   ( ) Errado
> **Gabarito comentado:** a mutação social das grandes cidades é um dos principais objetos de estudo da Escola de Chicago. Portanto, a assertiva está certa.

A Escola de Chicago produziu duas ideias centrais: a **teoria da desorganização social** (teoria ecológica ou ecologia criminal) e as **áreas de delinquência**.

Ademais, a escola foi base para a teoria espacial, a teoria das janelas quebradas e a teoria da tolerância zero.

Seus principais autores foram **Robert Park, Ernest Burgess, Clifford Shaw** e **Henry Mckay**.

> ### Decifrando a prova
>
> **(2016 – Cebraspe/Cespe – Delegado de Polícia – PC/PE – Adaptada)** Considerando que, conforme a doutrina, a moderna sociologia criminal apresenta teorias e esquemas explicativos do crime, assinale a opção correta acerca dos modelos sociológicos explicativos do delito.
>
> A teoria do conflito, sob o enfoque sociológico da Escola de Chicago, rechaça o papel das instâncias punitivas e fundamenta suas ideias em situações concretas, de fácil comprovação e verificação empírica das medidas adotadas para contenção do crime, sem que haja hostilidade e coerção no uso dos meios de controle.
>
> ( ) Certo   ( ) Errado
>
> **Gabarito comentado:** a Escola de Chicago faz parte das teorias de consenso e não de conflito. Portanto, a assertiva está errada.

3.2.1.1 Teoria da desorganização social ou ecologia criminal

A teoria da desorganização social apregoa que a criminalidade **é influenciada (fruto) pelo ambiente desorganizado** em que estão inseridos os envolvidos. Tal teoria foi desenvolvida por **Clifford Shaw e Henry McKay** (1942), no âmbito da Escola de Chicago. Os pesquisadores observaram que havia **um maior índice de criminalidade** em bairros não planejados e com baixa infraestrutura urbana. Essa teoria é aplicável, por exemplo, às favelas brasileiras.

A alta rotatividade e mobilidade das grandes cidades caracterizam-se pela ruptura dos mecanismos tradicionais de controle. É aquela ideia de que o sujeito não conheceu seu vizinho da porta da frente.

O aumento demográfico acarreta uma desorganização social com aumento excessivo de desordens de toda a natureza. O papel desempenhado pela vizinhança – controle social informal – acaba por se perder em razão dessa heterogeneidade cultural, do anonimato, do individualismo.

A família, a igreja, a escola, o local de trabalho (tradicionais meios de controle social informal) não mais conseguem refrear as condutas humanas. Isso diminui e enfraquece os vínculos que mantinham as pessoas nas pequenas cidades, o que dá origem a um fator potencializador da criminalidade.

> **Decifrando a prova**
>
> **(2018 – Cebraspe/Cespe – Delegado de Polícia Federal – Adaptada)** Julgue o item a seguir, relativo a modelos teóricos da criminologia.
> Conforme a teoria ecológica, crime é um fenômeno natural e o criminoso é um delinquente nato possuidor de uma série de estigmas comportamentais potencializados pela desorganização social.
> ( ) Certo   ( ) Errado
> **Gabarito comentado:** a teoria ecológica apregoa que o crime é fruto do meio urbano, como um fenômeno social, não apresentado qualquer determinismo biológico. Portanto, a assertiva está errada.

3.2.1.2 Áreas de delinquência

Robert Park, um dos principais expoentes da Escola de Chicago, defendia que a cidade é um **verdadeiro estado de espírito**, um organismo vivo, com sua própria identidade. Nas grandes cidades há um enfraquecimento do controle social informal, formando as áreas de delinquência.

Com base nessas premissas, **Ernest Burgess** desenvolveu a teoria das zonas concêntricas, no qual explica que a cidade se desenvolve de dentro para fora (região central para os bairros), em círculos concêntricos, descrito como zonas.

Conforme contextualiza Shecaira (2020, p. 167):

> Uma cidade desenvolve-se de acordo com a ideia central dos principais autores da teoria ecológica segundo círculos concêntricos, por meio de um conjunto de zonas ou anéis a partir de uma área central. No mais central desses anéis estava o *Loop*, zona comercial com os seus grandes bancos, armazéns, lojas de departamento, a administração da cidade, fábricas, estações ferroviárias etc. A segunda zona chamada de zona de transição, situa-se exatamente entre zonas residenciais (3ª zona) e a anterior (1ª zona) que concentra o comércio e a indústria. Com a zona intersticial, está sujeita à invasão do crescimento da zona anterior e por isso é objeto de degradação constante.

A figura anterior evidencia que no mais central dessa zona é o **loop**, zona comercial. A seguir, a zona de **transição**, como zona intersticial, está sujeita a invasão do crescimento da zona anterior e, por isso, é objeto de degradação constante e também sujeita à mobilidade da população, sempre disposta a abandonar a proximidade com a zona degradada pelo barulho, agitação, mau cheiro das indústrias etc., passando a concentrar pessoas de menor poder aquisitivo. Moradias coletivas com grandes concentrações de pessoas – *slums, tenement houses*. A terceira zona é a área de moradia de trabalhadores pobres e de imigrantes de segunda geração. A quarta zona é a classe média. A quinta zona (*commuters*) é habitada pelos estratos mais altos da população (VIANA, 2020, p. 222).

Os índices mais preocupantes de criminalidade são encontrados naquelas áreas da cidade onde o nível de desorganização social é maior, qual sejam, no caso de Chicago, na área central e na periferia.

As áreas de delinquência são zonas de transição, onde a criminalidade é mais acentuada, em razão da alta rotatividade e consequente enfraquecimento no controle social informal.

Decifrando a prova

(2018 – Vunesp – Polícia Civil/SP – Agente Policial – Adaptada) Os conceitos básicos de "desorganização social" e de "áreas de delinquência" são desenvolvidos e relacionados com o fenômeno criminal de modo preponderante, por meio da teoria sociológica da criminalidade, denominada como Escola de Chicago.
( ) Certo ( ) Errado
Gabarito comentado: desorganização social e áreas de delinquência são teorias derivadas da Escola de Chicago. Portanto, a assertiva está certa.

Propostas da ecologia criminal:

- Propostas preventivas. Nenhuma redução de criminalidade é possível se não houver mudanças efetivas das condições econômicas e sociais das crianças.
- Programas que envolvam recursos humanos junto à comunidade, aumentar o controle social informal. Envidar esforços para reconstituir a solidariedade social.
- Programas comunitários.

- Melhorias das residências, conservação física dos prédios e melhoria sanitária. O viés reformista tem como grande produtor o *Chicago Area Project*, inaugurado por Clifford Shaw e Henry Mckay, em 1934.

Resumindo a Escola de Chicago:

- Período: século XX.
- Contexto histórico: Revolução Industrial. Imigração de europeus. Êxodo rural. Falta de integração pelo aumento demográfico acelerado e desordenado.
- Principais autores: Robert Park (1864-1944), Ernest W. Burguess (1886-1966), Mackenzie, Clifford Shaw (1896-1957), Henry Mckay (1899-1972).
- Obras: *Introdução a Sociologia*, 1920 (Park e Burguess), *A Cidade*, 1916 (Park), *Delinquência Juvenil e Áreas Urbanas*, 1942, (Shaw e McKay).
- Bases filosóficas: pragmatismo, darwinismo social, cidade é objeto central da investigação.
- Método empírico e pragmático. Por estatísticas. São realizados os chamados inquéritos sociais, onde há a investigação da criminalidade nos grandes centros urbanos, como exemplo, em Chicago, no Estados Unidos.
- Principais ideias: aumento demográfico acelerado e desordenado. Perda das raízes (as pessoas moram em lugares novos, falta de identidade com o lugar). O aumento demográfico e as perdas das raízes ocasionam no enfraquecimento do controle social informal. Desorganização social: pelo aumento demográfico nos grandes centros urbanos. Ocasionam cidades que crescem de forma desorganizada, sem um planejamento urbano. Áreas de criminalidade: teorias das zonas concêntricas – *gradient tendency* – a cidade se expande radialmente – de dentro para fora.

  Pontos positivos da teoria: soluções propostas pela Escola de Chicago: planejamento das cidades; programas comunitários com a finalidade de aumentar o controle social informal; melhoria nos aspectos visuais da cidade (aqui a arquitetura influencia na criminalidade – olhar da criminologia como ciência interdisciplinar). Trouxe a necessidade de se criar programas de política criminal de prevenção à criminalidade.
- Pontos negativos da teoria: limitou-se a investigar só as camadas mais pobres da sociedade *gangland* (o crime acontece indistintamente em qualquer camada da sociedade – crimes de colarinho branco).

3.2.1.3 Teoria das janelas quebradas

Trata-se de uma vertente da Escola de Chicago (ecologia criminal), que tem como paradigma básico o fato de a criminalidade ser produto direto do meio ambiente. Também chamada por parte da doutrina de **teoria dos testículos despedaçados**.

A partir dessas premissas criou-se a teoria das janelas quebradas ou *broken windows theory*, baseada em um experimento realizado por Philip Zimbardo, psicólogo da Universidade de Stanford, com um automóvel deixado em um bairro de classe alta de Palo Alto (Califórnia) e outro deixado no Bronx (Nova York) (WILSON; KELLING, 1982).

No Bronx, o veículo foi vandalizado e teve suas peças furtadas em poucas horas e em Palo Alto, o carro permaneceu intacto por uma semana.

Porém, após o pesquisador quebrar uma das janelas do veículo deixado no bairro de classe alta, o carro foi completamente destroçado e furtado por grupos de vândalos em poucas horas, da mesma forma que ocorrera em um bairro pobre.

Portanto, a criminalidade seria provocada a partir da desordem inicial e rapidamente se alastraria. A conclusão a que se chegou foi que o fator determinante para a prática delitiva foi a ausência do Estado, pois a prática delitiva ocorreu em ambos os bairros.

Isso porque, de maneira analógica, o fato de haver uma janela quebrada no veículo representa outras desordens como pichações, ausência de iluminação, falta de planejamento urbano.

Assim sendo, o crime não ocorreria em virtude da classe social, mas sim pela desordem. Uma pequena desordem inicial pode desencadear toda a criminalidade.

> **Decifrando a prova**
>
> **(2014 – Ministério Público/GO – Promotor de Justiça – Adaptada)** Julgue o item a seguir:
> A *broken windows theory* (teoria das janelas quebradas), conforme a doutrina, se apresenta como uma faceta da chamada "tendência securitária", na vertente do Movimento de Lei e Ordem.
> ( ) Certo   ( ) Errado
> **Gabarito comentado:** a teoria das janelas quebradas foi um dos fundamentos do Movimento Lei e Ordem. Portanto, a assertiva está certa.

3.2.1.4 Tolerância zero (movimento Lei e Ordem)

Derivada diretamente da teoria das janelas quebradas e da ecologia criminal, a tolerância zero ou movimento lei e ordem ou ainda **neoretribucionismo** e **realismo de direita**, é um movimento de origem norte-americana que defendia que qualquer tipo de delito, por mais pequeno que fosse, deveria ser combatido de maneira enérgica, para inibir mais delitos (prevenção geral). Isso ocorria especialmente com relação aos espaços públicos e privados.

> **Decifrando a prova**
>
> **(2013 – Vunesp – Auxiliar de Papiloscopista Policial – PC/SP)** Quanto à teoria neorretribucionista, é correto afirmar:
> Surgiu nos Estados Unidos, inspirada na Escola de Chicago, com a denominação "Lei e Ordem" ou "tolerância zero", decorrente da teoria das janelas quebradas, tem como objetivo coibir os pequenos delitos, o que inibiria os mais graves.
> ( ) Certo   ( ) Errado
> **Gabarito comentado:** a assertiva traz corretamente os conceitos principais da teoria neorretribucionista.

A teoria se baseia no livro *Losing Ground: American Policy*, de **Charles Murray**. Na obra o autor, sinteticamente, atribui o crescimento da criminalidade às políticas penais brandas e lenientes com os mais pobres. Em uma visão reducionista, acabou-se relegando o crime apenas às classes sociais mais baixas, propõe uma espécie de "limpeza humana", punido severamente toda sorte de delinquentes, até mesmo no caso de crimes bagatelares.

A ideia é reprimir fortemente as condutas "menos danosas" para que não evoluam para crimes mais graves.

Essa experiência foi colocada em prática na cidade de Nova York no ano de 1993, pelo prefeito da época, Rudolph Giuliani, com a participação decisiva do chefe de polícia daquela cidade, William Bratton. Houve aumento expressivo no número de policiais, fiscalização e repressão de toda e qualquer conduta desviante de forma enérgica.

Fato é que houve uma diminuição drástica no número de crimes de rua, em especial patrimoniais e contra a vida nesse período. Fato esse que acabou transformando a cidade de Nova York em "modelo", sendo a doutrina seguida em outras cidades, em especial na Europa.

Decifrando a prova

(2019 – MPE/SC – Promotor de Justiça) A política de repressão implementada nos anos 90 pelo então Prefeito de Nova York, Rudolph Giuliani, orientada pelo chamado "Movimento da Lei e da Ordem", é criticada porque resultou no aumento da violência policial e não obteve redução dos índices de criminalidade.
( ) Certo   ( ) Errado
Gabarito comentado: pelo contrário, a aplicação da teoria resultou em uma substancial diminuição nos índices de criminalidade. Portanto, a assertiva está errada.

Todavia, essa política logo passou a sofrer fortes críticas, em especial pela alta seletividade por focar apenas em crimes praticados pelos mais pobres. Ademais houve discussão sobre a hipertrofia do direito penal, encarceramento em massa etc.

No Brasil, verifica-se que o movimento doutrinário e jurisprudencial na seara criminal vai de encontro à teoria da tolerância zero, com já pacificada aplicação do princípio da insignificância, por exemplo.

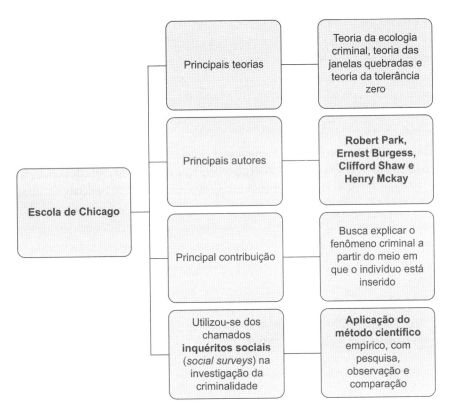

3.2.2 Teoria da subcultura delinquente

A teoria da subcultura delinquente é uma teoria de **consenso**, criada pelo sociólogo **Albert Cohen** em 1955 com o livro *Delinquent Boys*. A teoria defende a existência de valores culturais em cada grupo social, como por exemplo em gangues, que se sobreporia a cultura tradicional.

Conforme a teoria desenvolvida por **Cohen**, a sociedade tradicional dita aqueles valores que julga serem predominantes. Contudo, pelo fato de ser heterogênea e possuir uma variedade de grupos sociais que, muitas das vezes, acabam **elegendo valores e crenças distintos dos predominantes da sociedade como um todo**. O autor cita a existência de subculturas ("culturas" dentro de outras "culturas") que não aceitam valores disseminados pela maioria. Os grupos possuem valores próprios, princípios. Exemplo: gangues de periferias, os *skinheads*.

Nessa esteira, a ideia de uma **subcultura delinquente** acaba podendo ser definida como um comportamento de transgressão, não aceitação, violação, daquilo que é determinado por um subsistema de conhecimento, crenças e atitudes que possibilitam, permitem ou determinam formas particulares e individuais de comportamento transgressor em situações específicas ou até mesmo de forma generalizada, como, por exemplo, na cultura anarquista, punk etc., o que pode levar ao que podemos chamar de **contracultura**, que é caracterizada pela contradição total de valores e comportamentos reputados como prioritários, aceitáveis ou "corretos" para a sociedade tradicional. É o seu antônimo. Por exemplo, os *hippies*.

Decifrando a prova

(2016 – Ministério Público/SC – Promotor de Justiça) No âmbito das teorias criminológicas, a teoria da subcultura delinquente, originariamente conhecida como "Escola de Chicago", assevera que a delinquência surge como resultado da estrutura das classes sociais, que faz com que alguns grupos aceitem a violência como forma de resolver os conflitos sociais.
( ) Certo   ( ) Errado
Gabarito comentado: em primeiro lugar, as teorias da subcultura delinquente e Escola de Chicago, embora tenham muita coisa em comum, são teorias diversas. Além disso, a teoria não surge como resultado da estrutura de classes, sendo esse um postulado das teorias de conflito. Portanto, a assertiva está errada.

Para Cohen, a subcultura delinquente se revela por seis fatores: **a) não utilitarismo da ação; b) malícia da conduta; c) negativismo; d) conduta flexível; e) conduta hedonista; e f) conduta reforçadora de grupo.**

O **não utilitarismo** da ação acaba sendo relacionado ao fato de que muitos delitos não possuem qualquer motivação racional (por exemplo o vandalismo). Não possui objetivos de ganho econômico. A conduta criminosa é praticada, por exemplo, pelo prestígio do grupo e não de necessidade.

A **malícia** da conduta é o **prazer em desconcertar**, em prejudicar o outro (*bullying* praticado por algumas gangues).

O **negativismo** da conduta mostra-se como vontade manifesta em se estar um **polo oposto aos padrões** da sociedade.

A conduta flexível significa que não há especialização em alguma modalidade criminosa (patrimonial, por exemplo).

Por conduta hedonista os jovens têm desejo de se divertir. Busca do prazer em curto prazo.

Conduta reforçadora do grupo significa que o ato criminoso individual tem como mola propulsora o reforço a adesão aquele grupo.

Decifrando a prova

(2018 – Vunesp – Polícia Civil/BA – Delegado de Polícia – Adaptada) No tocante às teorias da subcultura delinquente e da anomia, assinale a alternativa correta.
O não utilitarismo da ação é um dos fatores que caracterizam a subcultura deliquencial sob a perspectiva de Albert Cohen.
( ) Certo   ( ) Errado
Gabarito comentado: segundo Cohen, a subcultura delinquente se caracteriza por seis fatores: a) não utilitarismo da ação; b) malícia da conduta; c) negativismo; d) conduta flexível; e) conduta hedonista; e f) conduta reforçadora de grupo. Portanto, a assertiva está certa.

Uma das principais críticas às teorias da subcultura delinquente é a de que ela **não consegue** oferecer uma explicação **generalizadora da criminalidade**, havendo um apego exclusivo a determinado tipo de criminalidade, qual seja, aquela "de rua", das camadas menos favorecidas financeiramente da sociedade, vandalismo etc., sem que se tenha uma abordagem do todo.

> **Decifrando a prova**
>
> **(2018 – FCC – Defensoria Pública/AM – Defensor Público – Adaptada)** Sobre as escolas criminológicas, é correto afirmar:
> A teoria da subcultura delinquente foi o primeiro conjunto teórico a empreender uma explicação generalizadora da criminalidade.
> ( ) Certo   ( ) Errado
> **Gabarito comentado:** uma das principais críticas à teoria é a de que ela não consegue oferecer uma explicação que generalize a criminalidade, havendo um apego restrito a determinado tipo de criminalidade, qual seja, aquela "de rua", das camadas menos favorecidas financeiramente da sociedade. Portanto, a assertiva está errada.

3.2.3 Teoria da associação diferencial

A **teoria da associação diferencial** foi idealizada por **Edwin Surtherland** e apregoa que o comportamento criminoso se dá a partir da imitação, pela interação social. **Foi a primeira teoria criminal a romper com o paradigma pobreza *versus* crime.**

Trata-se de uma das principais teorias das chamadas **teorias da aprendizagem**. Tais teorias se fundamentam na ideia de que a conduta delitiva não está em aspectos inconscientes de personalidade, fatores biológicos ou algo intrínseco, mas sim aprendidos, modelados nas experiências de vida, sendo um comportamento que se subordina a um processo de aprendizagem. Essa teoria rompe com a relação crime/pobreza e serve para fundamentar os crimes do colarinho branco, por exemplo.

Dentre todas essas a **teoria da associação diferencial é a mais importante** e muitas vezes, em provas de concursos, ela acaba englobando todas as demais. Devemos ficar atentos ao comando da questão para saber se o examinador quer que diferenciemos todas as teorias ou apenas o conhecimento genérico da teoria da associação diferencial, levada como sinônimo das demais teorias da aprendizagem.

A importância relevante da teoria foi explicar os casos de crimes do colarinho branco, nos quais, na maior parte das vezes, os criminosos fogem da regra de serem pobres, sem formação escolar etc. Nesses casos, o agente acaba "aprendendo" a ser criminoso com familiares, amigos, dentre outros (tratamos do tema de maneira mais aprofundada no Capítulo 7).

Decifrando a prova

(2010 – MPE/GO – Promotor de Justiça – Adaptada) A teoria da associação diferencial parte da ideia segundo a qual o crime não pode ser definido simplesmente como disfunção ou inadaptação de pessoas de classes menos favorecidas. O crime não é exclusivo destas classes sociais. Em um segundo momento esse conceito é superado, de modo a se falar então de uma organização diferencial e da aprendizagem dos valores criminais, o que afasta o pensamento positivista na medida em que permite verificar que pessoas bem-sucedidas também comentem crimes. Edwin H. Sutherland foi o principal idealizador desse pensamento.
( ) Certo   ( ) Errado
Gabarito comentado: a teoria da associação diferencial foi idealizada por Edwin Surtherland. Portanto, a assertiva está certa.

Sutherland constrói sua teoria com alicerce em alguns postulados. Vejamos:

- O comportamento é aprendido – aprende-se a delinquir como se aprende também o comportamento virtuoso.
- O comportamento é aprendido em um processo comunicativo. Estabelecem-se as diferenças entre estímulos reativos e operantes. Inicia-se por meio do seio familiar e estendem-se às relações sociais, empresariais e assim por diante.
- A parte decisiva do processo de aprendizagem ocorre no seio das relações sociais mais íntimas. A aprendizagem é diretamente proporcional à interação entre as pessoas.
- O aprendizado inclui a técnica do cometimento do delito.
- A direção dos motivos e dos impulsos se aprende com as definições favoráveis ou desfavoráveis aos códigos legais. Todo ser humano se depara com tais fronteiras.
- A pessoa se converte em criminosa quando as definições favoráveis à violação da norma superam as definições desfavoráveis. Princípio da ideia da associação diferencial, processo interativo que permite desenvolver o comportamento criminoso.
- Tais associações mudam conforme frequência, duração, prioridade e intensidade com que o criminoso se depara com o ato desviante.
- O conflito cultural é a causa fundamental da associação diferencial. A cultura criminosa é tão real como a cultura legal. As relações culturais nas sociedades diferenciadas são determinadas para as posturas.
- Desorganização social (perda das raízes pessoais) é a causa básica do comportamento criminoso sistemático.

Aprofundando

A aprendizagem social, conforme explica Viana (2016, p. 27), engloba as teorias da associação diferencial, identificação criminal, reforço diferencial e neutralização.

- **Associação diferencial:** idealizada por **Surtherland**, tal teoria apregoa que o comportamento criminoso se dá a partir da imitação, pela interação social. Foi a primeira teoria criminal a romper com o paradigma pobreza *versus* crime.
- **Identificação criminal:** idealizada por **Daniel Glaser**, afirma que de fato o comportamento criminal é aprendido, mas que não há necessidade de contato direto do delinquente com outro criminoso para que ele o aprenda. O indivíduo acaba elegendo um modelo e comportamento e o segue, por meio da mídia, por exemplo.
- **Reforço diferencial:** para esta teoria, o comportamento criminoso é fruto de experiências passadas. A conduta criminosa é aprendida, portanto, por eventos que ocorrem na vida da pessoa e podem ser potencializados a partir de princípios psicológicos.
- **Neutralização:** para tal teoria, os criminosos compartilham do mesmo sistema de valores da sociedade, contudo eles aprendem a neutralizar, racionalizar e justificar seu comportamento. O criminoso realiza os delitos por meio de **cinco** técnicas:
  - **negação da responsabilidade:** veem sua conduta criminosa como um acidente, que se origina em outros fatores como drogas, lares violentos etc.;
  - **negação da lesão:** o criminoso acredita que sua conduta não causa mal à vítima. É o caso por exemplo de crimes bagatelares (insignificantes);
  - **negação da vítima:** o criminoso acredita que sua atitude seja crime, mas julga que a vítima mereça tal tratamento. É o que acontece, por exemplo, no caso de maridos traídos, homofobia etc.;
  - **condenação dos condenadores:** o criminoso passa a atacar aqueles que repreendem a ação criminosa, apontando-os como corruptos, hipócritas, parciais etc. É o que acontece por exemplo no caso de políticos, que, ao serem processados e condenados criminalmente, alegam perseguição política;
  - **apelo à lealdade:** ocorre quando o delinquente invoca motivos éticos para justificar sua atuação, como patriotismo nos casos de terrorismo, a religião para castigos físicos etc.

Decifrando a prova

(2018 – FCC – Senado Federal/DF – Consultor Legislativo – Adaptada) A chamada criminalidade do colarinho branco foi assim designada de forma pioneira no âmbito da teoria criminológica da associação diferencial, a partir da obra Shutterland.
( ) Certo ( ) Errado
Gabarito comentado: como visto, uma das principais contribuições da teoria da associação diferencial foi explicar a criminalidade do colarinho branco. Portanto, a assertiva está certa.

3.2.4 Teoria da anomia

Etimologicamente, anomia **significa ausência de lei**. A teoria da anomia está inserida dentro das **teorias funcionalistas**, as quais analisam as consequências do delito, considerando que a finalidade da sociedade é a interação de seus vários componentes.

Capítulo 3 ♦ Teorias criminológicas sociológicas – sociologia criminal **75**

A teoria foi desenvolvida originalmente por **Émile Durkheim** (1858-1917) na França e depois redesenhada nos Estados Unidos por **Robert King Merton** (1910-2003).

Decifrando a prova

(2015 – Vunesp – Polícia Civil/CE – Delegado de Polícia – Adaptada) Sobre a teoria da "anomia", é correto afirmar que se iniciou com as obras de Émile Durkheim e Robert King Merton e significa ausência de lei?

( ) Certo   ( ) Errado

Gabarito comentado: etimologicamente "anomia" significa ausência de lei. Portanto, a assertiva está certa.

As **teorias estruturais-funcionais** do delito encaravam o crime como algo social, normal e funcional. Nessa perspectiva o crime seria socialmente útil ao desenvolvimento e presente em toda sociedade, por isso ele é inevitável. Toda sociedade sã tem presença do crime. Segundo Durkheim, onde não há crime a sociedade é primitiva e pouco desenvolvida.

Decifrando a prova

(2013 – Cebraspe/Cespe – Polícia Federal – Delegado de Polícia Federal) Julgue o item a seguir, relacionados aos modelos teóricos da criminologia.

A teoria funcionalista da anomia e da criminalidade, introduzida por Émile Durkheim no século XIX, contrapunha à ideia da propensão ao crime como patologia a noção da normalidade do desvio como fenômeno social, podendo ser situada no contexto da guinada sociológica da criminologia, em que se origina uma concepção alternativa às teorias de orientação biológica e caracterológica do delinquente.

( ) Certo   ( ) Errado

Gabarito comentado: as teorias estruturais-funcionalistas têm foco na sociedade, tirando-a da pessoa do delinquente. Portanto, a assertiva está certa.

Os postulados fundamentais das teorias estrutural-funcionalistas são a normalidade e a funcionalidade do crime. Este seria normal porque não tem sua origem em **nenhuma patologia** individual nem social, **senão no normal e regular funcionamento** de toda ordem social.

O delito seria funcional no sentido de que tampouco seria um fato necessariamente nocivo, prejudicial para a sociedade, senão todo o contrário, é dizer, **funcional**, para a **estabilidade e a mudança social**.

Ademais, o criminoso pode desenvolver um útil papel para a sociedade, seja quando **contribuiu para o progresso social**, criando impulsos para a **mudança das regras sociais**, seja quando os seus atos oferecem a ocasião de afirmar a validade destas regras, mobilizando a sociedade em torno dos valores coletivos.

> **Decifrando a prova**
>
> **(2014 – MPE/GO – Promotor de Justiça – Adaptada)** A teoria de anomia, a teoria da associação diferencial e a Escola de Chicago são consideras teorias de consenso.
> ( ) Certo   ( ) Errado
> **Gabarito comentado:** trata-se de uma teoria localizada ainda dentro das **teorias de consenso**. Portanto, a assertiva está certa.

Vamos dividir a teoria da anomia em dois subgrupos: a idealizada por Émile Durkheim e Robert King Merton.

3.2.4.1 Émile Durkheim

De forma geral, as teorias estrutural-funcionalistas fundamentam-se na ideia de que o crime é produzido pela própria estrutura social, **tendo a sua função dentro da sociedade**, razão pela qual não deve ser visto necessariamente como um defeito. O expoente desta teoria é **Émile Durkheim**, que afirmava "**o crime é normal porque uma sociedade isenta dele é completamente impossível**".

Trata-se de um dos primeiros trabalhos que analisaram o crime como fenômeno social, e não individual, contrapondo-se à teoria positiva de Lombroso, a qual predominava na época.

As principais obras do sociólogo francês, que é considerado como um dos principais expoentes da sociologia, que deram base as suas teorias são *Da Divisão do Trabalho Social* (1883), *As Regras do Método Sociológico* (1895) e *O Suicídio* (1897).

> **Decifrando a prova**
>
> **(2019 – Cebraspe/Cespe – Defensor Público/DF)** Acerca dos modelos teóricos da criminologia, julgue o item que se segue.
> Estabelecida por Durkheim, a teoria da anomia, que analisa o comportamento delinquencial sob o enfoque estrutural-funcionalista, admite o crime como um comportamento normal, ubíquo e propulsor da modernidade.
> ( ) Certo   ( ) Errado

> **Gabarito comentado:** para Durkheim, o crime era visto com algo normal e inclusive indicativo da higidez social. Portanto, a assertiva está certa.

Etimologicamente, anomia significa ausência de lei. Para a teoria, a anomia seria uma situação de fato em que falta coesão e ordem, sobretudo no que diz respeito a **normas e valores**. Isso pode ocorrer da **lacuna da lei** ou pela **não obediência às leis já postas**.

Nessa senda, a teoria da anomia, desenvolvida por **Durkheim**, a anomia teria início no momento em que a **função da pena não é cumprida**, por exemplo, instaura-se uma disfunção no corpo social que desacredita o sistema normativo de condutas, fazendo surgir a anomia.

Portanto, é importante perceber que, em verdade, no caso da teoria, a anomia **não significa ausência de normas**, mas o **enfraquecimento de seu poder de influenciar** condutas sociais. Leva-se em consideração que o crime era produto dessa ausência de coesão e ordem, do sentido geral de justiça entre os indivíduos. O sentimento de impunidade vivenciado por uma sociedade é o maior causador do conceito de anomia identificado sob a ótica de Durkheim.

Um exemplo clássico da aplicação da teoria é o jogo do bicho. Apesar de ser uma conduta típica e criminalmente punível, a sociedade a tem como normal.

Isso ocorre, principalmente, em virtude da ausência de punição e aplicação da lei a esses casos, trazendo a anomia.

As obras *A Divisão do Trabalho Social* (1893) e *As Regras do Método Sociológico* (1895) tratam de dois conceitos – solidariedade social e consciência coletiva – para chegar ao conceito de anomia.

O teórico utiliza as noções daquilo que denominou como consciência coletiva como o conjunto de valores que são representados pela sociedade. Impõe deveres e limites a sociedade (ANITUA, 2008, p. 445).

A consciência coletiva é fundamental para preservar uma consistência social, gerando um sentimento de solidariedade.

Um ato é criminoso quando ofende os estados fortes.

O nível de coesão da consciência coletiva depende de cada sociedade, o que vai classificá-las em sociedade primitiva ou sociedade contemporânea (VIANA, 2020, p. 236).

Sociedade primitiva (aqui ocorre a solidariedade mecânica)	Sociedade contemporânea (aqui ocorre a solidariedade orgânica)
É autossuficiente, monolítica, uniforme.	Não é uniforme. Ideias distintas entre os cidadãos (pessoas pensam diferente).
Sociedades antigas, pequenas localidades rurais com baixo número de pessoas.	Sociedades atuais nos grandes centros urbanos.

Sociedade primitiva (aqui ocorre a solidariedade mecânica)	Sociedade contemporânea (aqui ocorre a solidariedade orgânica)
Não há diferença entre os membros que a integram.	A divisão de trabalho faz com que os membros da sociedade não compartilhem das mesmas ideias e isso provoca o enfraquecimento da consciência coletiva, o que pode levar ao estado de perda de valores tradicionais que, por sua vez, pode o gerar estado de anomia.

Anomia: é a desintegração da consciência coletiva. É ausência da referência das normas sociais ocasionando crise de valores. Na anomia há a potencialização de atos criminosos.

Para Durkheim, **o crime é fenômeno normal, útil e necessário na comunidade**, mas deve permanecer dentro dos limites de tolerância.

- **O crime é normal**, pois se apresenta em toda a sociedade, de forma estatística, e, portanto, inevitável. O crime é ubíquo (significa onipresente – a expressão já caiu em prova).

Importante

Para Durkheim, o delito é um fato social normal, sempre e quando não alcança índices exagerados.

- **O crime é útil** na sociedade, pois, muitas vezes, é uma antecipação da moral futura. O criminoso é um agente regular da vida social.

Importante

O delito é indispensável para a evolução normal da moral e do direito em uma sociedade.

- **O crime é necessário**, pois provoca e estimula a reação social e, por isso, reforça o sentimento coletivo em torno dos valores, proporcionando a transformação social.

Dentro dessa vertente da teoria está inserido o sentido de que a pena tem como fundamento a manutenção da ordem e coesão social, caso contrário, estaríamos diante do quadro de anomia.

Segundo Anitua (2008, p. 447),

> todas as condutas que geram reprovação constituem um atentado contra a sensibilidade coletiva, e as violações desses sentimentos coletivos justificam a necessidade do castigo pelo fato de que são gerados fortes sentimentos de indignação e desejo de vingança por parte do público que exige que o infrator seja castigado.

 Decifrando a prova

(2017 – FAPEMS – Polícia Civil/MS – Delegado de Polícia) Tendo como premissa o estudo da Teoria Criminológica da Anomia, analise o problema a seguir.

Capítulo 3 ♦ Teorias criminológicas sociológicas – sociologia criminal **79**

> O senhor X, 55 anos, bancário desempregado, encontrou, como forma de subsistência própria e da família, trabalho na contravenção (apontador do jogo do bicho em frente à rodoviária da cidade.) Por lá permaneceu vários meses, sempre assustado com a presença da polícia, mas como nunca sofreu qualquer repreensão, inclusive tendo alguns agentes como clientes dentre outras autoridades da cidade, continuou sua labuta diária. Y, delegado de polícia, recém-chegado à cidade, ao perceber a prática contravencional, a despeito da tolerância de seus colegas, prende X em flagrante. No entanto, apenas algumas horas após sua soltura, X retornou ao antigo ponto continuando a receber apostas diárias de centenas de pessoas da comunidade. A anomia, no contexto do problema, dá-se pelo enfraquecimento da norma, que já não influencia o comportamento social de reprovação da conduta, quando a sociedade passa a aceitá-la como normal.
>
> ( ) Certo   ( ) Errado
>
> **Gabarito comentado:** trata-se de um bom exemplo de aplicação da teoria da anomia de Durkheim. Portanto, a assertiva está certa.

3.2.4.2 Robert King Merton

A teoria da anomia, sob a perspectiva de **Merton**, define-se a partir do sintoma do vazio produzido no momento em que os meios socioestruturais não satisfazem as expectativas culturais da sociedade, fazendo com que a falta de oportunidade leve à prática de atos irregulares para atingir os objetivos almejados.

Para entender melhor a teoria, devemos nos recordar do momento histórico e local de sua criação. Trata-se dos Estados Unidos da América da década de 1930, época do famoso período conhecido como *american dream* ou "sonho americano", logo depois da Primeira Guerra Mundial (1914-1918), momento em que o país norte-americano vivia um grande crescimento econômico. Contudo, nem todos conseguiram o sucesso profissional prometido.

Assim, como explica o professor Nestor Sampaio Penteado Filho (2014, p. 42), o fracasso no atingimento das aspirações ou metas culturais em razão da impropriedade dos meios institucionalizados **pode levar à anomia**, isto é, a manifestações comportamentais em que as normas sociais são ignoradas ou contornadas.

Nessa esteira, diante do **fracasso no atingimento de metas pessoais**, como dinheiro, *status*, poder etc. (frustração), **o homem pode ser levado a um estado de negação da ordem estabelecida**, criando suas próprias regras e ignorando as leis postas (estado de anomia).

O crime se relaciona ao modelo de vida cultural de vida norte-americano (*american dream*). As pessoas querem "subir na vida". Ter propriedade, carro, família estruturada, bens etc.

O contexto histórico da teoria é o momento de expansão econômica do EUA, a partir da primeira metade do século XX.

O comportamento desviado pode ser considerado um sintoma de dissociação entre as aspirações socioculturais (ter casa própria, carro, bens, riqueza) e os meios utilizados para o alcance dessas aspirações.

Trabalha com os conceitos de meios institucionais e metas culturais.

O que são metas culturais? São interesses, valores, propósitos ou fins propostos aos membros da sociedade. Exemplo: vencer na vida, ter a roupa da moda, passar no concurso etc. A sociedade é falsamente meritocrática. Para você alçar o sonho americano você precisa ter os meios institucionais para alcançá-los. Não é qualquer um que pode falar: "eu quero, eu posso". Você precisa ter os meios institucionais para chegar lá.

O que são os meios institucionais? São o aparato cultural, familiar, econômico e social que possibilitam o atingimento das metas culturais. É o conjunto organizado das relações sociais, isto é, a estrutura de oportunidades reais que condiciona, de fato, a possibilidade de os cidadãos se orientarem para alcançar seus objetivos culturais, respeitando as normas legais.

O desajuste entre os meios institucionais e as metas culturais propicia o surgimento de condutas que vão desde a indiferença perante as metas culturais até a tentativa de chegar às metas mediante meios diversos daqueles socialmente prescritos.

Merton prevê cinco tipos denominados de adaptação individual: conformidade, ritualismo, retraimento, inovação e rebelião.

Tipologia do comportamento	Metas culturais (metas de sucesso)	Meios institucionais (quais meios que o Estado nos oferece para ter os bens da vida)
Conformismo	+	+
Inovação (aqui ocorre o crime/desvio)	+	–
Ritualismo	–	+
Retraimento/evasão/apatia	–	–
Rebelião	+ ou –	+ ou –

- **Conformista:** o tipo mais comum, ele garante a estabilidade da sociedade. Ele absorve as metas culturais e tem os meios institucionais para alcançá-la.
- **Inovação:** aqui encontra-se a delinquência propriamente dita. A pessoa absorve as metas culturais, ou seja, quer ter prestígio, dinheiro, mas não possui os meios institucionais para alcançá-las. Dessa forma, a pessoa inova, busca meios não institucionais para alcançar rapidamente o que quer. Essa inovação seria o crime.
- **Ritualista:** tem os meios institucionais, mas não absorve as metas culturais. Há um abandono ou redução dos elevados alvos culturais do grande sucesso pecuniário e da rápida mobilidade social. Embora não valorize a obrigação cultural de ascensão social, as normas institucionais são compulsivamente seguidas. O estereótipo do ritualista na cultura brasileira é o tímido funcionário público, que mantém seu ritual diário e burocrático de vinculação às normas e que não pretende dar grandes voos além de seus tímidos horizontes.

- **Retraimento:** há a renúncia as metas culturais e os meios institucionais. Pertencem a essa categoria os moradores de rua, bêbados crônicos, viciados em drogas.
- **Rebelião:** a pessoa tem parcialmente os meios institucionais e entende que as metas culturais existem, mas não concorda com elas. O indivíduo refuta os padrões vigentes da sociedade, propondo estabelecimento de novas metas e a institucionalização de novos meios. Ex.: *hippies*, posturas individuais dos "rebeldes sem causa" e nas coletivas de movimentos de revolução social.

A anomia para Merton não significa ausência completa de normas, mas que em sociedades anômicas existe pressão para que o indivíduo obedeça às normas, mas também para que se desvie delas. Anomia é caracterizada por uma distribuição seletiva das estruturas sociais e permite que apenas alguns indivíduos possam alcançar as metas culturais.

Anomia tem três características:

- desequilíbrio cultural entre fins e meios;
- universalismo na definição dos fins;
- desigualdade no acesso às oportunidades.

Decifrando a prova

(2021 – FGV – PC-RN – Delegado de Polícia Civil Substituto – Adaptada) Em sua obra *História dos Pensamentos Criminológicos*, Gabriel Anitua explica que, para determinada corrente de pensamento, "o problema do desvio (...) encontra-se (...) na estrutura social. A estrutura social não permite a todos os indivíduos que seu comportamento se oriente de acordo com as metas e meios culturalmente compartilhados".

O trecho do citado autor se refere à perspectiva da teoria funcionalista da anomia, desenvolvida por Robert Merton.

( ) Certo   ( ) Errado

Gabarito comentado: de acordo com Merton, o fracasso no atingimento das aspirações ou metas culturais em razão da impropriedade dos meios institucionalizados pode levar à anomia. Portanto, a assertiva está certa.

(2012 – FCC – Defensoria Pública/PR – Defensor Público – Adaptada) Paulo, executivo do mercado financeiro, após um dia estressante de trabalho, foi demitido. O mundo desabara sobre sua cabeça. Pegou seu carro e o que mais queria era chegar em casa. Mas o horário era de *rush* e o trânsito estava caótico, ainda chovia. No interior de seu carro sentiu o trauma da demissão e só pensava nas dívidas que já estavam para vencer, quando fora acometido de uma sensação terrível: uma mistura de fracasso, com frustração, impotência, medo e etc. Neste instante, sem que nem por que, apenas querendo chegar em casa, jogou seu carro para o acostamento, onde atropelou um ciclista que por ali trafegava, subiu no passeio onde atropelou um casal que ali se encontrava, andou por mais de 200 metros até bater num poste, desceu do carro meio tonto e não hesitou, agrediu um motoqueiro e subtraiu a motocicleta, evadindo-se em desabalada carreira, rumo à sua casa. Naquele dia, Paulo, um pacato cidadão, pagador de impostos, bom pai de família, representante da classe média-alta daquela metrópole, transformou-se num criminoso perigoso, uma fera que ocupara as notícias dos principais telejornais.

Diante do caso narrado, a teoria da anomia é a que melhor analisa (estuda/explica) o caso.

( ) Certo   ( ) Errado

Gabarito comentado: trata-se de um ótimo exemplo da teoria desenvolvida por Merton. Portanto, a assertiva está certa.

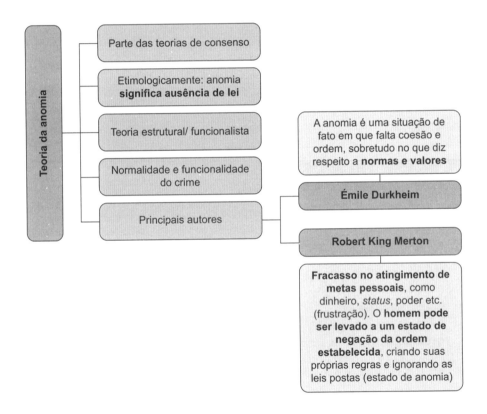

3.3 TEORIAS DE CONFLITO

Como dito anteriormente, as teorias de conflito integram as teorias macrossociológicas do delito. Contudo, têm como plano de fundo a ideia de que a sociedade é marcada pela existência de estratos sociais divergentes, nos quais grupos detentores do poder buscam manter essa situação (*status quo*).

O contexto histórico das teorias do conflito deriva de revoltas culturais de jovens nos anos 1960, no EUA, com um movimento de contracultura, psicodelismo do *rock and roll*, *peace and love*, resistência pacifista a guerra do Vietnã, luta pelos direitos humanos, como minorias negras, fim das discriminações sexuais, discussão sobre o aborto e o despertar da consciência estudantil. Enfim, um momento de ruptura potencializador da sociologia do conflito. O *american way of live* passa a ser contestado.

Assim sendo, ao contrário das teorias do consenso, as regras de controle social e de criminalização não existiram para manutenção do bem-estar de todos, mas para perpetuação de poder.

As teorias do conflito possuem natureza argumentativa. A sociedade é estruturada na coerção, eis que há uma relação entre dominantes e dominados.

A finalidade geral das teorias do conflito é buscar entender os processos de criminalização, deixando de lado o paradigma etiológico – típico das teorias do consenso. Há uma alteração epistemológica com as teorias do conflito, ou seja, passa-se da criminologia do ato para a criminologia da reação.

Nas lições de Viana (2020, p. 336) existem quatro fatores preponderantes para a popularidade da criminologia crítica:

a. Descrédito das teorias que tentam explicar a delinquência a partir dos paradigmas de deficiência biológica, teorias psicológicas ou defeito de socialização.
b. Certeza de que o sistema não somente funciona de forma defeituosa e seletiva, mas também que é estruturalmente injusto, funcionando para manter o *status quo* de quem detém o poder.
c. Crise de legitimidade do direito penal a partir da recusa à ideia de que ele seja fruto do consenso social.
d. Dúvida quanto à precisão das estatísticas oficiais da criminalidade.

As principais teorias de conflito são a **teoria crítica**, a **teoria do etiquetamento** e a **teoria da reação social**.

Para as teorias de conflito, sob forte influência do marxismo, a responsabilidade pelo crime recai sobre a sociedade, tornando o infrator vítima do determinismo social e econômico.

Vejamos o quadro ilustrativo entre as principais características entre as teorias do consenso e do conflito:

Teorias do consenso	Teorias do conflito
Têm natureza funcionalista.	Têm natureza argumentativa.
A sociedade se estrutura em um consenso entre os indivíduos, através da livre vontade.	A sociedade é estruturada na coerção. Há uma relação de dominantes (quem detém o poder) e dominados.
Paradigma etiológico: buscar as causas do crime.	Busca entender os processos de criminalização. Por que as leis e a polícia (o Estado) selecionam algumas pessoas para serem criminalizadas?!

Teorias do consenso	Teorias do conflito
A sociedade é autopoiética; capaz de se autoproduzir por critérios, programas e códigos de seu próprio ambiente.	A sociedade está constantemente em processo de mudança. Exibindo dissenso e o conflito social é ubíquo.
Teoria conservadora (de direita).	Teoria progressiva (de esquerda).
Escolas de Chicago, anomia, subcultura delinquente, associação diferencial. Mnemônico: quem **casa** tem consenso.	Teorias críticas (marxista). Teoria do *labelling approach* (teoria da rotulação social/etiquetamento).

3.3.1 Teoria crítica

A criminologia crítica passa a enxergar o fenômeno criminal a partir de outros fatores, como a desigualdade social, luta de classes, capitalismo, sistema punitivo, dentre outros. Situa-se nas teorias do conflito, onde o conflito é ferramenta normal e necessária para o bom funcionamento da sociedade;

Tem sua origem no livro *Punição e Estrutura Social*, de Georg Rusche e Otto Kirchheimer, 1938.

Esse novo movimento criminológico recebe denominações distintas, conforme o local, com algumas diferenças entre si: "criminologia crítica", na Europa; "nova criminologia", especificamente na Grã-Bretanha; ou "criminologia radical", nos Estados Unidos.

Apesar de guardar distinções conforme a terminologia, genericamente, costuma-se utilizar como sinônimo criminologia crítica, nova ou radical. No entanto, veremos a seguir algumas distinções entre elas.

O contexto histórico subjacente à criminologia crítica é de crise política de países capitalistas no denominado Estado de Bem-Estar Social (*Welfare State*).

O capitalismo é o pilar para o entendimento da criminalidade, eis que promove o egoísmo, levando indivíduos a realizar atos em proveito próprio e, por vezes, praticar crimes.

Como consequência dos efeitos nefastos do capitalismo, propõem reformas profundas nas estruturas da sociedade contemporânea, de modo que a diminuição das desigualdades levaria uma diminuição de delitos (MAÍLLO; PRADO, 2019, p. 376).

Para a teoria crítica, não há uma causa ontológica do crime, decorrendo o *status* de criminoso de um atributo imposto pelas classes dominantes com o objetivo de subjugar indivíduos integrantes dos baixos estratos sociais, por intermédio, dentre outros mecanismos opressivos, da manipulação das leis penais por parte dos detentores do poder econômico, o que é característico de um modelo capitalista de sociedade.

Segundo Viana (2020, p. 335), há uma alteração epistemológica na criminologia crítica, "passamos da Criminologia do ato para a Criminologia da reação; do paradigma etiológico ao paradigma do controle; da teoria da criminalidade para a teoria da criminalização".

De acordo com Shecaira (2020, p. 362), a agenda positiva da teoria crítica contempla diferentes propostas:

- O deslocamento do objeto de investigação **do desviante para a estrutura econômica** e às instituições do poder punitivo.
- O entrelaçamento da teoria criminológica com uma práxis transformadora, **dentro da concepção marxista** segundo a qual não basta interpretar a sociedade, mas é preciso transformá-la.
- A constante revisão conceitual, especialmente após a queda do muro de Berlim, com agendas modificadoras que contemplam várias visões não necessariamente convergentes, como o **estudo do garantismo penal, direito penal mínimo, uso alternativo do direito penal**, adoção de políticas pragmáticas de práticas criminológicas como o realismo de esquerda, bem como a discussão da visão abolicionista penal.
- O repensar das práticas punitivas, como um **mecanismo de inversão de seletividade do direito penal**, diminuindo-se a punição de crimes que atentam contra bens jurídicos individuais e que apontam para novas esferas criminalizantes (imperialismo, genocídio, danos ecológicos, crimes do colarinho branco etc.).

Assim, se a criminologia crítica defende uma diminuição do processo de criminalização de vários crimes, também defende uma ampliação para crimes que atentam contra bens jurídicos supraindividuais

Decifrando a prova

(2019 – MPE/SC – Promotor de Justiça) A criminologia crítica é elaborada com base em uma interpretação da realidade realizada a partir de um ponto de vista marxista. Trata-se de uma proposta política que considera que o sistema penal é ilegítimo, e seu objetivo é a desconstrução desse sistema.
( ) Certo ( ) Errado
Gabarito comentado: a teoria marxista é um dos pontos centrais da criminologia crítica. Portanto, a assertiva está certa.

As principais características da corrente crítica são:

- a concepção conflitual da sociedade e do direito (o direito penal se ocupa de proteger os interesses do grupo social dominante);
- reclama compreensão e até apreço pelo criminoso;
- critica severamente a criminologia tradicional;
- o capitalismo é a base da criminalidade;
- propõe reformas estruturais na sociedade para redução das desigualdades e consequentemente da criminalidade.

Por vezes, as terminologias são tidas como sinônimas. No entanto, apesar de não ter uniformidade doutrinária, a criminologia crítica é dividida nas seguintes ramificações, cada uma delas com as características principais dos críticos, mas direcionadas a enfoques específicos. São elas:

- criminologia radical (nova criminologia marxista);
- criminologia da pacificação;
- criminologia crítica de Alessandro Baratta;
- criminologia realista ou realismo de esquerda;
- criminologia verde;
- criminologia pós-moderna.

> **Decifrando a prova**
>
> **(2021 – Fumarc – PC/MG – Investigador de Polícia – Adaptada)** "(...) o fundamento mais geral do ato desviado deve ser investigado junto às bases estruturais econômicas e sociais que caracterizam a sociedade na qual vive o autor do delito. A proposta desta teoria para o processo criminalizador objetiva reduzir as desigualdades das classes sociais dominantes, como a criminalidade econômica e política, práticas antissociais na área de segurança do trabalho, da saúde pública, do meio ambiente, da economia popular, do patrimônio coletivo estatal e contra o crime organizado, com uma maximização da intervenção punitiva; de outro lado, há de se fazer uma minimização da intervenção punitiva para pequenos delitos, crimes patrimoniais (cometidos sem violência ou grave ameaça à pessoa), delitos que envolvem questões morais e uso de entorpecentes" (SHECAIRA, Sérgio Salomão. *Criminologia*. 4. ed. São Paulo: Revista dos Tribunais, 2012, p. 315).
> Sobre o trecho, analise a assertiva:
> O postulado teórico constante do trecho citado trata-se da criminologia crítica.
> ( ) Certo ( ) Errado
> **Gabarito comentado:** trata-se, justamente, das características da criminologia crítica. Portanto, a assertiva está certa.

3.3.1.1 Criminologia radical (nova criminologia marxista)

A criminologia radical, de forte cunho marxista, que acaba enfatizando a questão econômica como cerne da criminalidade. Tem como marco teórico a obra de Taylor, Walton e Yong (*The New Criminology*, 1973).

Para essa corrente, o direito penal **apenas existe para garantir a exploração da classe operária** e o *status quo*.

Nesse sentido, os críticos guardam certa compreensão e apreço pelo delinquente, ocorrendo, inclusive, uma espécie de vitimização do criminoso.

A corrente radical propõe alterações nas estruturas sociais. É comprometida com a mudança da realidade, sobretudo para diminuir as desigualdades sociais e, consequentemente, diminuir a criminalidade.

Segundo Viana (2020, p. 336), "seria possível compreender a criminalidade como um bem negativo distribuído desigualmente conforme a hierarquia dos interesses fixada no sistema econômico e conforme a desigualdade social entre os indivíduos".

As classes sociais mais favorecidas são as que mais cometem crimes. No entanto, não são perseguidas pelo sistema de justiça criminal.

William Chambliss, analisando a criminalidade no Estados Unidos, na obra *Suborno: de pequenos roubos até o presidente*, de 1978, aponta que a criminalidade decorre de imposições culturais e que tem como fator o consumo e as necessidades materiais do capitalismo (ANITUA, 2008, p. 658).

Nesse contexto, a lei não possui abstração e generalidade, mas serve para manutenção do domínio dos mais poderosos.

3.3.1.2 Criminologia da pacificação

É uma vertente da criminologia crítica que tem por finalidade buscar alternativas ao controle social formal meramente repressivo.

O criminólogo americano Richard Quinney trata da denominada **criminologia da pacificação, pacificadora ou da compaixão**, uma perspectiva heterodoxa que possui relação, também, com a psicanálise, budismo e outras religiões para uma sociedade livre de delitos e castigos (ANITUA, 2008, p. 658).

Propõe, portanto, um modelo de sistema de justiça criminal baseado no diálogo. É uma criminologia de filosofia cristã e que tem como suporte as ideias de bondade e compaixão.

A crítica a essa vertente da criminologia crítica é que é utópica, não realizável na prática.

3.3.1.3 Criminologia crítica de Alessandro Baratta

Dentro da teoria crítica, um dos principais expoentes é Alessandro Baratta, jurista italiano que buscou formar um diálogo entre a criminologia crítica e a crítica do direito penal, tentando levar as críticas criminológicas das diferenças de classes ao direito penal. Em suas palavras, era necessária "a superação do sistema penal tradicional em direção a um sistema de defesa e garantia dos Direitos Humanos".

Em suas palavras, por debaixo do problema da legitimidade do sistema de valores recebido pelo sistema penal como critério de orientação para o comportamento socialmente adequado e, portanto, de discriminação entre conformidade e desvio, aparece como determinante o problema da definição do delito, com as implicações político-sociais que revela, quando esse problema não seja tomado por dado, mas venha tematizado como centro de uma teoria da criminalidade. Foi isso o que aconteceu com as teorias da reação social ou *labeling approach*, hoje no centro da discussão no âmbito da sociologia criminal (BARATTA, 2019, p. 86).

Em sua proposta de política alternativa, integra sociologia, política e direito. No intuito de atender as classes subalternas, os atingidos pelo sistema penal, seria necessário um novo modelo integrado de direito penal, criminologia e sociologia para entender as funções reais da justiça criminal que reproduz as desigualdades nas relações sociais.

Assim, seria necessário criar uma linha penal alternativa, tendo em vista uma política para as classes sociais dominadas.

3.3.1.4 Criminologia realista/realismo de esquerda

Trata-se de um desdobramento da criminologia crítica, uma proposta de nova alternativa. Tem como autores Jock Young e John Lea, na obra: *Que Fazer com a Lei e a Ordem*, em 1986.

A expressão realista tem a pretensão de criticar o idealismo de esquerda, o qual tinha um reducionismo de somente tentar explicar, de forma abstrata, a criminalidade, na perspectiva da luta de classe e que o direito se tratava de instrumento de manutenção de poder.

O realismo de esquerda, segundo Prado e Maíllo (2019, p. 390), citando Jock Young, "mantém um compromisso com a solução de problemas, com a melhora da prestação de serviços e com o oferecimento de um sistema de justiça criminal mais equitativo, sensato e sujeito a responsabilidade".

Propõe, portanto, sair do plano abstrato de que o crime é somente produto da luta de classes e propor políticas alternativas que passam pela ideia de redução da desigualdade social e crítica as políticas de direita de lei e ordem.

Segundo Anitua (2008, p. 717),

> O delinquente, portanto, não tem nada de Robin Hood, como diriam Young e Downes em 1979, em artigos críticos que integraram a primeira criminologia crítica. Quem delinque não pleiteia uma nova moralidade nem prejudica os poderosos para dar aos fracos, mas antes, pelo contrário, aproveita-se deles e, no final, acaba aumentando as desigualdades do sistema e contradições.

Segundo Viana (2020, p. 353), "Numa síntese da proposta realista: o maior uso do direito penal para proteger os direitos e os interesses dos grupos mais vulneráveis da população, bem assim a utilização de modelos de polícia comunitária".

Decifrando a prova

(2018 – FCC – DPE/MA – Defensor Público – Adaptada) Julgue a assertiva:
O realismo criminológico de esquerda entende que não só a reação ao delito, mas o delito em si é um problema verdadeiro que afeta a classe trabalhadora.
( ) Certo   ( ) Errado
Gabarito comentado: é exatamente o que propõe a teoria. Portanto, a assertiva está certa.

3.3.1.5 Criminologia verde

Trata-se de uma vertente da criminologia crítica que abordará aspectos relacionados a problemática do meio ambiente, tendo em vista que a proteção do meio ambiente sadio e equilibrado é uma preocupação constitucional,[1] sob a qual constitui um direito difuso, ou seja, àquele que pertence a toda coletividade.

A teoria dedica-se ao estudo da criminalidade ambiental, os danos socioambientais, além dos processos de vitimização ambiental, e tem como origem o trabalho de Lynch, na década de 1990, nos Estados Unidos (BUDÓ, 2020).

Decorre da criminologia verde a expressão "esverdeamento" e a criação da categoria de crimes verdes com referência a lesões ambientais, partindo-se da mesma ideia e problematização dos crimes de colarinho branco, ou seja, são crimes praticados por grandes empresas e que, por muitas vezes, não chegam ao conhecimento do poder estatal ou este não possui interesse em punir os infratores.

Registre-se que os crimes ambientais que não chegam ao conhecimento do poder estatal são chamados de cifra verde da criminalidade.

A abordagem da teoria, em viés crítico, denuncia a prática de grandes empresas que utilizam de supostas práticas consideradas benéficas ao meio ambiente, mas, na verdade, trata-se de lavagem de dinheiro como subterfúgio no meio ambiente (*greenwashing*) (MAÍLLO; PRADO, 2019, p. 399).

Segundo Marilia de Nardin Budó (2020), as seguintes críticas podem ser apontadas para a referida teoria, vejamos:

- Por mais que não existisse uma denominação de um campo da criminologia verde até o início dos anos 1990, já existiam estudos importantes em temáticas que facilmente seriam situadas nesse arcabouço teórico-conceitual e que têm sido sistematicamente desconhecidos ou negados, sobretudo em virtude de serem provenientes do sul global, e produzidos em língua não inglesa, textos esses não lidos, portanto, por estudiosas e estudiosos do norte global.
- Algumas pesquisas situadas no campo têm realizado aproximações demasiado voltadas a uma microssociologia, incapazes de estabelecer as necessárias pontes com a economia e outros atravessamentos estruturais, como o patriarcado, a colonialidade e o racismo em suas análises, levando a uma pobreza de reflexão crítica sobre o sistema penal e aos causadores dos danos, mas a uma crítica estrutural do próprio capitalismo, do colonialismo, do patriarcalismo, do especismo e de propostas que conduzam a uma mudança nesses olhares.
- Desde o seu surgimento, identifica-se uma repetição ao se narrar a importância da abordagem verde, mas com poucas definições mais precisas sobre o campo e que justifiquem de fato a sua existência para além de outros campos como a sociologia ambiental, o ecofeminismo etc.
- Como em outros campos da criminologia crítica, aqui também pesa uma dificuldade de enfrentamento dos danos com propostas concretas de como lidar com os con-

---

[1] "Art. 225, CF. Todos têm direito ao meio ambiente ecologicamente equilibrado, bem de uso comum do povo e essencial à sadia qualidade de vida, impondo-se ao Poder Público e à coletividade o dever de defendê-lo e preservá-lo para as presentes e futuras gerações".

flitos socioambientais para além da atuação do próprio sistema de controle penal, dado o reconhecimento de sua deslegitimação e a inafastabilidade de uma política criminal de cunho abolicionista.

3.3.1.6 Criminologia pós-moderna

É uma proposta decorrente da criminologia crítica e tem por finalidade criticar a modernidade. É desenvolvida por Dragan Milovanovic e Stuart Henry e é também denominada como criminologia constitutiva.

O delito é um dano, independentemente de sua definição, eis que a modernidade coisifica o delito e sua produção (PRADO; MAÍLLO, 2019, p. 422). Há uma desconstrução da linguagem.

3.3.2 Teoria do etiquetamento (*labeling approach*)

A teoria da **rotulação**, **interacionismo simbólico**, **etiquetamento** ou *labeling approach* é uma das **teorias de conflito**, que nasceu na década de 1960 nos Estados Unidos, por meio das pesquisas de **Erving Goffman e Howard Becker**.

O contexto histórico dos anos 1960 é de um movimento de contracultura nos Estados Unidos, sobretudo pelo rechaço de jovens à Guerra do Vietnã.

Segundo Anitua (2008, p. 571),

> reivindicações que não eram essencialmente novas, como o pacifismo, os direitos humanos individuais, os das minorias e os das mulheres, entre outros, encontravam então um renovado interesse por parte de jovens que impulsionaram sua revolta cultural com uma boa mescla de ideias provenientes da psicanálise, do marxismo, de práticas espirituais não ocidentais e de outros referenciais.

Esta teoria preconiza que a criminalidade é uma consequência do processo de estigmatização social.

A questão central do pensamento criminológico é que deixa de se referir ao crime e ao criminoso, passando a voltar sua base de reflexão ao sistema de controle social e suas consequências, bem como ao papel exercido pela vítima na sua relação delituosa.

A consideração inicial é que não se pode compreender a criminalidade se não se estuda a ação do sistema penal que a define e rege contra ela, começando pelas normas abstratas até a ação das instâncias oficiais.

Há uma inversão do estudo da criminologia: deixa de se pesquisar as causas do crime (etiologia) para focar nos processos de criminalização. Por que o Estado escolhe alguns crimes e algumas pessoas para serem criminalizadas?

Alguns conceitos são elementares para o entendimento da teoria:

- **Interação simbólica** foi construída por Herbert Blumer, em 1937. É ramo da sociologia e psicologia social que se concentra no processo de interação. As relações sociais onde as pessoas estão inseridas as condicionam reciprocamente. As relações sociais não surgem como determinadas, de uma vez por todas, mas como abertas e dependendo de constante aprovação em comum. O interacionismo simbólico tem afinidade metodológica com métodos qualitativos, particularmente abordagem de dados biográficos e utilização de observação participante (Goffman, instituições totais).

- Nos anos 50, Edwin Lemert traz à baila os conceitos de **criminalização primária e secundária**, este último advindo da adoção do estereótipo pelo agente do delito.
    ◊ o **desvio primário** é poligenético, advinda de uma grande variedade social, cultural, econômica ou racial;
    ◊ o **desvio secundário** refere a uma especial classe de pessoas cujos problemas são criados pela reação social a desviação.

Uma das consequências do processo de desviação é o agente ser capturado pelo papel desviante. Este mergulho interativo será chamado pelos teóricos de *role engulfment*.

- *Role engulfment* (mergulho no papel desviado): dois pontos de referência: como os outros definem o autor e como ele se define. À medida que o mergulho no papel desviado cresce, há uma tendência para que o autor do delito se defina como os outros o definem. A personalidade do agente se referenciará no papel desviado ainda que ele se defina como não desviado.
- **Instituição total:** expressão de Erving Goffman (2019) para enquadrar o contexto social dos presídios, hospitais e quartéis. Simbolizado pela barreira em relação com o mundo externo e proibições de saída. Todos os aspectos da vida do condenado são realizados no mesmo local e sob uma única autoridade. Em segundo lugar, todos os atos da atividade cotidiana são executados diante de um grupo de pessoas razoavelmente grandes, sendo tratadas de uma maneira padrão. Atividades rigorosamente estabelecidas em horário e sequenciadas. As atividades obrigatórias são projetadas para atender os objetivos oficiais da instituição.
- **Estigma:** decorre de todo esse processo ritualizado e burocratizado que vai gerar a "mortificação do eu". Há um processo gradativo de desculturamento. Segundo Anitua (2008, p. 583), "o estigma é, assim, a marca social desqualificadora que impede que um indivíduo seja aceito na sociedade. De acordo com as necessidades da vida numa instituição total, o interno desenvolve uma nova identidade, que começa com o processo de mutilação ou desestruturação do eu do ingresso, e continua com mecanismos de poder que levam o interno a modificar sua conduta e a desenvolver estratégias de resistência".

Decifrando a prova

(2021 – INSTITUTO AOCP – PC/PA -- Delegado de Polícia Civil – Adaptada) De acordo com a teoria do *labelling approach*, julgue a assertiva:
Diferencia-se o delinquente do homem comum apenas em razão do estigma que lhe é socialmente imputado.
( ) Certo   ( ) Errado

> **Gabarito comentado:** o estigma colocado no indivíduo que comete o ato desviado é uma das ideias da teoria em questão. Portanto, a assertiva está certa.

- **Cerimônias degradantes:** Harold Garfinkel cunhou a expressão para evidenciar os processos ritualizados a que se submetem os envolvidos com o processo criminal, em que um indivíduo é condenado e despojado de sua identidade, recebendo uma outra degradada. A pessoa começa a se comportar a partir das expectativas dos gestores da moral.
- **Profecia autorrealizável:** o estigma molda a pessoa a partir da identidade social virtual. A identidade social virtual é gerada pelo interacionismo social. Por exemplo, um jovem pobre sem perspectiva, onde a sociedade lhe atribui uma condição de que não terá futuro algum – "esse menino vai ser bandido".

> ### Decifrando a prova
>
> **(2018 – Fundatec – Polícia Civil/RS – Delegado de Polícia)** A partir da Modernidade, constituíram-se os movimentos e as escolas criminológicas que se concentraram no estudo da criminalidade e da criminalização dos comportamentos, levando em consideração a causa dos delitos. Fatores como a biotipologia humana e o meio ambiente são associados à prática dos delitos. Todavia, pode-se afirmar que uma teoria, em especial, rompe com esse padrão e não recai na análise causal do delito, mas, sim, na análise dos processos de criminalização e do funcionamento das agências de punitividade. Tal teoria é a do etiquetamento.
> ( ) Certo ( ) Errado
> **Gabarito comentado:** é exatamente essa a ideia da teoria, explicar o criminoso como produto do próprio sistema de punição estatal. Portanto, a assertiva está certa.

O criminoso receberia um rótulo, o que o diferenciaria dos demais cidadãos. Ou seja, aquele que comete um delito uma vez estaria rotulado como criminoso, o que seria um estímulo à continuação com a prática delitiva.

> ### Decifrando a prova
>
> **(2013 – Ministério Público Federal – Procurador da República)** Criminologia pode ser entendida como a ciência do ser, que visa reunir informações válidas e confiáveis sobre o "problema criminal", sendo certo que seu objeto se divide no estudo empírico e interdisciplinar do crime, do criminoso, da vítima e da reação social. Diante disso, é incorreto afirmar:
> Para a teoria do etiquetamento ou teoria do *labeling approach*, bastante utilizada nos estudos criminológicos contemporâneos, considera-se que as agências ou instâncias formais de

> controle não têm qualquer influência na perpetração do crime, decorrendo este de fatores ou falhas das agências ou instâncias informais de controle.
> ( ) Certo   ( ) Errado
> **Gabarito comentado:** a base da teoria do etiquetamento é justamente a influência das agências ou instâncias formais de controle na perpetração do crime. Portanto, a assertiva está errada.

O *labeling approach* tem se ocupado em analisar, especialmente, as reações **das instâncias oficiais de controle social**, ou seja, tem estudado o efeito estigmatizante da atividade da polícia, dos órgãos de acusação pública e dos juízes.

Assim sendo, a teoria do etiquetamento propõe uma reflexão no sentido de se afirmar que a criminalidade não é uma qualidade da conduta humana, mas fruto de um processo em que se atribui ao indivíduo tal rotulação, principalmente pelas instâncias formais de controle social.

A teoria da rotulação de criminosos cria um processo de estigma para os condenados, funcionando a pena como uma propulsora e geradora de criminalidade e desigualdades. O sujeito acaba sofrendo reação de todo o corpo social como família, amigos, conhecidos, colegas, o que acarreta a marginalização no trabalho, na escola.

Sustenta-se que a criminalização, em especial a secundária, dado seu alto grau de seletividade, produz uma espécie de carimbo colocado no indivíduo, que acaba o levando a reincidência.

A etiqueta ou rótulo (materializados em atestado de antecedentes, folha corrida criminal, divulgação de jornais sensacionalistas etc.) acaba por perseguir o indivíduo, causando a expectativa social de que a conduta venha a ser novamente praticada, perpetuando o comportamento delinquente e aproximando os indivíduos rotulados uns dos outros. Uma vez condenado, o indivíduo ingressa numa "instituição" (presídio), que gerará um processo institucionalizador, com seu afastamento da sociedade, rotinas do cárcere etc.

Uma versão mais radical dessa teoria anota que a criminalidade é apenas a etiqueta aplicada por policiais, promotores, juízes criminais, isto é, pelas instâncias formais de controle social. Outros, menos radicais, entendem que o etiquetamento não se acha apenas na instância formal de controle, mas também no controle informal, no interacionismo simbólico na família e escola ("irmão ovelha negra", "estudante rebelde" etc.).

As consequências políticas da teoria do *labeling approach* são reduzidas àquilo que se convencionou chamar "política dos quatro Ds" (descriminalização, diversão, devido processo legal e desinstitucionalização). No plano jurídico-penal, os efeitos criminológicos dessa teoria se deram no sentido da prudente não intervenção ou do direito penal mínimo. Existe uma tendência garantista, de não prisionização, de progressão dos regimes de pena, de *abolitio criminis* etc.

Decifrando a prova

(2014 – NC/UFPR – Defensoria Pública/PR – Defensor Público) Julgue o item a seguir:
Em relação às distintas teorias criminológicas, a ideia de que o "desviante" é, na verdade, alguém a quem o rótulo social de criminoso foi aplicado com sucesso foi desenvolvida pela Teoria da Reação Social ou *labeling approach*.
( ) Certo ( ) Errado
Gabarito comentado: esse é um dos cernes da teoria da rotulação social. Portanto, a assertiva está certa.

Aquele que acaba recebendo esse rótulo de criminoso não consegue mais se desvencilhar do crime e acaba a ele preso.

Decifrando a prova

(2019 – Fundep – DPE/MG – Defensor Público) "De acordo com o Infopen, um sistema de informações estatísticas do sistema penitenciário brasileiro desenvolvido pelo Ministério da Justiça, o Brasil tem a quarta maior população carcerária do mundo. São aproximadamente 700 mil presos sem a infraestrutura para comportar este número. A realidade é de celas superlotadas, alimentação precária e violência. Situação que faz do sistema carcerário um grave problema social e de segurança pública. Além da precariedade do sistema carcerário, as políticas de encarceramento e aumento de pena se voltam, via de regra, contra a população negra e pobre. Entre os presos, 61,7% são pretos ou pardos. Vale lembrar que 53,63% da população brasileira têm essa característica. Os brancos, inversamente, são 37,22% dos presos, enquanto são 45,48% na população em geral. E, ainda, de acordo com o Departamento Penitenciário Nacional (Depen), em 2014, 75% dos encarcerados têm até o ensino fundamental completo, um indicador de baixa renda".
Sobre o assunto, julgue o item a seguir:
Teoria do *labeling approach* é classificada como uma teoria de consenso. A teoria afirma que o comportamento criminoso é apreendido, mas nunca herdado, criado ou desenvolvido pelo sujeito ativo.
( ) Certo ( ) Errado
Gabarito comentado: como visto, a teoria do etiquetamento é uma teoria de conflito. Além disso, o enunciado faz referência a já estudada teoria da associação diferencial. Portanto, a assertiva está errada.

Os **principais postulados da teoria do etiquetamento** são:

- Não se pode compreender o crime sem se compreender a própria reação social, o processo de definição ou seleção de certas pessoas e condutas etiquetadas como criminosas (interacionismo simbólico).

- Compreender a criminalidade a partir do mundo do criminoso e captar o verdadeiro sentido que ele atribui a sua conduta.
- Natureza "definitorial" do delito.
- Uma conduta não é criminosa em si ou por si só (qualidade negativa inerente a ela, de forma ontológica), nem seu autor é um criminoso por merecimentos objetivos (nocividade do fato, patologia da personalidade).
- O caráter criminoso de uma conduta e de seu autor depende de certos processos sociais de definição, que lhe atribuem tal caráter, e de seleção que etiquetam o autor como criminoso.
- O indivíduo se converte em criminoso não porque tenha cometido uma conduta negativa, mas por que determinadas instituições sociais o etiquetam como tal.
- Para a tendência radical, as instâncias do controle social (Polícia, Poder Judiciário), não detectam ou declaram o caráter criminoso de um comportamento, senão que o geram ou produzem ao etiquetá-lo (caráter constitutivo do controle social).
- Para a tendência moderada, só cabe afirmar que a justiça penal integra a mecânica do controle social geral da conduta desviada.
- Todos infringimos a norma penal, mas os riscos para ser etiquetado como criminoso não dependem tanto da conduta executada, senão da posição do indivíduo na pirâmide social (*status* – seletividade e discricionariedade do controle social).
- A pena é uma resposta irracional e criminógena porque aumenta o conflito social em lugar de resolvê-lo.
- Após ser submetido a cerimônias degradantes e estigmatizadoras, o condenado assume uma nova imagem de si mesmo e redefine sua personalidade em torno do papel do criminoso, desencadeando-se, em um ciclo vicioso, a "desviação secundária" (outro crime) e uma carreira criminal (profecia autorrealizável ou *self-fulfilling prophecy*).
- Substituição do paradigma etiológico (estuda as causas da criminalidade) para o paradigma do controle social (estuda os processos de criminalização).
- Os fatores que podem explicar a desviação primária do indivíduo (primeiro crime) carecem de interesse. O decisivo é o estudo dos processos de criminalização que atribuem a etiqueta de criminoso ao indivíduo.

Decifrando a prova

(2021 – NC – PC/PR – Delegado de Polícia – Adaptada) É correto afirmar que o *labelling approach*:
Assume que o crime decorre de um processo de construção social, ou seja, da atribuição da etiqueta de desviante a determinados indivíduos por meio da interação social.
( ) Certo   ( ) Errado

> **Gabarito comentado:** de fato, muda-se metodologicamente o estudo da criminologia, deixa de estudar as causas do crime (etiologia criminal) para passar a análise dos processos de criminalização. Portanto, a assertiva está certa.

Howard S. Becker é um dos grandes expoentes desta teoria, autor do livro *Outsiders*. Um *outsider* é a pessoa que não é aceita como membro de um segmento social. É um fora da lei. Quando uma regra é posta em vigor, aquele que, supõe-se, a tenha quebrado pode começar a ser encarado como um tipo essencial de pessoa não confiável para viver com as regras acordadas pelo grupo.

Surgindo a intolerância, haverá uma espécie de estigmatização desse agente.

A conduta desviante é gerada pela sociedade. A desviação não é uma qualidade do ato que a pessoa comete, mas uma consequência da aplicação pelos outros das regras e sanções para o ofensor.

O desviante é alguém a quem o rótulo social de criminoso foi aplicado com sucesso; as condutas desviantes são aquelas que as pessoas de uma dada comunidade aplicam como um rótulo àquele que comete um ato determinado.

Se um ato é desviado ou não, vai depender em parte da natureza do ato (se ele viola ou não uma regra imposta pela sociedade) e em parte como decorrência do que as outras pessoas vão fazer em face daquele ato.

3.3.3 Criminologia da reação social

A teoria da reação social se insere no contexto de como a sociedade reage ao crime e as normas estatais. Ela está intimamente ligada com as teorias críticas ou radicais, em especial a **teoria do etiquetamento** (*labeling approach*). Alguns autores inclusive a citam como sendo sinônimo da teoria do etiquetamento.

Como o próprio nome desta corrente sugere, a maneira pela qual se dá a relação entre o homem e sociedade é que irá ditar o conceito de crime e criminoso, e isso se dá por meio da formação da identidade social e concretização dos valores sociais na lei.

Conforme Lola Anyar de Castro (1983), a teoria da reação social, ao trabalhar em seus fundamentos com os paradigmas da **rotulação social** (comportamentos e consequências da rotulação), traz como consequência uma instabilidade e incerteza no que diz respeito ao objeto a ser catalogado como desviante, eis que, partindo do pressuposto de que é a lei quem origina o delito e, na medida em que a lei (regra jurídica) nada mais é do que o reflexo do exercício de poder em uma sociedade, tem-se que, pela própria evolução da sociedade, a lei se modifica e, daí, modifica-se também o conceito de desvio e o desviante.

De maneira simples: para essa teoria, a norma jurídica, com o fulcro de controlar a sociedade, **é quem diz o que é crime**, e, portanto, **cria o próprio criminoso**, daí o acerto em dizer que o **delinquente é fruto de uma construção social**, tendo como causa a própria lei.

Capítulo 3 ◆ Teorias criminológicas sociológicas – sociologia criminal **97**

> **Decifrando a prova**
>
> **(2018 – Cebraspe/Cespe – Polícia Federal – Delegado de Polícia Federal)** Julgue o item a seguir, relativo a modelos teóricos da criminologia, em certo ou errado.
> Para a teoria da reação social, o delinquente é fruto de uma construção social, e a causa dos delitos é a própria lei; segundo essa teoria, o próprio sistema e sua reação às condutas desviantes, por meio do exercício de controle social, definem o que se entende por criminalidade.
> ( ) Certo   ( ) Errado
> **Gabarito comentado:** é justamente essa a ideia central da teoria da reação social. Portanto, a assertiva está certa.

3.4 SÍNTESE DAS ESCOLAS CRIMINOLÓGICAS

Neste tópico, vamos sintetizar as ideias das mais importantes teorias criminológicas trabalhadas até o momento.

3.4.1 Pseudociências

- Demonologia: estudo dos demônios.
- Fisionomia: Della Porta assinalou algumas características de índole criminosa: cabeça, orelha, nariz.
- Frenologia: Franz Joseph Gall – cada região do cérebro tem uma função. Agressividade, instinto homicida, sentido moral estavam localizados em áreas cerebrais específicas.
- Psiquiatria: Philippe Pinel realizou os primeiros diagnósticos clínicos, separando os delinquentes dos enfermos mentais.

3.4.2 Escola Clássica

- Etapa pré-científica da criminologia.
- CBF – Carrara, Beccaria e Feuerbach.
- Método dedutivo – próprio do direito penal.
- Século XVIII – Iluminismo, contrato social, utilitarismo, livre-arbítrio.
- Fundamento moral da responsabilidade – livre-arbítrio.
- Ênfase no crime.
- Humanização do direito penal e das penas.
- Indivíduo tem livre-arbítrio. Não há determinismo na sua conduta.

- Crime é ente jurídico – violação da norma.
- Pena como contraestímulo do crime (Romagnosi).
- No geral, pena com finalidade retributiva.

3.4.3 Escola Cartográfica

- Escola de transição da Clássica para a Positiva.
- Adolphe Quételet, séculos XVIII e XIX.
- Estudo matemático e estatístico da criminalidade.
- Já falava em crimes que são desconhecidos (futura cifra oculta da criminalidade).
- Leis térmicas: ambiente físico e social associado as tendências individuais e hereditárias determinam necessariamente relativo contingente de crimes.

3.4.4 Escola Positiva

- Etapa científica da criminologia.
- LFG – Lombroso (fase bioantropológica), Ferri (fase sociológica) e Garofalo (fase jurídica ou psicológica).
- Método empírico e indutivo.
- Século XIX. Ênfase nas ciências naturais, positivismo, darwinismo, medicina, biologia, antropologia, frenologia.
- Ênfase no criminoso como sujeito portador de uma anomalia.
- Criminoso nato tem deformidades biológicas que se diferenciam dos demais e poderia ser reconhecido por características físicas distintas.
- Classificação dos criminosos.
- Ferri critica livre-arbítrio. Fala em substitutivos penais, trinômio do delito: fatores antropológicos, sociais e físicos.
- Crime natural de Garofalo que fere sentimentos de piedade e probidade segundo padrões médios que se encontram as raças humanas superiores, temibilidade e pena de morte e deportação.
- Pena com caráter preventivo por tempo indeterminado.

3.4.5 Teorias sociológicas

Teorias do consenso	Teorias do conflito
Têm natureza funcionalista.	Têm natureza argumentativa.

Teorias do consenso	Teorias do conflito
A sociedade se estrutura em um consenso entre os indivíduos, através da livre vontade.	A sociedade é estruturada na coerção. Há uma relação de dominantes (quem detêm o poder) e dominados.
Paradigma etiológico: buscar as causas do crime.	Buscam entender os processos de criminalização. Por que as leis e a polícia (o Estado) selecionam algumas pessoas para serem criminalizadas?!
A sociedade é autopoiética; capaz de se autoproduzir por critérios, programas e códigos de seu próprio ambiente.	A sociedade está constantemente em processo de mudança. Exibindo dissenso e o conflito social é ubíquo.
Teoria conservadora (de direita).	Teoria progressiva (de esquerda).
Escolas de Chicago, anomia, subcultura delinquente, associação diferencial. Mnemônico: quem casa tem consenso.	Teorias críticas (marxista). Teoria do *labelling approach* (teoria da rotulação social/etiquetamento).

3.4.5.1 Teorias sociológicas do consenso

3.4.5.1.1 Escola de Chicago

- Cidade produz a criminalidade.
- Robert Park, Ernest W. Burguess, Mackenzie, Clifford Shaw (1896-1957), Henry McKay.
- Início do século XX. Desorganização social, crescimento urbano desordenado e explosão demográfica que gera enfraquecimento do controle social informal.
- Ênfase no controle social e utilização de métodos qualitativos de pesquisa (inquéritos sociais, observação participante, estudos biográficos).
- Desorganização social pela mobilidade das grandes cidades, perda das raízes, anonimato, déficit de vínculos resultando em baixo controle social informal que é fator potencializador da criminalidade.
- Cidade se desenvolve em círculos, de forma radial. Do centro para a periferia. Na zona de transição, mais perto dos grandes centros, ocorrem a maior parte dos crimes.
- Trouxe programas comunitários e estudo de propostas preventivas para a melhoria da cidade.
- A crítica é que sai de um determinismo biológico da Escola Positiva para um determinismo ecológico. Liga pobreza a criminalidade.

3.4.5.1.2 Escola da associação diferencial

- Quebra do paradigma etiológico binário: crime x pobreza. As camadas sociais mais altas também podem delinquir.

- Edwin Sutherland – criador da expressão **crimes de colarinho branco**.
- Século XX, Queda da Bolsa de Valores, 1929. Política americana interventista no setor econômico.
- O crime decorre de aprendizagem, através de um processo de comunicação quanto maior, mais frequente, intensa, a aprendizagem em grupos sociais, maior a possibilidade de cometer crimes.
- A conversão do indivíduo em criminoso ocorre quando as definições favoráveis à violação da norma superam as definições desfavoráveis.

3.4.5.1.3 Teoria da subcultura delinquente

- Subcultura é entendida como ato de rebeldia contra normas e valores estabelecidos pela classe média.
- É uma reação dos jovens mais pobres pela frustração da impossibilidade de se ascender ao *status* da cultura dominante.
- Século XX.
- Albert Cohen, *Delinquent Boys*, 1955.
- A subcultura revela uma conduta não utilitarista, maldosa, hedonista, negativista, flexível e reforçadora de grupo.

3.4.5.1.4 Teoria da anomia

Anomia de Durkheim

- Anomia é a desintegração das normas sociais de referência que acarreta uma ruptura do dos padrões sociais de conduta, produzindo uma situação de pouca coesão social.
- A consciência coletiva é o conjunto de crenças e dos sentimentos comuns à média dos membros da comunidade.
- Crime é um fenômeno normal, útil e necessário na coletividade.
- A finalidade da pena é manter a coesão social.

Anomia para Robert Merton

- Comportamento criminoso é sintoma de dissociação entre as aspirações culturalmente previstas (*american dream*) e os meios institucionais aptos a alcançar as metas.
- Do desajuste ou ajuste entre metas culturais e meios institucionais são criados cinco tipos de adaptação individual: conformismo, ritualismo, inovação, retraimento e rebeldia.
- A anomia é caracterizada por uma distribuição seletiva das estruturas sociais que permite que apenas alguns indivíduos possam alcançar as metas culturais.

3.4.5.2 Teorias sociológicas do conflito

3.4.5.2.1 Teoria do etiquetamento/rotulação/labelling approach

- Não se pode compreender a criminalidade se não se estuda a ação do sistema penal que seleciona pessoas para serem criminalizadas.
- Mudança de paradigma: não estuda mais as causas do crime (etiologia criminal), mas os processos de criminalização.
- Século XX, movimento de contracultura no EUA.
- Howard Becker.
- A reação estatal produz a delinquência secundária através de cerimônias degradantes que vão gerar uma estigmatização do criminoso e um mergulho nesse papel que lhe foi atribuído.

3.4.5.2.2 Teoria crítica

- Origem no livro *Punição e Estrutura Social*, de Georg Rusce e Otto Kirchemeier, 1938.
- A prisão é relacionada com o surgimento do capitalismo.
- Base marxista.
- A solução para o problema do crime depende da eliminação da exploração econômica e da opressão política de classe.

Vitimologia

4.1 PAPEL DA VÍTIMA NO FENÔMENO CRIMINAL

A vítima é vista atualmente como **um dos objetos de estudo da criminologia moderna**, ao lado do criminoso, do crime e do controle social.

Contudo, esse é um panorama bastante recente. Até pouquíssimo tempo, não havia um olhar atento aos sujeitos passivos das infrações penais, seja para definir sua eventual contribuição para a ocorrência do delito, seja para tentar aliviar ou diminuir os impactos do sofrimento causado pela conduta criminosa.

Em verdade, a posição da vítima na persecução penal e no processo punitivo passou por algumas **fases** no decorrer da história, passando de uma condição de destaque durante a Antiguidade e praticamente toda a Idade Média, para o ostracismo desde a baixa Idade Média e posterior redescobrimento, principalmente no período seguinte à segunda guerra mundial, em meados do século passado.

4.1.1 Fases de importância da vítima

A primeira fase de atuação da vítima é conhecida como **idade de ouro**, na qual a vítima tinha o protagonismo na persecução penal, momento em que a punição era privada, cabia a cada vítima buscar a sua própria justiça. Período: da Antiguidade até fim da Alta Idade Média.

Aqui, prevalecia a **vingança privada**, a autotutela, como por exemplo no caso da Lei de Talião. Assim, caso a vítima tivesse um filho morto, poderia matar o filho do criminoso; se tivesse um braço arrancado, poderia arrancar o braço do criminoso. Isso pode ser chamado como "olho por olho, dente por dente".

Ademais, mesmo quando o Estado se incumbia do Poder Punitivo, durante a Idade Média, no campo do direito penal germânico, havia a possibilidade de a vítima ser indenizada pelo agressor para que em contrapartida aquela desistisse do processo, independentemente do tipo de delito.

Inclusive no Brasil, durante a Ordenação das Filipinas, que perdurou até o Código Penal de 1830, a vingança privada se fazia presente, no que pese a tentativa de se monopolizar o exercício do *ius puniedi*.

Posteriormente, **com a responsabilização do Estado pelo conflito social**, adveio a chamada **fase de neutralização da vítima**, que se inicia no momento em que o Estado **assumiu o monopólio absoluto** do exercício da pretensão punitiva, diminuiu a importância da vítima no conflito. Em especial após o Código Penal Francês, a vítima passou a ser tratada como um mero objeto do processo de maneira parecida com uma testemunha.

Tal marginalização colocou a vítima em segundo plano, sem a preocupação com os resultados do crime em si ou com a participação da vítima na ocorrência do delito.

Isso é evidenciado, como vimos, na Escola Clássica, que se ocupava do crime. Já a Escola Positiva direcionava seus holofotes essencialmente a pessoa do criminoso. No caso do direito penal brasileiro, em especial no Código Penal de 1940, percebe-se quase nenhuma atenção para vítima, inclusive com pouquíssimos crimes de ação penal privada ou de ação penal pública condicionada à representação.

Até mesmo nos casos em que a vítima tem alguma possibilidade de autotutela, como em legítima defesa, tal atuação é rigidamente controlada, sob pena de incidir em excesso punível.[1]

Contudo, tal panorama veio paulatinamente se modificando. A partir de meados do século XX adentramos na **fase do redescobrimento da vítima**, cuja importância é retomada sob um aspecto mais humano por parte do Estado, com reflexos diretos da Segunda Guerra Mundial (1939-1945). A vítima passa a ser considerada importante, tanto no aspecto Penal e Processual Penal, quanto dentro da análise da etiologia criminal. Surge a vitimologia.

Marcos legais nacionais importantes que indicam tal preocupação são, por exemplo, a inserção do "comportamento da vítima" na aplicação da pena base (art. 59) na reforma da parte geral do Código Penal em 1984; a Lei nº 9.714/1998, que previu medidas de indenização às vítimas; Lei nº 9.099/1995 (Dispõe sobre os Juizados Especiais Cíveis e Criminais); Lei nº 11.340/2006 (Lei Maria da Penha), dentre outros.

4.1.2 Modelos de reação ao delito e vitimologia

A criminologia considera que o papel da vítima varia de acordo com o modelo de reação da sociedade ao crime. Na mesma esteira da análise das fases de importância da vítima, cada modelo de reação ao delito também dá mais ou menos importância para a vítima na persecução penal.

Há basicamente três modelos:

- **dissuasório (clássico ou retributivo);**
- **ressocializador;**
- **restaurador.**

---

[1] Art. 25 c/c art. 23, parágrafo único, ambos do Código Penal brasileiro.

O **modelo dissuasório (clássico ou retributivo)** tem como foco a punição do criminoso. Esta punição deve ser intimidatória ao proporcional ao dano causado. Neste modelo, **os protagonistas são o Estado e o criminoso**, sendo a vítima e a sociedade excluídas do processo. Aqui busca-se persuadir o delinquente para que não cometa delitos a partir da intimidação, ou seja, medo da punição que lhe pode ser atribuída.

Já o **modelo ressocializador** tem atuação na pessoa do delinquente. A finalidade da punição criminal não é apenas o castigo (modelo dissuasório), mas também **a ideia de reinserir o criminoso na sociedade**. Aqui a sociedade tem papel fundamental neste processo. Contudo, **a vítima continua tendo pouca importância**.

Por fim, o **modelo restaurador (ou integrador)**, também conhecido como justiça restaurativa, tem o foco de **restabelecer a situação anterior à prática do crime** (*status quo ante*). Assim a finalidade é restaurar o criminoso, ajudar a vítima e ainda restabelecer a ordem social abalada. Nesse modelo de reação ao delito, a finalidade precípua não é punir o criminoso, mas sim solucionar o problema criminal a partir da conciliação entre as partes, por isso **a vítima passa a ter participação fundamental**. É o que acontece por exemplo nos crimes de menor potencial ofensivo nas ações penais de competência dos juizados criminais especiais (Lei nº 9.099/1995).

> **Decifrando a prova**
>
> **(2018 – Cebraspe/Cespe – Polícia Civil/MA – Delegado de Polícia – Adaptada)** Julgue o item a seguir:
> A criminologia considera que o papel da vítima varia de acordo com o modelo de reação da sociedade ao crime. No modelo restaurativo, o foco é a participação dos envolvidos no conflito em atividades de reconciliação, nas quais a vítima tem um papel central.
> ( ) Certo   ( ) Errado
> **Gabarito comentado:** de fato, no modelo restaurativo, a vítima tem papel central. Portanto, a assertiva está certa.

4.2 NOÇÕES GERAIS SOBRE VITIMOLOGIA

Os primeiros estudos criminológicos envolvendo vítimas se iniciam com o jurista austríaco Hans Gross (1847-1915) em 1901, porém foi em 1937 que se iniciou o estudo sistemático e científico das vítimas por **Benjamin Mendelsohn**, advogado israelita, **com a publicação do artigo** intitulado *The Origin of Victimology*. Mendelsohn é considerado para a maioria da doutrina como sendo o "pai" da vitimologia, sendo inclusive o primeiro a usar o termo. O movimento ganhou força principalmente depois da Segunda Guerra Mundial, com a consagração dos direitos humanos.

Segundo ele, **a vitimologia é a ciência que se ocupa da vítima e da vitimização, cujo objeto é a existência de menos vítimas na sociedade, quando esta tiver real interesse** nisso. A despeito do autor elencar a vitimologia como ciência autônoma, a maior parte da doutrina a considera apenas como um apêndice da própria criminologia.

> **Decifrando a prova**
>
> **(2016 – MPE/ES – Promotor de Justiça)** Julgue o item a seguir:
> Enquanto a criminologia pode ser identificada como a ciência que se dedica ao estudo do crime, do criminoso e dos fatores da criminalidade, a vitimologia tem por objeto o estudo da vítima e de suas peculiaridades, sendo considerada por alguns autores como ciência autônoma.
> ( ) Certo ( ) Errado
> **Gabarito comentado:** apesar de minoritária, há corrente que proclame a autonomia científica da vitimologia. Portanto, a assertiva está certa.

Hans Von Hentig, professor alemão radicado nos Estados Unidos, também tido como um dos percussores da vitimologia tradicional, publicou o livro *The Criminal & his Victim: studies in the sociobiology of crime*, em 1948, fazendo também um estudo sistematizado da vítima, em especial demonstrando a contribuição da vítima para a ocorrência do delito, surgindo o chamado "par penal" englobando a vítima e o criminoso.

> **Decifrando a prova**
>
> **(2018 – Nucepe/UESPI – Polícia Civil/PI – Delegado de Polícia – Adaptada)** Julgue o item a seguir:
> O surgimento da vitimologia ocorreu no início do século XVIII, com os estudos pioneiros de Hans Von Hentig, seguido por Mendelsohn.
> ( ) Certo ( ) Errado
> **Gabarito comentado:** os primeiros estudos criminológicos envolvendo vítimas se iniciam com Hans Gross em 1901. Contudo, a vitimologia nasceu apenas no século XX com Mendelsohn e Hentig. Portanto, a assertiva está errada.

De toda sorte, os estudos pioneiros da vitimologia compartilhavam uma análise etiológica e interacionista, havendo foco principalmente na ponderação sobre o maior ou menor grau de contribuição da vítima para sua própria vitimização.

Para a moderna vitimologia, nem sempre a vítima possui um papel neutro ou involuntário na dinâmica do fato criminoso, razão pela qual existiriam fatores de predisposição vitimal, podendo-se, por meio de estudos empíricos, efetuar uma melhor prevenção do crime, não por intermédio da abstenção do infrator, mas por uma mudança de atitude da vítima em potencial.

Além disso, a moderna vitimologia se ocupa, principalmente com o estudo sobre os riscos de vitimização, os danos que sofrem as vítimas como consequência do delito e com a posterior intervenção do sistema legal.

Não se trata de uma disciplina dogmática, voltada para o direito penal, mas sim com foco em políticas públicas e Direitos Humanos, visando diminuir os efeitos negativos dos crimes e evitar sua ocorrência.

A vitimologia é hoje um **campo de estudo orientado para a ação ou formulação de políticas públicas**. A vitimologia não deve ser definida em termos de direito penal, mas de direitos humanos. Assim, a vitimologia deveria ser o estudo das consequências dos abusos contra os direitos humanos, cometidos por cidadãos ou agentes do governo. **As violações a direitos humanos são hoje consideradas questão central na vitimologia** (MAIA, 2003).

4.2.1 Processo de vitimização

Com o decorrer do tempo, percebeu-se que a vítima não sofre com o delito apenas no momento em que ele ocorre. Ela pode ser vítima em outras situações, agora tendo como agressor não mais o delinquente, mas sim a sociedade e o Estado.

O estudo do processo de vitimização, também chamado de *iter victimae*, pode ser dividido, de maneira clássica, em três esferas. Veja cada uma delas a seguir.

- **Vitimização primária:** ocorre do contato direto da vítima com o crime, ou seja, a própria lesão sofrida, seja patrimonial, física ou psicológica.

> **Decifrando a prova**
>
> **(2015 – Vunesp – Polícia Civil/CE – Delegado de Polícia – Adaptada)** Quando a vítima, em decorrência do crime sofrido, não encontra amparo adequado por parte dos órgãos oficiais do Estado, durante o processo de registro e apuração do crime, como, por exemplo, o mau atendimento por um policial, levando a vítima a se sentir como um "objeto" do direito e não como sujeito de direitos, caracteriza vitimização primária.
> ( ) Certo   ( ) Errado
> **Gabarito comentado:** esse não é o conceito de vitimização primária, que é, como visto, é aquele que ocorre do contato direito da vítima com o crime. Portanto, a assertiva está errada.

- **Vitimização secundária:** chamada **sobrevitimização ou vitimização processual**, na qual a vítima é submetida durante a persecução penal, frente aos órgãos oficiais de controle social, como o mau atendimento nas instituições policiais e judiciais, a necessidade de se dar diversos depoimentos sobre fatos traumáticos, ficar na presença do agressor etc. Nesse caso temos a vítima como um mero objeto, sendo tratada com desdém durante a persecução penal, em desrespeito a seus direitos fundamentais.

> **Decifrando a prova**
>
> **(2019 – Cebraspe/Cespe – Defensoria Pública/DF – Defensor Público – Adaptada)** A criminologia, diante do fenômeno do delito, na busca de conhecer fatores criminógenos, traça um paralelo entre vítima e criminoso. Partindo dessa premissa dual, chamada por Mendelsohn de "dupla-penal", extraem-se importantes situações fenomenológicas.
> Acerca desses estudos, julgue o item seguinte como certo ou errado.
> A criminologia classifica como vitimização secundária a coisificação, pelas esferas de controle formal do delito, da pessoa ofendida, ao tratá-la como mero objeto e com desdém durante a persecução criminal.
> ( ) Certo ( ) Errado
> **Gabarito comentado:** trata-se de um correto conceito de vitimização secundária. Portanto, a assertiva está certa.

- **Vitimização terciária:** aqui temos duas subdivisões na doutrina. Pode ser caracterizada primeiro pela falta de amparo, tanto social quanto estatal às vítimas. Muitas vezes a sociedade acaba subjugando a vítima, expondo-a a situações vexatórias e estimulando-a a não levar os fatos aos conhecimentos das autoridades ou a colocando como exclusivamente culpada pelo ocorrido. Pode ocorrer também por parte do próprio Estado quando não dá o amparo social e psicológico à vítima após o delito. Por exemplo, vítimas de abusos sexuais que não recebem tratamento psicológico. Essa é o conceito que **mais aparece** em concursos públicos.

> **Decifrando a prova**
>
> **(2017 – Fapems – Polícia Civil/MS – Delegado de Polícia – Adaptada)** Dentro da criminologia, tem-se a vertente da vitimologia, que estuda de forma ampla os aspectos da vítima na criminalidade, e é dividida em primária, secundária e terciária. Da análise dessa divisão, pode-se afirmar que a vitimização terciária ocorre quando a vítima é abandonada pelo estado e estigmatizada pela sociedade.
> A afirmativa está correta ou incorreta?
> ( ) Certo ( ) Errado
> **Gabarito comentado:** esse é justamente o conceito de vitimização terciária. Portanto, a assertiva está certa.

Contudo, a **vitimização terciária** é apontada também como sendo aquela sofrida pelo próprio criminoso, no momento de sua penalização pelo delito ou durante a investigação, ou seja, a vitimização do criminoso. Isso pode ocorrer por parte do próprio Estado ou pela sociedade e até mesmo outros presos. Por exemplo, estupradores que são agredidos nos estabelecimentos penais, torturas, linchamento de criminosos pela população ao serem surpreendidos em flagrante delito.

Decifrando a prova

(2018 – Vunesp – Polícia Civil/BA – Delegado de Polícia – Adaptada) Julgue o item a seguir:
O linchamento do autor de um crime por populares em uma rua pode ser classificado como uma vitimização terciária.
( ) Certo   ( ) Errado
Gabarito comentado: esse também é considerado por parte da doutrina como um conceito de vitimização terciária. Portanto, a assertiva está certa.

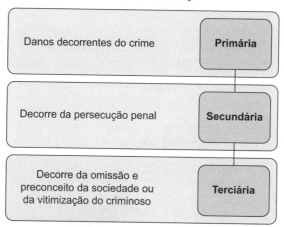

Processo de vitimização

Decifrando a prova

(2012 – FCC – Defensoria Pública/PR – Defensor Público – Adaptada) Considere os acontecimentos a seguir.

I. No dia 16 de outubro, após um dia exaustivo de trabalho, quando chegava em sua casa, às 23 horas, em um bairro afastado da cidade, Maria foi estuprada. Naquela mesma data, fora acionada a polícia, quando então foi lavrado boletim de ocorrência e tomadas as providências médico-legais, que constatou as lesões sofridas.

II. Após o fato, Maria passou a perceber que seus vizinhos, que já sabiam do ocorrido, a olhavam de forma sarcástica, como se ela tivesse dado causa ao fato e até tomou conhecimento de comen-

> tários maldosos, como "também com as roupas que usa (...)", "também como anda rebolando para cima e para baixo" etc., o que a deixou profundamente magoada, humilhada e indignada.
>
> III. Em novembro, fora à Delegacia de Polícia prestar informações, quando relatou o ocorrido, relembrando todo o drama vivido. Em dezembro fora ao fórum da Comarca, onde mais uma vez, Maria foi questionada sobre os fatos, revivendo mais uma vez o trauma do ocorrido.
>
> Os acontecimentos I, II e III relatam, respectivamente, processos de vitimização primária, terciária e secundária. Essa afirmativa está certa ou errada?
>
> ( ) Certo ( ) Errado
>
> **Gabarito comentado:** os casos narrados na questão são exemplos clássicos de vitimização primária, terciária e secundária, respectivamente. Portanto, a assertiva está certa.

Importante trabalharmos os conceitos de **vitimização indireta, heterovitimização e autovitimização** (SUMARIVA, 2019, p. 137).

- **Vitimização indireta ou colateral:** é o sofrimento de terceiras **pessoas intimamente ligadas à vítima** de um crime, ou seja, são os efeitos de um crime em pessoas próximas das vítimas. Por exemplo, sofrimento de um filho pelo homicídio do pai.
- **Heterovitimização:** é a autoincriminação da vítima pela ocorrência do crime por meio da busca por motivos que, provavelmente, a tornaram responsável pela infração penal. Por exemplo, a vítima que deixa um veículo na frente de casa, aberto e com a chave no contato, que posteriormente é furtado.

Decifrando a prova

> **(2018 – Vunesp – Polícia Civil/SP – Papiloscopista Policial – Adaptada)** Julgue o item a seguir:
>
> A heterovitimização é a autorrecriminação da vítima pela ocorrência do crime contra si, buscando razões que, possivelmente, tornaram-na responsável pelo delito.
>
> ( ) Certo ( ) Errado
>
> **Gabarito comentado:** a assertiva define com acerto o conceito de heterovitimização. Portanto, a assertiva está certa.

- **Autovitimização secundária:** é uma vertente da vitimização secundária que já estudamos. Decorre de sentimentos autoimpositivos, causados por culpa de maneira até mesmo inconscientes. Acontece quando a própria vítima se vitimiza novamente, mas se recriminando pelo ocorrido, acreditando ser corresponsável pelo fato que aconteceu, em situações na qual isso não é verdade, ou seja, ela não concorreu de fato para o crime.

4.2.2 Conceito de vítima

De maneira ampla, a vítima pode ser definida como aquela pessoa que sofre pela prática (ação ou omissão, culposo ou doloso) de um delito, com danos que podem ser físicos, psicológicos, patrimoniais, jurídicos etc.

O conceito de vítima para Organização das Nações Unidas (ONU) é, conforme se observa na Resolução nº 40/1934, da Assembleia Geral das Nações Unidas, de 29.11.1985, o seguinte:

> Pessoa que, individual ou coletivamente, tenha sofrido danos, inclusive lesões físicas ou mentais, sofrimento emocional, perda financeira ou diminuição substancial de seus direitos fundamentais, como consequências de ações ou omissões que violem a legislação penal vigente, nos Estados-Membros, incluída a que prescreve o abuso de poder.

Merece destaque ainda o conceito de **vitimização difusa** ou **crimes vagos**. São casos de crimes nos quais não há uma vítima determinada, mas, sim, a coletividade, tratando-se, na maioria das vezes, de crimes de perigo, como por exemplo o tráfico de drogas (art. 33 da Lei nº 11.343/2006), porte de arma de fogo (art. 14 da Lei nº 10.826/2003), incêndio (art. 250 do Código Penal) etc.

Tal movimento de **desmaterialização da vítima** tem como inconveniente a ausência de ideia concreta do dano causado pelo delito, por não se ter uma vítima determina pela qual a sociedade se solidarizaria, trazendo, portanto, uma certa camuflagem para gravidade de tais delitos (VIANA, 2016, p. 145).

Decifrando a prova

(2018 – Nucepe/UESPI – Polícia Civil/PI – Delegado de Polícia – Adaptada) Julgue o item a seguir:

De acordo com a ONU, apenas são consideradas vítimas as pessoas que, individual ou coletivamente, tenham sofrido lesões físicas ou mentais, por atos ou omissões que representem violações às leis penais, incluídas as leis referentes ao abuso criminoso do poder.
( ) Certo   ( ) Errado

Gabarito comentado: como visto, o conceito de vítimas para a ONU é bem mais abrangente, incluindo o sofrimento emocional, perda financeira ou diminuição substancial de seus direitos fundamentais. Portanto, a assertiva está errada.

4.2.3 Classificações de vítimas

Tradicionalmente, a classificação das vítimas leva em consideração a participação da vítima na ocorrência do delito. Existem diversas classificações de diferentes autores. Vamos nos limitar aqui a analisar as principais, em especial para concursos públicos.

A classificação mais importante é, sem dúvida nenhuma, a do autor **Benjamin Mendelsohn**:

- **Vítima completamente inocente ou ideal:** aquela que não tem nenhuma participação no crime, completamente inocentes.
- **Vítima de culpabilidade menor ou por ignorância ou menos culpada que o criminoso:** aquela que concorre de maneira inconsciente na prática do delito.
- **Vítima voluntária ou tão culpada quanto o infrator:** aquela que pode ser considerada tanto vítima quanto criminosa propriamente dita. É o exemplo clássico da dupla suicida, roleta-russa, aborto.
- **Vítima mais culpada que o criminoso:** aquela que dá causa ao delito por provocação, agindo de maneira imprudente. Por exemplo, pedestre que atravessa uma rua movimentada sem olhar para os lados.
- **Vítima como única culpada:** aquelas que são vítimas **putativas** ou que **simulam** ser vítimas, e ainda aquelas agressoras, que começam como criminosa e terminam como vítima, por exemplo no caso de legítima defesa.

Ao fim, Mendelsohn resume sua classificação em três **grupos**:

a. **Vítima inocente:** a qual não concorre com o resultado.
b. **Vítima provocadora:** que de forma imprudente ou involuntária colabora com o ânimo criminoso do agente.
c. **Vítima agressora, simuladora ou imaginária:** seria a suposta vítima, que acaba por fim utilizando-se da legítima defesa contra seu agressor.

> **Decifrando a prova**
>
> **(2014 – Vunesp – Polícia Civil/SP – Delegado de Polícia – Adaptada)** Julgue o item a seguir:
> Um dos primeiros autores a classificar as vítimas de um crime foi Benjamin Mendelsohn, que levou em conta a participação das vítimas no delito. De acordo com o autor, as vítimas classificam-se em vítimas ideais; vítimas menos culpadas que os criminosos; vítimas tão culpadas quanto os criminosos; vítimas mais culpadas que os criminosos e vítimas como únicas culpadas.
> ( ) Certo   ( ) Errado
> **Gabarito comentado:** a assertiva traz corretamente as classificações de vítimas feitas por Mendelsohn.

De maneira um pouco diversa, **Hans Von Hentig** também realizou um estudo esquemático das vítimas da seguinte forma (EVERTON JUNIOR, 2012):

- **Vítima isolada:** a vítima neste caso vive na solidão, não se relacionando com outras pessoas. Em decorrência desse meio de vida ela se coloca em situações de risco.
- **Vítima por proximidade:** este grupo de vítimas subdivide-se em: a) vítima por proximidade espacial, que se torna vítima pelo fato de estar em proximidade excessiva do autor do delito em um determinado local, como ocorre nos casos de furto no interior de um ônibus; b) vítima por proximidade familiar, a qual ocorre no núcleo familiar, como pode ser visto no caso do parricídio, em que o filho mata seu próprio genitor; c) vítima por proximidade profissional, que geralmente ocorre no caso de atividades profissionais que requerem um estreitamento maior no relacionamento profissional, como no caso do médico.
- **Vítima com ânimo de lucro:** são taxadas dessa forma as vítimas que, pela cobiça, pelo anseio de se enriquecer de maneira rápida ou fácil, acabam sendo ludibriadas por estelionatários ou vigaristas. É o que se chama também de torpeza bilateral.
- **Vítima com ânsia de viver:** ocorre com o indivíduo que, com o fundamento de não ter aproveitado sua vida até o presente momento de uma forma mais eficaz, passa a experimentar situações de aventura até então não vividas, que o colocam em situações de risco ou perigo.
- **Vítima agressiva:** neste caso, a vítima se torna agressiva em decorrência da agressão que sofre do autor da violência, chegando a um nível de não suportar mais a agressão sofrida, ela irá rebater tal ato de modo hostil.
- **Vítima sem valor:** trata-se da vítima que em decorrência de seus atos, não recomendáveis praticados perante a sociedade, acaba sendo indesejada ou repudiada no meio em que vive. Por praticar certos atos, este indivíduo vem a sofrer agressões físicas, verbais, ou até mesmo podendo ser morto. Um exemplo clássico desse tipo de vítima é o caso do estuprador ou assassino que é morto pela comunidade, pela polícia, ou por sua própria vítima.
- **Vítima pelo estado emocional:** essas vítimas são qualificadas desta forma em decorrência de seus sentimentos de obsessão, medo, ódio ou vingança que vem a sentir por outras pessoas.
- **Vítima por mudança da fase de existência:** o indivíduo passa por várias fases em sua vida, sendo que ao mudar para certa fase de sua existência, poderá se tornar vítima em consequência de alguma mudança comportamental relacionada com alguma das fases.
- **Vítima perversa:** enquadram-se nesta modalidade de vítimas os psicopatas, pessoas que não possuem limite algum de respeito em relação às outras, tratando-as como se fossem objetos que podem ser manipulados.
- **Vítima alcoólatra:** o uso de bebidas alcoólicas é um dos fatores que mais leva pessoas a se tornar vítimas, sendo que na maioria dos casos acabam resultando em homicídios.
- **Vítima depressiva:** ao atingir um determinado nível, a depressão poderá ocasionar a vitimização do indivíduo, pois poderá levar a pessoa à autodestruição.
- **Vítima voluntária:** são as pessoas que, por não oporem resistência à violência sofrida, acabam permitindo que o autor do delito o realize sem qualquer tipo de obs-

táculo. Casos que exemplificam esse tipo de vítima são os crimes sexuais ocorridos sem a utilização de violência.

- **Vítima indefesa:** denominam-se vítimas indefesas as que, sob o pretexto de que a persecução judicial lhes causaria maiores danos do que o próprio sofrimento resultante da ação criminosa, acabam deixando de processar o autor do delito. São vistos tais comportamentos geralmente nos roubos ocorridos nas ruas, nos crimes sexuais e nas chantagens.
- **Vítima falsa:** são taxadas de falsas vítimas as pessoas que, por sua livre e espontânea vontade, se autovitimam para que possam se valer de benefícios.
- **Vítima imune:** são consideradas dessa forma as pessoas que, em decorrência de seu cargo, função, ou algum tipo de prestígio na sociedade em que vive acham que não estão sujeitas a qualquer tipo de ação delituosa que possa transformá-las em vítimas. Um exemplo é o padre.
- **Vítima reincidente:** neste caso a pessoa já foi vítima de um determinado delito, mas mesmo após ter passado por tal episódio, não toma qualquer tipo de precaução para não voltar a ser vitimizada.
- **Vítima que se converte em autor:** nesta hipótese ocorre a mudança de polo da violência. A vítima que era atacada pelo autor da agressão se prepara para o contra-ataque. Um exemplo clássico é o crime de guerra.
- **Vítima propensa:** ocorre com as pessoas que possuem uma tendência natural de se tornarem vítimas. Isso pode decorrer da personalidade deprimida, desenfreada, libertina ou aflita da pessoa, sendo que esses tipos de personalidade podem de algum modo contribuir com o criminoso.
- **Vítima resistente:** por não aceitar ser agredida pelo autor, a vítima reage e passa a agredi-lo da mesma forma, sempre em sua defesa ou em defesa de outrem, ou também no caso de cumprimento do dever. Neste caso há sempre a disposição da vítima em lutar com o autor.
- **Vítima da natureza:** são pessoas que se tornam vítimas em decorrência de fenômenos da natureza, como no caso de uma enchente, um terremoto etc.

Por fim, **Hentig** também resume sua classificação em **grupos**, da seguinte forma (SUMARIVA, 2019, p. 143):

- **1º grupo – criminoso-vítima-criminoso, de forma sucessiva.** Trata-se dos indivíduos que comentaram crimes pela primeira vez e que são hostilizados no sistema penitenciário, vindo a delinquente novamente pela repulsa social que encontra na sociedade, quando colocado em liberdade.
- **2º grupo – criminoso-vítima-criminoso, de forma simultânea.** São aqueles que podem ser considerados criminosos e vítimas ao mesmo tempo. O exemplo clássico é do usuário de drogas que acaba virando traficante ou praticando outros delitos para sustentar seu vício.
- **3º grupo – criminoso-vítima, de forma imprevisível.** Ocorre quando o indivíduo passa de condição de criminoso para de vítima de maneira repentina. Por exemplo, indivíduo que é linchado pela população após ser flagrado praticando um furto.

Capítulo 4 ♦ Vitimologia   115

   Decifrando a prova

(2018 – Vunesp – Polícia Civil/SP – Auxiliar de Papiloscopista Policial – Adaptada) Julgue o item a seguir:

No que diz respeito à classificação dos tipos de vítimas segundo Hans Von Henting:

Vítima imune – é considerada dessa forma a pessoa que, em decorrência de seu cargo, função, ou algum tipo de prestígio na sociedade em que vive, acredita que não está sujeita a qualquer tipo de ação delituosa que possa transformá-la em vítima. Um exemplo é o padre.

( ) Certo   ( ) Errado

Gabarito comentado: esse é o conceito de vítima imune, de acordo com Hentig. Portanto, a assertiva está certa.

4.2.4 Vitimodogmática

Vitimodogmática é o ramo da vitimologia que estuda a contribuição da vítima na ocorrência de um crime, e a influência dessa participação na dosimetria da pena e ainda na (des)necessidade de tutela penal de algumas vítimas.

Parte-se da ideia geral de que o comportamento da vítima deve ser decisivo na penalização do criminoso ou até mesmo na sua absolvição. Conforme ensina Viana (2016, p. 145), podemos dividir tal estudo em duas alas: uma moderada e outra radical.

Para a ala **moderada**, o comportamento da vítima deve repercutir apenas no âmbito da dosimetria da pena, servindo para amenizar a responsabilidade penal do agente, mas nunca par afastar por completo a sanção penal. É o que podemos observar na primeira fase da dosimetria da pena no Código Penal Brasileiro (art. 59).

Decifrando a prova

(2014 – Vunesp – Polícia Civil/SP – Investigador de Polícia – Adaptada) Julgue o item a seguir:

O estudo da contribuição da vítima na ocorrência de um crime, e a influência dessa participação na dosimetria da pena é denominada vitimodogmática.

( ) Certo   ( ) Errado

Gabarito comentado: esse é justamente o conceito de vitimodogmática. Portanto, a assertiva está certa.

Já para a teoria mais **radical**, em alguns delitos, a vítima acaba não sendo merecedora da proteção penal, por não observar os deveres mínimos de cuidado e de autoproteção, em especial em delitos sem violência ou grave ameaça, como no estelionato, por exemplo, em que a vítima acaba caindo em golpes por ganância ou negligência. Nesse caso, seria possível a exclusão da responsabilidade penal, como corolário dos princípios da subsidiariedade e fragmentariedade.

4.3 SÍNDROMES ENVOLVENDO VÍTIMAS

4.3.1 Síndrome de Estocolmo

Trata-se da situação em que a vítima acaba desenvolvendo sentimentos positivos e afetivos com relação ao agressor. Ocorre principalmente em crimes que envolvem a segregação de liberdade, como sequestro, cárcere privado e extorsão mediante sequestro.

Decifrando a prova

(2014 – Vunesp – Polícia Civil/SP – Investigador de Polícia – Adaptada) Julgue o item a seguir:
Nos crimes de extorsão mediante sequestro, por exemplo, pode ocorrer a chamada Síndrome de Estocolmo, que consiste na identificação afetiva da vítima com o criminoso, pelo próprio instinto de sobrevivência.
( ) Certo   ( ) Errado
Gabarito comentado: de fato, a questão retrata a principal característica da Síndrome de Estocolmo – afeição da vítima com o criminoso. Portanto, a assertiva está correta.

A síndrome tem base no fato ocorrido da cidade de Estocolmo, na Suécia, em 1973. Houve uma tentativa de roubo a banco na cidade, que acabou sendo frustrada pela polícia, que chegou ao local enquanto os criminosos ainda estavam dentro da agência, ocasião em que fizeram três mulheres e um homem reféns na caixa-forte do banco. A ação acabou durando cinco dias e, no final do período, quando os delinquentes resolveram se entregar, os reféns, voluntariamente, decidiram formar um escudo humano para protegê-los.

Ademais, as vítimas continuaram ajudando os criminosos durante todo o processo, negando-se a prestar declarações sobre o crime e até mesmo buscando angariar dinheiro para patrocinar a defesa deles.

Uma das vítimas, inclusive, declarou-se apaixonada por um dos sequestradores, dizendo que esperaria ele cumprir sua pena para então se casarem.

Trata-se de uma conduta involuntária da vítima, que acaba misturando os sentimentos de medo, pânico, admiração e amor. Busca-se, pelo instinto de sobrevivência, o afeiçoamento da vítima com o criminoso.

Capítulo 4 ♦ Vitimologia 117

> **Decifrando a prova**
>
> **(2013 – Vunesp – Polícia Civil/SP – Atendente de Necrotério Policial – Adaptada)** Julgue o item a seguir:
> O afeiçoamento da vítima em relação ao criminoso sequestrador, interagindo com ele pelo próprio instinto de sobrevivência, é chamado, pela criminologia, de síndrome de Estocolmo.
> ( ) Certo   ( ) Errado
> **Gabarito comentado:** o item traz corretamente o conceito de síndrome de Estocolmo. Portanto, a assertiva está certa.

4.3.2 Síndrome de Londres

É a conduta da vítima inversa ao que ocorre na síndrome de Estocolmo. Nesse caso, a vítima acaba manifestando um sentimento de ódio, repulsa e raiva com relação aos criminosos. Adota-se um comportamento excessivamente agressivo, discutindo e afrontando os delinquentes. Tal conduta incontrolável acaba muitas vezes tendo desfechos trágicos, com a morte da vítima.

O nome também tem inspiração em um caso real, ocorrido na capital inglesa em 1980. Um grupo terrorista fez 16 diplomatas e funcionários reféns na embaixada iraniana. Entre os reféns estava um funcionário iraniano chamado Abbas Lavasani, que discutia fortemente com os terroristas e dizia que jamais se curvaria ao Aiatolá.

Em um dado momento do sequestro, os criminosos resolveram matar um refém para demostrar força à polícia que cercava o local. Acabaram matando Abbas.

> **Decifrando a prova**
>
> **(2014 – MPE/GO – Promotor de Justiça – Adaptada)** O Procurador de Justiça Rogério Greco preconiza que "no que diz respeito às ciências criminais propriamente ditas, serve a criminologia como mais um instrumento de análise do comportamento delitivo, das suas origens, dos motivos pelos quais se delinque, quem determina o que se punir, quando punir, como punir, bem como se pretende, com ela, buscar soluções que evitem ou mesmo diminuam o cometimento das infrações penais".
> No contexto da seara criminológica, analise a seguinte assertiva:
> A "síndrome de Londres" se evidencia quando a vítima, como instinto defensivo, passa a apresentar um comportamento excessivamente lamurioso, demasiadamente submisso e com pedido contínuo de misericórdia.
> ( ) Certo   ( ) Errado
> **Gabarito comentado:** pelo contrário, a vítima com síndrome de Londres passa a adotar um comportamento agressivo. Portanto, a assertiva está errada.

4.3.3 Síndrome da Mulher de Potifar

Trata-se do comportamento da mulher que, quando rejeitada amorosamente por um homem, acaba imputando a ele práticas criminosas, em especial de conotação sexual.

Tem origem na história bíblica de José. Segundo consta no livro de Gêneses, Capítulo 39, José ainda criança teria sido vendido por seus irmãos, por ciúmes, para egípcios. Com o passar do tempo, José, apesar de escravo, foi galgando posições, até se tornar auxiliar direto de Potifar, chefe da guarda real.

Potifar era casado e sua mulher acabou tendo atração sexual por José, que sempre se esquivava de suas investidas. Certo dia, a mulher o teria agarrado, momento em que ele conseguiu fugir, contudo deixando seu manto para trás. A mulher, frustrada pela rejeição, decide contar para Potifar que José tentou estuprá-la, mas que ela conseguiu evitar o delito. Para dar mais credibilidade à versão, mostrou inclusive o manto de José, que ela disse ter ele deixado para trás no momento do crime.

A teoria ganha especial relevância na persecução penal envolvendo crimes contra a dignidade sexual, que ocorre na maioria das vezes intramuros, sem deixar vestígios materiais (ou não são analisados no momento oportuno) e sem testemunhas. Assim sendo, a palavra da vítima ganha especial relevância, podendo levar à condenação do suspeito, quando tem verossimilhança.

Por isso, cabe aos responsáveis pela persecução penal – delegado de polícia, promotor de justiça e juiz, analisarem com cautela o caso concreto, evitando, portanto, injustiças, seja com a vítima, seja com o investigado.

Sublinhe-se que, apesar de na maioria das vezes envolver mulheres, a teoria pode também ser aplicada a homens, em especial pelo fato de também poderem figurar no lado passivo dos delitos contra a dignidade sexual, em especial com advento da Lei nº 12.015/2009.

> **Decifrando a prova**
>
> **(2014 – MPE/GO – Promotor de Justiça – Adaptada)** O Procurador de Justiça Rogério Greco preconiza que "no que diz respeito às ciências criminais propriamente ditas, serve a criminologia como mais um instrumento de análise do comportamento delitivo, das suas origens, dos motivos pelos quais se delinque, quem determina o que se punir, quando punir, como punir, bem como se pretende, com ela, buscar soluções que evitem ou mesmo diminuam o cometimento das infrações penais". No contexto da seara criminológica, analise a seguinte assertiva: A figura criminológica conhecida como "síndrome da Mulher de Potifar" pode ser utilizada como técnica de aferição da credibilidade da palavra da vítima nos crimes de conotação sexual.
>
> ( ) Certo ( ) Errado
>
> **Gabarito comentado:** a teoria da síndrome da Mulher de Potifar é parte da aferição pelas autoridades policial e judicial para mensurar a verossimilhança nas alegações de supostas vítimas de crimes sexuais. Portanto, a assertiva está certa.

4.3.4 Síndrome de Lima

Conforme visto, na síndrome de Estocolmo a vítima acaba desenvolvendo sentimentos positivos e afetivos com relação ao agressor. Na síndrome de Lima, ocorre o efeito psicológico contrário, dessa vez com o criminoso, ou seja, o agressor acaba por entender a condição da pessoa vitimizada e passa a guardar sentimentos positivos com a vítima.

A terminologia é derivada do sequestro à embaixada japonesa em 1996, em Lima, no Peru. Na oportunidade, membros do Movimento Revolucionário Tupac Amaru fizeram diversas pessoas reféns e, ao longo do tempo, começaram a libertá-las, tendo em vista que começaram a guardar certa compaixão aos sequestrados.

4.3.5 Síndrome de Oslo

Na síndrome de Oslo, o efeito psicológico do crime (agressão) transmite a ideia na vítima que, de fato, ela é merecedora de toda a violação a que está sendo infligida. Portanto, passa a acreditar que merece o castigo sofrido.

A síndrome é desenvolvida, principalmente, em situações de violência doméstica e familiar contra a mulher, onde passa a compreender que as violências sofridas são naturais ou que decorrem da sua condição de mulher, porquanto merecedora de castigo.

Nesse contexto, a síndrome de Oslo pode resultar na chamada cifra oculta da criminalidade, eis que a mulher, vítima de violência, acaba não denunciando o agressor, fato que intensifica o chamado ciclo da violência.

4.3.6 Síndrome de Otelo

A síndrome de Otelo é derivação da obra de Shakespeare Otelo, o Mouro de Veneza, de 1603. Na tragédia, Otelo é possuidor de um ciúme excessivo em relação a sua esposa Desdêmona e acaba a matando em razão dos ciúmes. Logo após, descobre que sua esposa, na verdade, sempre foi fiel e acaba se matando em razão dessa circunstância.

A síndrome de Otelo, também, está relacionada ao aumento excessivo de casos de feminicídio no Brasil, revelando uma cultura machista e andriarcal, onde o companheiro crê que a mulher é sua posse, como se fosse um bem, e acaba, muitas vezes, a agredindo em virtude de ciúmes excessivo.

4.3.7 Síndrome de Dom Casmurro

A síndrome de Dom Casmurro tem origem na obra de Machado de Assis, o qual narra a história de um jovem que crê que fora traído por sua esposa e que seu filho seria resultado de um adultério com outro rapaz, desenvolvendo, portanto, um quadro mental paranoico.

A referida síndrome aplica-se, mais precisamente, no processo penal, onde a imparcialidade é princípio reitor do sistema de justiça criminal, mas, por vezes, o Juiz acaba formando sua convicção antes mesmo da ação penal e, portanto, acaba por ignorar os elementos que possam beneficiar o réu e a valorizar, tão somente, os elementos informativos ou provas que são hábeis a condenação, ainda que tais elementos sejam fracos, do ponto de vista probatório.

Em razão da síndrome de Dom Casmurro e para reforçar o sistema acusatório, a Lei Anticrime (Lei nº 13.964/2019) trouxe a separação de dois juízos distintos no sistema processual penal: o primeiro denominado de juiz de garantias (suspenso pelas ADIs nºs 6.298, 6.299, 6.300 e 6.305), o qual vai exercer o controle da legalidade da investigação e atua até o recebimento da denúncia, e outro juiz que terá a incumbência de examinar o conjunto probatório já na ação penal e sentenciar.

4.3.8 Síndrome da Barbie

A síndrome da Barbie é uma alusão da mulher como objeto de desejo, nos mesmos termos da boneca Barbie (GONZAGA, 2018, p. 199), e que se reduz, invariavelmente, às tarefas domésticas, reproduzindo uma sociedade patriarcal e trazendo certo grau de inferioridade da mulher na sociedade.

Controle social – prevenção e reação à criminalidade no Estado Democrático de Direito

5.1 PREVENÇÃO DO DELITO NO ESTADO DEMOCRÁTICO DE DIREITO

Enquanto as teorias tradicionais da criminologia encaram o crime como sendo de origem estritamente pessoal, ou seja, causado pela própria e única opção do criminoso ou ainda em virtude de uma patologia (determinismo), a criminologia moderna a enxerga como sendo um fator mais complexo e tendo como origem diversas causas (social, autor, vítima etc.).

Nesse particular, atualmente, para a criminologia, o criminoso não é mais o foco central do fenômeno criminal.

No Estado Democrático de Direito a prevenção criminal é **integrante da agenda federativa**, passando por vários setores do Poder Público, **não se restringindo à Segurança Pública e ao Judiciário** (PENTEADO FILHO, 2014, p. 42), tendo como cerne sempre a dignidade da pessoa humana, princípio fundamental da República Federativa do Brasil, como se observa do inciso III do art. 1º da CF/1988.

Outrossim, tem-se que atualmente o maior foco deve **ser sempre na prevenção de delito, e não na sua repressão**.

5.1.1 Espécies de prevenção

A prevenção delitiva pode ser entendida como **o conjunto de ações que visam evitar a ocorrência do delito**. Elas ocorrem de várias maneiras e momentos. A prevenção criminal é de suma importância para se manter a pacificação social e a ordem pública.

A primeira classificação que podemos analisar é sob a ótica da **prevenção direta ou indireta**:

A **prevenção indireta** se caracteriza com um conjunto de ações que **visam atingir as causas do crime**. Assim sendo, cessadas as causas, cessam seus efeitos. É a representação do brocardo do latim *sublata causa tolitur efectus*. Essas ações **cuidam geralmente do indivíduo em si**, moldando sua personalidade para **evitar** a ocorrência do crime, com a cultura, esporte, por exemplo, e do ambiente em que ele está inserido, trazendo condições gerais que inibam o delito, como políticas públicas, oferta de emprego, programas sociais etc.

Busca-se, portanto, alterar meio no qual o indivíduo está inserido, na medida em que ele pode levá-lo à criminalidade. São múltiplos os fatores ambientais que influenciam na prática delitiva, como a globalização econômica, a criminalidade transnacional; associadas à desorganização dos meios de comunicação em massa, ao desequilíbrio social e à proliferação da miséria etc. Entretanto, esse mesmo meio pode estimular boas ações e oportunidades, seja por meio da urbanização das cidades, da desfavelização e do fomento de empregos; seja pela reciclagem profissional e pela educação pública, gratuita e acessível a todos. Essa é a ideia de prevenção indireta, agir por "outros caminhos" para evitar a delinquência.

 Decifrando a prova

(2018 – Cebraspe/Cespe – Polícia Civil/SE – Delegado de Polícia – Adaptada) No que se refere à prevenção da infração penal no Estado Democrático de Direito, julgue o item a seguir como certo ou errado.
Medidas indiretas de prevenção delitiva visam atacar as causas do crime: cessada a causa, cessam seus efeitos.
( ) Certo   ( ) Errado
Gabarito comentado: trata-se corretamente do conceito de prevenção indireta. Portanto, a assertiva está certa.

Já a **prevenção direta** é voltada **para o crime em si**, seja em formação ou para evitar que ele ocorra novamente. Possui o foco na infração penal *in itinere* ou em formação – *iter criminis*.

É o que ocorre por exemplo na atuação da polícia ostensiva, na criação de mecanismos legais que evitem a impunidade, o investimento em polícia judiciária etc.

Assim sendo, a prevenção delituosa deve alcançar, portanto, várias esferas. Daí surgem as prevenções: **primária**, **secundária** e **terciária**, podendo ser todas de cunho direto ou indireto, a depender do caso, sendo complementares e podem ser exercidas concomitantemente. Essas são as mais importantes para fins de concurso público.

A **prevenção primária** é a realizada **antes** que o crime ocorra. Baseia-se em garantir condições sociais para que o indivíduo não venha a delinquir. Nesse ponto, está mais associada com a noção de prevenção indireta, que já analisamos. Educação, saúde, emprego, segurança, cultura. São ações, geralmente por parte do Estado, para que sejam garantidos direitos sociais básicos. São destinas **a toda a sociedade**, indistintamente.

A prevenção **primária** se caracteriza pelo trabalho de conscientização social por meio de prestações positivas e intervenções na sociedade, capacitando e fortalecendo os vínculos dos cidadãos. Tem como principal objetivo trazer qualidade de vida para a população e no longo prazo isso acaba gerando condições sociais que afastam as pessoas do crime. Perceba que o detalhe mais relevante é que as ações não têm como foco um grupo específico, seja um bairro, uma cidade, um grupo; não, o foco aqui é o corpo social como um todo. Busca-se atacar a origem do crime, neutralizando-o.

Decifrando a prova

(2013 – Cebraspe/Cespe – Polícia Federal – Delegado de Polícia Federal – Adaptada) No que se refere à prevenção da infração penal, julgue o item a seguir em certo ou errado.

Ações como controle dos meios de comunicação e ordenação urbana, orientadas a determinados grupos ou subgrupos sociais, estão inseridas no âmbito da chamada prevenção secundária do delito.

( ) Certo   ( ) Errado

Gabarito comentado: trata-se de um exemplo clássico de prevenção secundária. Observe que a palavra-chave é "determinado". Portanto, a assertiva está certa.

(2021 – Cespe/Cebraspe – Polícia Federal – Delegado de Polícia Federal) No que se refere à criminologia, julgue o item a seguir.

Prevenção primária consiste na implementação de medidas sociais indiretas de prevenção para evitar que fatores exógenos sirvam como estímulo à prática delituosa.

( ) Certo   ( ) Errado

Gabarito comentado: medidas sociais indiretas são aquelas que atuarão nas raízes dos problemas – educação, trabalho, moradia, entre outras. Portanto, a assertiva está certa.

Já a **prevenção secundária**, por seu turno, atua em momento diverso. Aqui a prevenção tem como foco **setores sociais que já tenham maior probabilidade** de envolvimento criminal. Como por exemplo as comunidades carentes de grandes centros urbanos. As ações são voltadas **para um grupo social**, e não a um indivíduo em especial. Por exemplo, ação policial, controle por câmeras, programas de apoio, controle da mídia etc.

Assim sendo, a prevenção secundária entra em ação na iminência do delito acontecer ou depois que já ocorreu. Esse conceito acaba sendo bastante ligado com o de prevenção direta, estudado a pouco. Contudo, chamo sua atenção para ao fato de a prevenção secundária **não ter como objeto a pessoa do criminoso**. Não se trata de cuidar de um indivíduo determinado, mas sim de **grupos** sociais vulneráveis, com maior propensão ao crime.

São estratégias que ocorrem, em geral, em médio ou curto prazo, buscando trazer resultados mais rápidos. Tem como características a participação do Estado por meio das operações policiais, apoio a ONGs que operam em comunidades carentes etc.

Decifrando a prova

(2019 – Cebraspe/Cespe – Defensoria Pública/DF – Defensor Público – Adaptada) Como ações profiláticas contra o crime, a doutrina apresenta uma série analítica de prevenções, incidente no Estado Democrático de Direito.

A respeito de prevenção, julgue o item seguinte em certo ou errado.

> A prevenção secundária do delito ocorre por meio de implementação de medidas efetivas voltadas à ressocialização do apenado.
> ( ) Certo ( ) Errado
> **Gabarito comentado:** a prevenção secundária se opera buscando controlar setores determinados da sociedade. Portanto, a assertiva está errada.
>
> **(2018 – Vunesp – Polícia Civil/BA – Delegado de Polícia – Adaptada)** Julgue o item a seguir:
> Construção de uma praça com equipamentos de lazer em uma comunidade com altos índices de criminalidade e de vulnerabilidade social com o fim de evitar que jovens daquele local, em especial em situação de risco, envolvam-se com a criminalidade é um exemplo de prevenção de infrações penais preponderantemente primária.
> ( ) Certo ( ) Errado
> **Gabarito comentado:** o exemplo citado é de prevenção secundária. Perceba que se trata da uma área determinada. Portanto, a assertiva está errada.

Por fim, há ainda a chamada **prevenção terciária**, que incide sobre **o já criminoso**, evitando a **reiteração** delitiva. Ocorre quando as outras prevenções **já falharam**, atuando no próprio sistema prisional, visando a regeneração do indivíduo. São ações como: terapias, profissionalização, prestação de serviços comunitários, liberdade assistida, dentre outras.

A prevenção terciária **age única e exclusivamente sobre a pessoa** do condenado, tendo forte cunho punitivista, e busca simplesmente evitar a reiteração delitiva, a partir da ressocialização do preso. Sofre duras críticas, na medida em que, de todas as modalidades de prevenção, acaba sendo a mais falha, em especial em nosso sistema carcerário caótico. Ademais, trata-se de medidas insuficientes e parciais, pois não atingem a origem do crime, mas apenas seus sintomas.

Decifrando a prova

> **(2019 – Cebraspe/Cespe – Defensoria Pública/DF – Defensor Público – Adaptada)** Como ações profiláticas contra o crime, a doutrina apresenta uma série analítica de prevenções, incidente no Estado Democrático de Direito. A respeito de prevenção, julgue o item seguinte em certo ou errado.
> A prevenção terciária do delito aponta suas diretrizes ao efetivo implemento das políticas sociais pelo estado social de direito, que consiste na adoção de medidas mais eficazes de prevenção ao delito.
> ( ) Certo ( ) Errado
> **Gabarito comentado:** a prevenção terciária ocorre sobre o criminoso. Busca-se evitar a reiteração delitiva. Portanto, a assertiva está errada.

Prevenções

Primária	• Antes que o crime ocorra (de forma geral) em toda a sociedade. • Garantir condições sociais para que o indivíduo não venha a delinquir.
Secundária	• Foca em setores sociais que já tenham maior probabilidade de envolvimento criminal. • As ações são voltadas a um **grupo** social e não a um indivíduo em especial.
Terciária	• Incide sobre o já criminoso, evitando a reiteração delitiva. • Atuando no próprio sistema prisional, visando a regeneração do indivíduo.

Decifrando a prova

(2018 – Cebraspe/Cespe – Polícia Civil/SE – Delegado de Polícia) No que se refere à prevenção da infração penal no Estado Democrático de Direito, julgue o próximo item como certo ou errado.

A prevenção terciária da infração penal consiste em medidas de longo prazo, como a garantia de educação, a redução da desigualdade social e a melhoria das condições de qualidade de vida, enquanto a prevenção primária é voltada à pessoa reclusa e visa à sua recuperação e reintegração social.
( ) Certo   ( ) Errado
Gabarito comentado: os conceitos de prevenção primária e terciária estão invertidos. Portanto, a assertiva está errada.

5.1.2 Instâncias de controle da criminalidade

As instâncias de controle da criminalidade funcionam como verdadeiros filtros, buscando evitar e reprimir a ocorrência de delitos. **Dividem-se em controle formal e informal**.

Controle **informal** é aquele exercido **pela própria sociedade**, como família, escola, igreja. Trata-se de forma de disciplinar o indivíduo por meio de um largo e sutil processo de socialização, interiorizando ininterruptamente no indivíduo as pautas e conduta. O controle informal **é apontado como mais efetivo**, pois é ininterrupto e onipresente, o que ajuda a explicar os níveis mais baixos de criminalidade nas pequenas cidades do interior, onde é mais forte, onde há mais laços familiares e sociais.

Decifrando a prova

(2010 – MPE/GO – Promotor de Justiça – Adaptada) Sobre os conceitos básicos da criminologia, diga se a afirmativa a seguir é certa ou errada.

O controle social é o conjunto de instituições, estratégias e sanções sociais que pretendem promover e garantir a convivência interna de seus membros, segundo modelos e normas comunitários. Divide-se em instância formal e informal, atuando aquela subsidiariamente em relação à última, tendo em vista sua maior efetividade.

( ) Certo   ( ) Errado

Gabarito comentado: o conceito de controle formal e informal e sua preferência de incidência contido na assertiva está correto.

O controle **formal** é aquele exercido pelas **instituições oficiais do estado**, como Polícia, Poder Judiciário e Ministério Público. Entra em funcionamento quando as instâncias informais de controle falham. O ideal é que o crime acabe contido ainda nas instâncias **informais** de controle, funcionado subsidiariamente em relação à instância formal, tendo em vista **sua maior efetividade**, contudo quando esta falha, entra em atuação o controle formal.

Atuam de modo coercitivo (violento) e impõe sanções mais estigmatizantes, que atribuem ao infrator da norma um singular *status* de desviado, perigoso ou delinquente.

O controle formal é eminentemente **repressivo**, enquanto o controle informal é **preventivo**.

Dentro do controle formal, podemos ainda elencar **as fases ou seleções das instituições**, agindo cada qual em um momento distinto da persecução penal.

- 1ª fase (seleção) – **controle primário: polícia.**
- 2ª fase (seleção) – **controle secundário: Ministério Público.**
- 3ª fase (seleção) – **controle terciário: Poder Judiciário.**

Relembre as principais caraterísticas do controle social formal e informal:

	Controle social informal	Controle social formal
Agentes	Família, escola, religião, clubes recreativos, opinião pública etc.	Polícia, Ministério Público, Poder Judiciário, administração penitenciária.
Momento	Disciplina o indivíduo por meio de um largo e sutil processo de socialização, interiorizando ininterruptamente no indivíduo as pautas e conduta.	Entra em funcionamento quando as instâncias informais de controle falham.

	Controle social informal	**Controle social formal**
Estratégias	Distintas estratégias (prevenção, repressão, ressocialização etc.) e diferentes modalidades de sanções (positivas, como recompensas, e negativas, como punições).	Atua de modo coercitivo (violento) e impõe sanções mais estigmatizantes, que atribuem ao infrator da norma um singular *status* (de desviado, perigoso ou delinquente).
Efetividade	a. Costuma ser mais efetivo, porque é ininterrupto e onipresente, o que ajuda a explicar os níveis mais baixos de criminalidade nas pequenas cidades do interior, onde é mais forte. b. O enfraquecimento dos laços familiares e comunitários explica em boa medida a escassa confiança depositada na sua efetividade.	a. A eficaz prevenção do crime não depende tanto da maior efetividade do controle social formal, senão da melhor integração do controle social formal e informal. b. O controle razoável e eficaz da criminalidade não pode depender exclusivamente da efetividade das instâncias do controle social, pois a intervenção do sistema legal não incide nas raízes do delito.

5.1.3 Modelos teóricos de prevenção ao delito

Existem basicamente dois modelos teóricos de prevenção ao delito, quais sejam, o **modelo clássico** e o **modelo neoclássico**.

No **modelo clássico** o foco central é a pena e seu caráter intimidatório, ou seja, penas altas e rigorosas. Esse modelo, atualmente, sofre uma série de críticas, como por exemplo, sua simplicidade, o fato de a capacidade preventiva de um meio não depender de sua natureza, mas sim dos efeitos que propriamente produz, por ser um modelo de intervenção estatal com custos muito elevados para a população etc.

O **modelo neoclássico**, por seu turno, dá mais atenção à efetividade do funcionamento do sistema jurídico-penal, em detrimento à severidade de penas abstratamente consideradas. Tem como argumentos dos defensores do sistema que investimentos e melhorias no sistema de justiça seria mais eficiente que penas mais duras, sem aplicabilidade. Assim, com melhores salários aos policiais, mais qualificação, mais juízes, promotores, mais e melhores presídios etc., teríamos uma melhor estratégia para prevenção da criminalidade. Por outro lado, tal modelo também tem críticas, como o fato de o sistema legal em si não garantir a prevenção do delito, na medida em que não enfrenta efetivamente a gênese criminal. Além disso, não seria adequado atribuir o aumento ou queda da criminalidade ao investimento no sistema legal, pois o problema é muito mais complexo que isso, envolvendo diversas variáveis (SUMARIVA, 2019, p. 200).

5.2 PREVENÇÃO SITUACIONAL

A prevenção situacional leva em conta, basicamente, que o crime é seletivo e ocorre em situações em que há maiores oportunidade. Busca-se, portanto, diminuir essas oportunidades, com a alteração no cenário no qual o crime ocorre, como com a instalação de câmeras de segurança, instalação de cercas elétricas, iluminação adequada, segurança privada etc.

> **Decifrando a prova**
>
> **(2014 – Vunesp – Polícia Civil/SP – Fotógrafo Técnico-Pericial)** Julgue o item a seguir:
> A modalidade preventiva que cuida da diminuição das oportunidades que influenciam na vontade delitiva, dificultando a prática do crime é chamada de prevenção situacional.
> ( ) Certo ( ) Errado
> **Gabarito comentado:** trata-se do conceito de prevenção situacional. Lembre-se do ditado "a ocasião faz o ladrão". Portanto, a assertiva está certa.

Pode-se dividir a prevenção situacional, ainda, em **prevenção situacional da recompensa** e do **sentimento de culpa do infrator**.

A primeira se baseia em medidas que desestimulem a prática criminosa por se **reduzir os benefícios** do crime. Exemplo é a instalação de dispositivos de tintas antifurtos em caixas eletrônicos. O delinquente acaba desistindo da prática criminosa, por saber que não terá a recompensa esperada pelo crime.

Já a prevenção situacional pelo **sentimento de culpa do infrator** busca apelar para sua conscientização, reforçando a condenação moral pelo delito. É utilizada em campanhas educativas como de desestímulo ao uso de drogas, direção e álcool, anticorrupção, ou seja, utilização de medidas que influenciem na moral e na construção de normas de conduta.

5.3 MODELOS DE REAÇÃO AO DELITO

Os modelos de **reação** ao delito, são os programas escolhidos para controlar a criminalidade, por meio da política criminal e do próprio direito penal. Com a prática de um crime temos uma reação no corpo social, materializado pelo Estado.

Há basicamente três modelos: a) **dissuasório** (clássico ou retributivo); b) **ressocializador**; e c) **restaurador**.

O **modelo dissuasório (clássico ou retributivo)** tem como foco a punição do criminoso. Essa punição deve ser intimidatória ao proporcional dano causado. Neste modelo, **os protagonistas são o Estado e o criminoso**, sendo a vítima e a sociedade excluídas do processo. Aqui busca-se persuadir o delinquente para que não cometa delitos a partir da intimidação, ou seja, medo da punição que lhe pode ser atribuída.

> ### Decifrando a prova
>
> **(2019 – Cebraspe/Cespe – Defensoria Pública/DF – Defensor Público)** Com relação às teorias da criminologia e à prevenção da infração penal no Estado Democrático de Direito, julgue o item a seguir acerca dos modelos de reação ao delito como certo ou errado.
> O modelo integrador baseia-se na ideia do criminoso racional, que, ao ponderar os malefícios do castigo pelo crime cometido, opta por respeitar a lei, especificamente diante da eficácia da lei e dos métodos de tratamento penitenciário.
> ( ) Certo   ( ) Errado
> **Gabarito comentado:** o conceito apresentado é do modelo dissuasório, clássico ou retributivo. Portanto, a assertiva está errada.

Já o **modelo ressocializador** tem atuação na pessoa do delinquente. A finalidade da punição criminal não é apenas o castigo (modelo dissuasório), mas também **a ideia de reinserir o criminoso na sociedade**. Aqui a sociedade tem papel fundamental no processo. Contudo, **a vítima continua tendo pouca importância**.

Por fim, o **modelo restaurador (ou integrador)**, também conhecido como justiça restaurativa, tem o foco de **restabelecer a situação anterior à prática do crime** (*status quo ante*). Assim a finalidade é restaurar o criminoso, ajudar a vítima e ainda restabelecer a ordem social abalada. Nesse modelo de reação ao delito a finalidade precípua não é punir o criminoso, mas sim solucionar o problema criminal a partir da conciliação entre as partes, por isso **a vítima passa a ter participação fundamental**. É o que acontece por exemplo nos crimes de menor potencial ofensivo nas ações penais de competência dos juizados criminais especiais (Lei nº 9.099/1995).

> ### Decifrando a prova
>
> **(2017 – Cebraspe/Cespe – Polícia Civil/GO – Delegado de Polícia – Adaptada)** Julgue o item a seguir:
> Em busca do melhor sistema de enfrentamento à criminalidade, a criminologia estuda os diversos modelos de reação ao delito.
> Para a criminologia, as medidas despenalizadoras, com o viés reparador à vítima, condizem com o modelo integrador de reação ao delito, de modo a inserir os interessados como protagonistas na solução do conflito.
> ( ) Certo   ( ) Errado
> **Gabarito comentado:** de fato, a justiça integrativa tem por finalidade colocar a vítima como participante real do conflito. Na busca, sobretudo, da reparação dos danos. Portanto, a assertiva está correta.

> **(2015 – Vunesp – Polícia Civil/CE – Delegado de Polícia – Adaptada)** Julgue o item a seguir:
> Em relação aos modelos teóricos de reação social ao delito, existem três os modelos: o dissuasório, o ressocializador e o integrador; o primeiro, também conhecido como modelo clássico, tem o foco na punição do criminoso, procurando mostrar que o crime não compensa; o segundo tem o foco no criminoso e sua ressocialização, procurando reeducá-lo para reintegrá-lo à sociedade; e o terceiro, conhecido como justiça restaurativa, que defende uma intervenção mínima estatal em que o sistema carcerário só atuará em último caso.
> ( ) Certo   ( ) Errado
> **Gabarito comentado:** a assertiva resume bem os três modelos apresentados de reação ao delito. Portanto, está certa.

5.4 PENALOGIA E A PREVENÇÃO E REPRESSÃO AO DELITO

A penalogia é um ramo da criminologia que se dedica ao estudo geral das penas, sua aplicação e efetividade. O termo foi criado pelo eminente professor alemão de direito penal Franz von Liszt (1851- 1919).

O uso da pena como meio de sanção é parte integrante da própria evolução da criminologia e do direito penal, como já estudamos no Capítulo 2, passando pela vingança privada, vingança pública, pela barbárie e aplicações mais humanitárias.

Umas das principais obras sobre o tema é a do sociólogo francês Michel Foucault, que publicou, em 1975, o livro *Vigiar e Punir: nascimento da prisão*, o qual analisa os mecanismos que promoveram mudanças significativas nos sistemas penais do Ocidente. Trata também da vigilância e das formas de punições promovidas por instituições como prisões, hospitais e escolas, ou seja, pelas instâncias formais e informais de controle.

De forma ampla e genérica, podemos dizer que a pena é uma retribuição que recebe aquele que viola as normas postas, culminando em privação de seus bens jurídicos, como o patrimônio e liberdade.

Trata-se de tema estudo de maneira mais aprofundada e dogmática no campo do próprio direito penal, com sua aplicação, princípios, conceitos etc. Por aqui, vamos no limitar a traçar os principais tópicos, em especial para concursos públicos, dentro da cobrança em criminologia.

5.4.1 Teorias da pena

De maneira geral, podemos dividir as teorias das penas em dois grandes grupos: **as teorias legitimadoras e as teorias deslegitimadoras**. De um lado, as teorias legitimadoras que afirmam **que a pena cumpre algumas funções manifestas**, ou seja, aquelas que o discurso penal diz que devem cumprir. Nessas, a pena é dirigida a uma finalidade ampla de defesa e paz social. Dentro das teorias legitimadoras, temos uma nova divisão: **as teorias absolutas e**

relativas. Por sua vez, as teorias relativas podem ser: **teoria da prevenção geral**, e **teoria da prevenção especial**. Ainda, ambas as teorias relativas (prevenção geral ou especial) possuem suas correntes negativas e positivas.

Há ainda que se salientar a existência das **teorias unitárias** (ou mistas), em que se tenta compatibilizar as teorias absolutas com as relativas, como veremos adiante.

Por fim, de modo geral, as **teorias deslegitimadoras**, por seu turno, abominam a intervenção do Estado com a aplicação do direito de punir. Desacredita-se a suposta eficiência do sistema penal como legitimante do controle social. Entre essas teorias, destaque para o abolicionismo penal e o minimalismo radical.

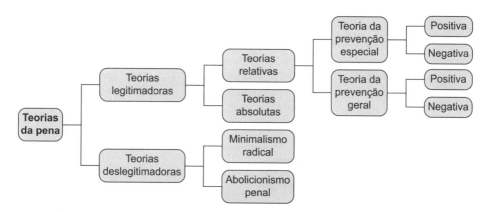

5.4.1.1 Teorias absolutas

As **teorias absolutas** fundamentam a sanção penal na mera retribuição ao delito perpetrado, sendo aplicada por necessidade ética (Kant) ou jurídica (Hegel), assim sendo, aponta que a função da pena é unicamente a **retribuição** estatal pela violação da norma penal. Aquele que pratica um delito deve receber uma punição – *punitur quia peccatum est*. É chamada de absoluta, **pois a pena tem a única finalidade de punir**, retribuir o crime cometido, ou seja, mero instrumento de vingança do Estado frente ao delinquente.

 Decifrando a prova

(2019 – Cebraspe/Cespe – Tribunal de Justiça Desportiva/DF – Notário e Registrador – Adaptada) Julgue o item a seguir:
As teorias da pena buscam explicar a finalidade a ser alcançada por meio das sanções penais. Segundo a teoria absoluta, a pena tem a finalidade de prevenir o delito, por meio de medidas aflitivas e ressocializadoras, de modo a evitar o cometimento de novos crimes.
( ) Certo   ( ) Errado
Gabarito comentado: segundo a teoria absoluta, a pena tem a única finalidade de punir, retribuir o crime cometido. Portanto, a assertiva está errada.

A ideia da justiça é secundária, uma vez que a finalidade principal da pena é a retribuição do mal causado. Zaffaroni, Nilo Batista, Alagia (2003, p. 115) resumem os propósitos das teorias absolutas:

> As teorias absolutas (cujo modelo é Kant) tendem a: a) retribuir; b) para garantir externamente a eticidade; c) quando uma ação objetivamente a contradiga; e d) infligindo um sofrimento equivalente ao injustamente produzido (talião).

É possível dizer que as teorias absolutas possuem uma inclinação idealista, ou seja, não se trata da função da pena e do direito penal como eles são, mas como deveria ser. Paulo Queiroz (2005, p. 19) afirma que:

> Convém dizer que, tanto em Kant quanto em Hegel, a justificação da pena é uma justificação "idealista". Significa dizer que o direito penal de que aí se trata não é o direito como ele é, mas como deve ou deveria ser, idealmente falando. Daí porque, ainda que tal fundamentação do direito de punir não tenha correspondência na realidade jurídica, nem por isso tal teorização perde o seu significado e o seu valor.

Decifrando a prova

(2019 – Fundep – Defensoria Pública/MG – Defensor Público – Adaptada) Julgue o item a seguir:
Para a teoria absoluta da pena, a pena se justifica não para retribuir o fato delitivo cometido, mas, sim, para prevenir a sua prática. Vale dizer que a pena se impõe para que não volte a delinquir e, não, pelo simples fato de ter delinquido.
( ) Certo   ( ) Errado
Gabarito comentado: segundo a teoria absoluta, a pena tem a única finalidade de punir, retribuir o crime cometido. Portanto, a assertiva está errada.

A teoria kantiana era contrária à ideia de qualquer conclusão que possa levar a pena a possuir qualquer função preventiva. Punir o indivíduo para que este sirva de exemplo aos demais seria um erro teratológico. Há uma recusa completa em qualquer forma de instrumentalização do homem para servir a sociedade, pois desta forma o homem seria um mero objeto a serviço do poder punitivo e perderia toda a sua identidade.

Nessa esteira, Gamil Föppel (2004, p. 16) cita literalmente os ensinamentos de Kant:

> A pena jurídica, *poena forensis*, não pode nunca ser aplicada como um simples meio de procurar outro bem, nem em benefício do culpado ou da sociedade, mas deve ser sempre contra o culpado pela simples razão de haver delinquido: porque jamais um homem pode ser tomado como instrumento dos desígnios de outro, nem ser contado no número das coisas como objeto de direito real.

Decifrando a prova

(2013 – MPE/MS – Promotor de Justiça – Adaptada) Julgue o item a seguir:
As denominadas teorias absolutas da pena consideram que a pena se esgota na ideia de pura retribuição, tem como fim a reação punitiva, ou seja, responde ao mal constitutivo do delito com outro mal que se impõe ao autor do delito. Kant, um dos seus principais defensores, considerava que a exigência da pena derivava da ideia de justiça.
( ) Certo   ( ) Errado
Gabarito comentado: as teorias absolutas da pena apregoam que a sanção penal serve como meio de se garantir justiça, jamais admitido a instrumentalização do indivíduo. Portanto, a assertiva está certa.

Já para Hegel, outro adepto da teoria absoluta, a pena não é usada para fazer justiça. Para ele, em verdade, a pena seria a reafirmação do direito. **O crime é a negação do direito, ou seja, o delito fere o ordenamento jurídico.** Portanto a pena é a negação do crime, esta seria a negação da negação, e, como a negação da negação resulta na afirmação, **conclui-se que a pena é a reafirmação do direito.**

A pena para Hegel apresenta-se, em conclusão, como condição racional inerente à existência do próprio direito, que não pode permanecer sendo direito senão pela negação da vontade particular do delinquente, representada pelo delito, pela vontade geral (da sociedade) representada peça lei.

Atenção

* **Pontos positivos da teoria absoluta:** impede a instrumentalização do indivíduo e delimita o marco do poder punitivo, de acordo com a culpabilidade do autor.
* **Ponto negativo da teoria absoluta:** mal da pena se torna o mal do delito, o Estado incapaz de eliminar o mal causado pelo delito.

5.4.1.2 Teorias relativas

Já para as **teorias relativas**, a pena se apresenta com um caráter **preventivo**, ou seja, evita que novos crimes ocorram – *punitur ne peccetur* –, ficando a questão da retribuição ao delito praticado em segundo plano. Assim sendo, a pena tem um fim prático e imediato de prevenção geral ou especial do crime, não se justificando por si mesma, mas apenas na medida em que se cumprem os fins legitimadores do controle de delinquência.

Ao contrário das teorias absolutas, as teorias relativas não possuem uma finalidade em si mesma. Estas teorias dão uma finalidade a pena – **prevenção e ressocialização**. Essas teorias são subdividas em **prevenção geral e especial**. A teoria da prevenção geral explica que a pena tem como fim punir o sujeito para que este sirva de exemplo aos demais. Já a seguinte afirma que a pena tem função ressocializadora. As teorias da prevenção geral e especial ainda são subdividas em prevenção geral positiva e negativa (QUEIROZ, 2005, p. 23).

> **Decifrando a prova**
>
> **(2019 – Fundep – Defensoria Pública/MG – Defensor Público – Adaptada)** Julgue o item a seguir:
> A característica essencial da teoria relativa da pena consiste em conceber a pena como um mal, um castigo, como retribuição ao mal causado por meio do delito, de modo que sua imposição estaria justificada, não como meio para o alcance de fins futuros, mas pelo valor axiológico intrínseco de punir o fato passado.
> ( ) Certo ( ) Errado
> **Gabarito comentado:** pelo contrário, para as teorias relativas, a pena se apresenta com um caráter preventivo, ficando a questão da retribuição ao delito praticado em segundo plano. O conteúdo trazido na assertiva é das teorias absolutas. Portanto, a assertiva está errada.

5.4.1.3 Teorias da prevenção geral

As teorias da prevenção geral são destinadas sociedade em geral, isto é, a pena é aplicada em função de toda uma sociedade para que esta presencie o sofrimento e dor daquele cidadão e se intimide para que não cometa crimes. Significa que aquele sujeito que cometeu um delito acaba servindo de exemplo para que os demais não cometam crimes, caso contrário sofrerão a mesma punição que o criminoso (QUEIROZ, 2005, p. 23).

As teorias da prevenção geral dividem-se em **prevenção geral negativa** e **prevenção geral positiva**.

A **prevenção geral negativa** tem como finalidade desmotivar outros indivíduos a cometerem crimes. Chama-se prevenção geral porque se destina não ao criminoso, mas à coletividade em geral. Na concepção do filósofo alemão Feuerbach (1804-1872), funda-se no caráter intimidatório da pena sobre os destinatários das normas jurídicas. O autor, que é um dos maiores defensores da teoria, aduz que a função da pena seria uma **coação psicológica** que combateria esta tentação que é o delito.

> **Decifrando a prova**
>
> **(2014 – MPE/SC – Promotor de Justiça)** Julgue o item a seguir:
> Conforme a teoria da prevenção geral negativa, a finalidade da pena consiste em fazer com que o autor desista de cometer novas infrações, assumindo assim caráter ressocializador e pedagógico.
> ( ) Certo ( ) Errado

> **Gabarito comentado:** é a teoria da prevenção especial negativa que tem a finalidade de em fazer com que o autor desista de cometer novas infrações, assumindo assim caráter ressocializador e pedagógico. Portanto, a assertiva está errada.

Conforme ensina Paulo Queiroz (2005, p. 34), resumindo as ideias de Feuerbach:

> Por conseguinte, fim da pena **não pode ser**, segundo Feuerbach: a) a prevenção contra futuros delitos de alguém em particular; b) nem retribuição moral, porque esta pertence à ética e não ao direito, e porque tal pretensão seria fisicamente impossível; c) nem melhoramento moral, porque este seria o objetivo da expiação, porém não o objetivo da pena. (Grifos nossos.)

Decifrando a prova

(2019 – Fundep – Defensoria Pública/MG – Defensor Público – Adaptada) Julgue o item a seguir:
A prevenção geral positiva, na concepção de Feuerbach, traduz a ideia de que a pena é, efetivamente, uma ameaça da lei aos cidadãos para que se abstenham de cometer delitos, quer dizer, é uma "coação psicológica" com a qual se pretende evitar o fenômeno delitivo.
( ) Certo ( ) Errado
Gabarito comentado: é a teoria da prevenção geral negativa aquela em que a pena funciona como uma forma de coagir psicologicamente os cidadãos para que não pratiquem delitos. Portanto, a assertiva está errada.

Tal teoria acaba sendo criticada pois confunde o direito em geral e toda a ética social com o poder punitivo. Ademais, ao perceber a impotência da pena, o criminoso não se intimidaria, mas arrumaria formas elaboradas de enganar o Estado e cometer mais crimes.

Atenção

Crítica da prevenção geral: leva à instrumentalização do condenado, passando a ser um instrumento para a intimidação coletiva. Em razão da dignidade da pessoa humana, o ser humano sempre é um fim, e nunca um meio.

Nessa esteira é a lição de Zaffaroni, Batista e Alagia (2003, p. 117), a qual aduz que, a partir da realidade social, pode-se observar que a criminalização pretensamente exemplar que esse discurso persegue, pelo menos quanto ao grosso da delinquência criminalizada, isto é, quanto aos delitos com finalidade lucrativa, seguiria a regra seletiva da estrutura punitiva: recairia sempre sobre os vulneráveis.

Portanto, o principal argumento dissuasório estaria destinado a cumprir-se sempre sobre algumas pessoas vulneráveis e estar sempre referido aos delitos que elas costumam cometer, com algo grau de seletividade. Uma criminalização que seleciona as obras toscas não exemplifica dissuadindo o delito, mas sim da inabilidade em sua execução: estimula o aperfeiçoamento criminal do delinquente ao estabelecer o maior nível de elaboração delituosa como regra de sobrevivência para quem delinque. Não tem efeito dissuasivo, mas é propulsor de maior elaboração criminosa.

> **Decifrando a prova**
>
> **(2011 – MPDFT – Promotor de Justiça – Adaptada)** Julgue o item a seguir:
> A prevenção geral negativa, por meio da punição do autor do delito, tem por propósito desmotivar outros membros da sociedade a realizarem condutas similares.
> ( ) Certo ( ) Errado
> **Gabarito comentado:** esse é o cerne da teoria da prevenção geral negativa. Portanto, a assertiva está certa.

A **prevenção geral positiva** tem como foco em demonstrar a validade da atuação estatal e de suas leis, retirando a sensação de impunidade do corpo social. Assim sendo, a pena é vista como um instrumento de estabilização, com vistas a se reestabelecer a ordem social que fora abalada pela prática criminosa. Além disso, a pena acaba sendo também uma espécie de reafirmação do direito, trazendo a conscientização da sociedade de que as leis devem ser respeitadas.

> **Decifrando a prova**
>
> **(2011 – MPDFT – Promotor de Justiça – Adaptada)** Julgue o item a seguir:
> A teoria da prevenção geral positiva limitadora concebe o direito penal como um instrumento a mais de controle social, caracterizado pela sua formalização.
> ( ) Certo ( ) Errado
> **Gabarito comentado:** esse é o cerne da teoria da prevenção geral positiva limitadora. Portanto, a assertiva está certa.

Segundo jurista e filósofo do direito alemão Welzel (1904-1977), o direito penal tem como função a proteção de bens jurídicos e a garantia e reafirmação dos valores éticos e sociais. Quando um crime ocorre, o bem jurídico particular é atingido, não podendo o Estado voltar ao tempo e retornar ao *status quo ante*. O que resta agora é defender os interesses sociais para que estes não sejam contaminados. O direito penal conscientiza a sociedade, reafirmando o direito, fazendo com que esta seja fiel às leis. O próprio Welzel conclui que "a missão do direito penal é a proteção de bens jurídicos mediante a proteção dos elementares valores de ação ético-social" (QUEIROZ, 2005, p. 40).

Decifrando a prova

(2019 – Cebraspe/Cespe – TJDFT – Notário e Registrador – Adaptada) Julgue o item a seguir:
As teorias da pena buscam explicar a finalidade a ser alcançada por meio das sanções penais. De acordo com a teoria da prevenção geral positiva, a finalidade da pena é levar à comunidade os valores das normas e dos bens jurídicos tutelados pela lei penal.
( ) Certo   ( ) Errado
Gabarito comentado: a teoria da prevenção geral positiva tem como foco demostrar a validade da atuação estatal e de suas leis, retirando a sensação de impunidade do corpo social. Portanto, a assertiva está certa.

A principal crítica que a teoria acaba recebendo é que, ao utilizar o direito penal para a reafirmação do direito, acabaria por se criar um Estado arbitrário e em decorrência afetaria direitos fundamentais, como a dignidade da pessoa humana e o direito à liberdade.

Ademais, poder-se-ia concluir que a teoria da prevenção geral positiva possui elementos da teoria absoluta defendida por Hegel, pois, como já estudamos, para ele a pena serve para reafirmar o direito e realizar a justiça.

Na prática, tratar-se-ia de uma ilusão que se mantém porque a opinião pública a sustenta, e convém continuar sustentando-a e reforçando-a porque com ela o sistema penal se mantém: ou seja, o poder a alimenta para ser por ela alimentado (ZAFFARONI; BATISTA, ALAGIA, 2003, p. 122).

Decifrando a prova

(2019 – Fundep – Defensoria Pública/MG – Defensor Público – Adaptada) A prevenção geral negativa ou intimidatória assume a função de dissuadir os possíveis delinquentes da prática de delitos futuros por meio da ameaça de pena, ou predicando com o exemplo do castigo eficaz; a prevenção geral positiva assume a função de reforçar a fidelidade dos cidadãos à ordem social a que pertencem.
( ) Certo   ( ) Errado

> **Gabarito comentado:** o item elenca corretamente as caraterísticas primordiais das teorias da prevenção geral negativa e positiva. Enquanto na prevenção geral negativa o que se busca é intimidar os indivíduos sobre a aplicação da pena caso incorram em algum crime (a fim de desestimulá-los), na prevenção geral positiva o que se tem é a função de lembrar aos cidadãos sobre a ordem social que integram. Portanto, a assertiva está certa.

5.4.1.4 Teorias da prevenção especial

De maneira diversa das teorias da prevenção geral, as quais têm como foco a sociedade, as teorias da prevenção especial possuem objetivo definido no indivíduo. A pena atua sobre o criminoso para evitar que ele volte a cometer crimes (reincidência). Possui como objetivo principal a ressocialização do delinquente.

Estas teorias **não possuem caráter retribucionista nem visam dissuadir a sociedade** a não praticar delitos, somente se preocupam com a ressocialização do sujeito em isolado, ou seja, são **destinadas à própria pessoa do criminoso.**

Um dos principais defensores da teoria é o celebre Von Liszt, que advoga a pena como meio também de ressocialização. Isso acaba acontecendo, em sua visão, por meio de três medidas: **asseguramento, ressocialização** e **intimidação** (em relação ao delinquente).

A intimidação ocorre nas hipóteses do réu primário, sem antecedentes criminais e de boa conduta, cometer um crime. A pena seria uma espécie de advertência para esse criminoso eventual. A ressocialização se aplica aos casos do delinquente reincidente, que vem reiterando a prática de crimes. Von Liszt dizia ser a função da pena e do direito penal a proteção de bens jurídicos por meio da incidência da pena sobre a personalidade do delinquente, com a finalidade de evitar futuros delitos.

> **Decifrando a prova**
>
> **(2013 – MPDFT – Promotor de Justiça – Adaptada)** Julgue o item a seguir:
> A teoria da prevenção especial negativa tem por finalidade essencial evitar a reincidência do agente.
> ( ) Certo ( ) Errado
> **Gabarito comentado:** esse é o principal objetivo da prevenção especial negativa. Portanto, a assertiva está certa.

As teorias da **prevenção especial** também se subdividem em prevenção especial **positiva** e prevenção especial **negativa**.

A **prevenção especial negativa** tem como foco a proteção da sociedade por meio da neutralização do indivíduo. Ademais, tem como finalidade **intimidar o condenado para que ele não volte a violar a lei** (visa desestimular a reincidência).

A função é diferente da teoria absoluta, tendo um fim em si mesmo, mas preventiva, uma vez que se funda na ideia de intimidação a partir da neutralização do apenado, posto fora de circulação social e concebendo a consequência jurídica de seus atos, evitando-se novos ilícitos.

> **Decifrando a prova**
>
> **(2013 – MPE/MS – Promotor de Justiça – Adaptada)** Julgue o item a seguir:
> A teoria da prevenção especial negativa da pena busca a segregação do criminoso, com o fim de neutralizar a possível novação delitiva, tendo em Von Liszt um dos seus adeptos.
> ( ) Certo   ( ) Errado
> **Gabarito comentado:** o foco da prevenção especial negativa é segregar o indivíduo e buscar evitar a reiteração. Portanto, a assertiva está certa.

Já a **prevenção especial positiva** tem como finalidade principal recuperar, ou seja, ressocializar o condenado para que ele possa retornar ao seio social. A pena seria uma espécie de cura para este indivíduo enfermo, dominado pela doença do crime. Conforme ensina Paulo Queiroz em sua versão mais radical, a teoria da prevenção especial pretende a substituição da justiça penal por uma "medicina social", seja pela aplicação de medidas terapêuticas, visando ao tratamento do delinquente, tornando-o, por assim dizer, dócil, seja pela sua segregação, provisória ou definitiva, seja, ainda, submetendo-o a um tratamento ressocializador que lhe anule as tendências criminosas.

> **Decifrando a prova**
>
> **(2017 – FCC – Defensoria Pública/SC – Defensor Público – Adaptada)** Sobre as teorias da pena, a afirmativa a seguir é certa ou errada?
> A prevenção especial positiva relaciona-se com a concepção etiológica de crime.
> ( ) Certo   ( ) Errado
> **Gabarito comentado:** busca-se a origem do fenômeno criminal, ou seja, ressocialização do condenado. Portanto, a assertiva está certa.
>
> **(2014 – MPE/SC – Promotor de Justiça)** Julgue o item a seguir:
> Conforme a teoria da prevenção geral negativa, a finalidade da pena consiste em fazer com

> que o autor desista de cometer novas infrações, assumindo assim caráter ressocializador e pedagógico.
> ( ) Certo   ( ) Errado
> **Gabarito comentado:** a assertiva traz o conceito de prevenção especial negativa e positiva. Portanto, está errada.

Atenção

Crítica da prevenção especial: a pena e o direito penal assumem um papel educativo, que não pertencem a eles. Educar as pessoas é papel da família e da escola.

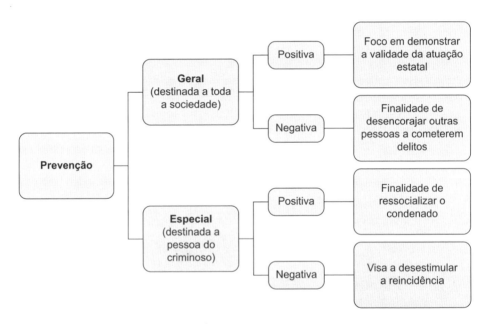

5.4.1.5 Teorias unitárias ou mistas

Por fim, as **teorias mistas**, ecléticas ou unificadoras, buscam mesclar as teorias absolutas e relativas. Veiculam a dúplice finalidade da pena: prestam-se **tanto a reprimir o criminoso** como a **prevenir a prática do crime**. A pena deve, portanto, castigar o criminoso que praticou um delito, quanto prevenir a prática de novos crimes, por parte de toda sociedade e do próprio condenado.

A partir desta junção objetiva-se alcançar um conceito único de pena. A teoria dialética unificadora do jurista alemão Claus Roxin e o garantismo do jurista italiano Luigi Ferrajoli são as duas espécies de teorias unitárias.

Trata-se da teoria acolhida pelo direito penal brasileiro, conforme se observa da parte final do art. 59 do Código Penal:

> o juiz, atendendo à culpabilidade, aos antecedentes, à conduta social, à personalidade do agente, aos motivos, às circunstâncias e consequências do crime, bem como ao comportamento da vítima, estabelecerá, **conforme seja necessário e suficiente para reprovação e prevenção do crime.** (Grifos nossos.)

> ### Decifrando a prova
>
> **(2019 – NC/UFPR – TJ/PR – Notário e Registrador)** Julgue o item a seguir:
> O Código Penal estabeleceu no artigo 59 diversos critérios para a fixação da pena, tais como culpabilidade, antecedentes, motivos, circunstâncias e consequências do crime. O referido texto legal também deixou claro que adotou uma posição oficial com relação ao fundamento da pena. Quanto ao fundamento da pena adotado no Código Penal, adota-se a teoria eclética ou mista.
> ( ) Certo   ( ) Errado
> **Gabarito comentado:** a teoria mista, eclética ou unificadora foi acolhida pelo direito penal brasileiro. Portanto, a assertiva está certa.

Quanto à aplicação da pena pode-se concluir que sua função é um misto da teoria da prevenção geral, que é limitada pelas garantias constitucionais, e a prevenção especial, que possui limite na culpabilidade.

Com relação à execução da pena, Roxin (1998, p. 41) acredita na ressocialização do delinquente, ou seja, utiliza-se a função da prevenção especial, mas claro, limitada pelos princípios e garantias constitucionais. O autor aduz que não é lícito ressocializar com a ajuda de sanções jurídicos penais pessoas que não são culpadas de agressões insuportáveis contra a ordem dos bens jurídicos, por mais degeneradas e inadaptadas que sejam essas pessoas. Caso este ponto de vista seja ignorado, estaremos sob a ameaça do perigo de uma associação coletivista que oprime o livre desenvolvimento da personalidade. As consequências da garantia constitucional da autonomia da pessoa devem, pois, respeitar-se igualmente na execução da pena. É proibido um tratamento coativo que interfira com a estrutura da personalidade, mesmo que possua eficácia ressocializante – o que é válido tanto quanto a castração de delinquentes sexuais, como quanto à operação cerebral que transforma contra a sua vontade o brutal desordeiro num manso e obediente sonhador.

> ### Decifrando a prova
>
> **(2010 – MPE/SP – Promotor de Justiça – Adaptada)** Julgue o item a seguir:
> A exposição de motivos da Parte Geral do Código Penal brasileiro, ao referir-se à finalidade da individualização da pena, à vista de sua necessidade e eficácia para reprovação e prevenção

> do crime, afirma que "nesse conceito se define a política criminal preconizada no Projeto, da qual se deverão extrair todas as suas lógicas consequências".
> O Código Penal adotou como um dos fundamentos da aplicação da pena o princípio da prevenção geral (art. 59), preconizado pelas teorias relativas.
> ( ) Certo   ( ) Errado
> **Gabarito comentado:** a teoria mista, eclética ou unificadora foi acolhida pelo direito penal brasileiro. Um dos fundamentos da teoria é justamente a teoria da prevenção geral. Portanto, a assertiva está certa.

Juarez Cirino dos Santos (2005, p. 34) acaba apontando diversas críticas negativas a respeito das teorias unitárias, na medida em que estas juntam os aspectos das teorias retributivas e das teorias da prevenção geral e especial, sem suprimir as falhas destas teorias.

A crítica, portanto, que recai sobre as teorias unificadas da pena, se dá pelo fato de que os defeitos das teorias isoladas não desaparecem com a reunião de funções, quais sejam: a) de compensar ou expiar a culpabilidade; b) de corrigir e neutralizar o criminoso; e c) de intimidar autores potenciais de manter/reforçar a confiança no Direito. Por exemplo, completar a função de retribuição com a função de prevenção especial ou geral significa admitir a insuficiência da retribuição sob forma de prevenção etc.

Além disso, a admissão de diferentes funções da pena criminal, composta pela cumulação de teorias contraditórias e reciprocamente excludentes, significa adotar uma pluralidade de discursos legitimantes, com o foco em racionalizar qualquer punição pela escolha da teoria mais adequada para o caso concreto.

Teorias relativas da pena		
Absoluta	**Relativa**	**Mista**
Sua função é unicamente a **retribuição**	Tem caráter **preventivo**	Deve castigar o criminoso que praticou um delito e prevenir a prática de novos crimes

Outra teoria que também podemos citar é a **teoria agnóstica** da pena, que tem como precursor Eugenio Raúl Zaffaroni, a qual sustenta que a única função efetivamente desempenhada pela pena seria a neutralização do condenado, especialmente quando a prisão acarreta seu afastamento da sociedade.

(2015 – FCC – DPE/SP – Defensor Público – Adaptada) Julgue o item a seguir:

> A teoria agnóstica da pena, elaborada por Eugenio Raúl Zaffaroni, revelou que a pena não tem qualquer função dentro do sistema de controle social forjado pelo direito penal.
> ( ) Certo   ( ) Errado
> **Gabarito comentado:** a função da pena para teoria agnóstica é a neutralização do condenado. Portanto, a assertiva está errada.

Assim sendo, a pena está apenas cumprindo o papel degenerador da neutralização, já que empiricamente comprovada a impossibilidade de ressocialização do apenado. Nessa esteira, a pena não assume papel nem de retribuição, nem de prevenção do delito, servindo única e exclusivamente para segregar o delinquente da sociedade.

> **Decifrando a prova**
>
> **(2019 – Cebraspe/Cespe – TJ/SC – Juiz Estadual – Adaptada)** Julgue o item a seguir:
> O estudo das teorias relaciona-se intimamente com as finalidades da pena. Nesse sentido, a teoria que sustenta que a única função efetivamente desempenhada pela pena seria a neutralização do condenado, especialmente quando a prisão acarreta seu afastamento da sociedade, é a teoria agnóstica.
> ( ) Certo   ( ) Errado
> **Gabarito comentado:** a função da pena para teoria agnóstica é justamente o afastamento ou neutralização do condenado. Portanto, a assertiva está certa.

5.4.1.6 Teorias deslegitimadoras

As teorias deslegitimadoras abominam a intervenção do estado em punir os criminosos. Elas não acreditam na eficiência do sistema penal como legitimante do controle social, pois sabe-se que este sistema é precário e falido. Existem duas teorias deslegitimadoras: abolicionismo penal ou abolicionismo imediato e minimalismo radical ou abolicionismo mediato, que serão tratadas no Capítulo 6.

5.5 PROCESSO DE CRIMINALIZAÇÃO

Analisando sobre a égide da criminologia e da política criminal, a construção de um ordenamento jurídico penal importa na escolha, pelo Estado, daquelas condutas que ao seu ver são mais aviltantes e devem ser proibidas. Essa escolha é o que se chama de **criminalização primária**.

> **Decifrando a prova**
>
> **(2013 – Cebraspe/Cespe – Polícia Federal – Delegado de Polícia Federal – Adaptada)** No que se refere à prevenção da infração penal, julgue o item a seguir em certo ou errado.
> Na terminologia criminológica, criminalização primária equivale à chamada prevenção primária.
> ( ) Certo ( ) Errado
> **Gabarito comentado:** prevenção primária e criminalização primária são conceitos completamente diferentes. Portanto, a assertiva está errada.

Nesse momento, de maneira abstrata, o Estado **elenca e descreve aquelas condutas que julga passíveis de punição**. Em outras palavras, em um primeiro olhar, poder-se-ia afirmar que a lei penal vincularia todas as pessoas na medida em que ao prever de maneira abstrata a proibição de determinada conduta, qualquer pessoa que violasse a lei seria em tese por ela punida o que conferiria neutralidade à norma penal incriminadora.

> **Decifrando a prova**
>
> **(2013 – MPE/SC – Promotor de Justiça – Adaptada)** A criminalização primária, realizada pelos legisladores, é o ato e o efeito de sancionar uma lei penal material que incrimina ou permite a punição de determinadas pessoas; enquanto a criminalização secundária, exercida por agências estatais como o Ministério Público, Polícia e Poder Judiciário, consistente na ação punitiva exercida sobre pessoas concretas, que acontece quando é detectado uma pessoa que se supõe tenha praticado certo ato criminalizado primariamente.
> ( ) Certo ( ) Errado
> **Gabarito comentado:** a assertiva traz corretamente o conceito de criminalização primária e secundária, conforme visto.

Se de um lado, quanto à criminalização primária, pode-se afirmar que essa se opera no momento em que é criada a lei penal, a **criminalização secundária** se realiza na medida em que essa lei passa a ser aplicada. Zaffaroni, Batista e Alagia (2003, p. 44-46) observam que, em vista **da impossibilidade operacional de se concretizar todo o projeto de criminalização primária**, alternativa outra não resta às agências de controle senão a de operar em grande nível de **seletividade**, tanto no que concerne à proteção de potenciais vítimas, quanto no que diz respeito à criminalização dos agentes. Em vista dessa imposição seletiva o Estado acabará optando pela persecução daqueles crimes mais fáceis de investigar e punir, ante a seus erros operacionais ou fragilidades jurídicas dos agentes, ou seja, sempre os mais hipossuficientes nesses aspectos.

Francesco Carnelutti (1879-1965), eminente advogado e jurista italiano, afirmava que o direito é como a chuva que molha a todos, **exceto aqueles que possuem guarda-chuva.**

> **(2013 – MPE/GO – Promotor de Justiça – Adaptada)** Zaffaroni, Alagia, Slokar e Nilo Batista aduzem que a inevitável seletividade operacional da criminalização secundária e sua preferente orientação burocrática (sobre pessoas sem poder e por fatos grosseiros e até insignificantes) provocam uma distribuição seletiva em forma de epidemia, que atinge apenas aqueles que têm baixas defesas perante o poder punitivo. De acordo com essa concepção, o direito penal estaria mais vocacionado ao combate dos crimes do colarinho azul.
> A assertiva é certa ou errada?
> ( ) Certo   ( ) Errado
> **Gabarito comentado:** os crimes de colarinho azul são aqueles praticados pelas classes sociais mais baixas, em alusão à cor das camisas dos operários norte-americanos, em contraposição com os crimes do colarinho branco. Portanto, a assertiva está certa.

Criminalização primária	Escolha dos bens jurídicos tutelados pelo Direito	Criação das leis
Criminalização secundária	Seletividade estatal na apuração, na punição e na repressão dos delitos	Aplicação das leis

5.6 ESTATÍSTICAS E CIFRAS CRIMINAIS

As estatísticas oficiais de criminalidade são importantes ferramentas para aferir, prevenir e reprimir a criminalidade. Isso porque a criminologia moderna estuda o fenômeno da criminalidade também por meio da estatística criminal.

Contudo, há uma diferença grande entre a **criminalidade real** (aquela de **fato** ocorre na sociedade) e a **criminalidade revelada** (aquela que **chega ao conhecimento** das autoridades estatais), o que se mostra como um desafio na apuração e na repressão dos delitos e que deve ser levado sempre em conta no momento de formulação das políticas públicas contra a criminalidade.

Essa diferença é chamada pela criminologia de **cifra negra (ou oculta)**, que são, portanto, aqueles crimes que acabam **não sendo notificados às autoridades.**

A falta de amparo dos órgãos públicos às vítimas, a omissão do Estado e da sociedade são tidos como os maiores causadores das cifras negras (**vitimização secundária e terciária**), conforme estudado no Capítulo 4.

> ### Decifrando a prova
>
> **(2018 – Cebraspe/Cespe – Polícia Civil/SE – Delegado de Polícia)** Julgue o item a seguir:
> De acordo com estudos vitimológicos, a diferença entre os crimes sexuais praticados e os comunicados às agências de controle social é de aproximadamente 90%, o que estaria em consonância com os dados do Panorama da Violência contra as Mulheres no Brasil, que indica a ocorrência de subnotificação nos casos de estupros praticados em Sergipe. Esse fenômeno, de apenas uma parcela dos crimes reais ser registrada oficialmente pelo Estado, é o que a criminologia chama de cifra negra da criminalidade.
> ( ) Certo   ( ) Errado
> **Gabarito comentado:** essa parcela de delitos é classificada como cifra negra ou oculta da criminalidade. Os crimes sexuais sofrem de grande subnotificação por conta da revitimização. Portanto, a assertiva está certa.

Contudo, podemos elencar ainda outros fatores diversos, como medo, vergonha, descrédito no sistema de justiça etc., acabam propiciando, muitas vezes, o **não registro formal do crime**.

> ### Decifrando a prova
>
> **(2011 – MPE/SC – Promotor de Justiça – Adaptada)** Julgue o item a seguir:
> A "cifra negra" da criminalidade designa a defasagem que medeia entre a criminalidade real e a criminalidade estatística.
> ( ) Certo   ( ) Errado
> **Gabarito comentado:** é exatamente esse o conceito de cifra negra. Portanto, a assertiva está certa.
>
> **(2021 – Instituto AOCP – PC/PA – Delegado de Polícia Civil – Adaptada)** Julgue a assertiva:
> A cifra negra corresponde à criminalidade sem registro oficial, desconhecida, impune e não elucidada.
> ( ) Certo   ( ) Errado
> **Gabarito comentado:** de fato, corresponde à totalidade de crimes que não chegam ao conhecimento do Estado. Portanto, a assertiva está certa.

Com o passar do tempo, a doutrina passou a classificar a cifra negra de maneiras mais específicas, com subgrupos, que representam algum tipo de criminalidade em especial. Assim sendo, podemos dizer que cifra negra é um gênero, que comporta todos os delitos que não chegam ao conhecimento do estado, que por sua vez tem algumas espécies. Vejamos as principais classificações:

- **Cifra dourada:** refere-se aos chamados crimes do colarinho branco, ou seja, delitos praticados por pessoas com maior poder econômico e social e não chegam ao conhecimento estatal.

> **Decifrando a prova**
>
> **(2013 – MPE/GO – Promotor de Justiça – Adaptada)** Julgue o item a seguir:
> A diferença apresentada entre a criminalidade real e a criminalidade conhecida e enfrentada pelos órgãos formais de repressão (Ministério Público, Judiciário e Polícia), nos crimes socioeconômicos, é chamada de cifra dourada.
> ( ) Certo   ( ) Errado
> **Gabarito comentado:** trata-se do conceito de cifra dourada, subgrupo específico da cifra negra. Portanto, a assertiva está certa.

- **Cifra amarela:** crimes que envolvem agressões ou abusos por parte de integrantes da polícia, que não chegam ao conhecimento das autoridades responsáveis pela sua punição como as corregedorias e ouvidorias, por medo de retaliações.
- **Cifra cinza:** são situações (ocorrências policiais) que são resolvidas na própria delegacia, sem a intervenção do Poder Judiciário, como nos casos de retratação de representação criminal em crimes de ação penal privada e pública condicionada, por um consenso ou acordo entre as partes.
- **Cifra verde:** são delitos ambientais que não chegam ao conhecimento das autoridades. Por exemplo, desmatamento ilegal, maus-tratos a animais ou pichação.
- **Cifra rosa:** são os crimes de motivação homofóbica que não chegam ao conhecimento do Estado.
- **Cifra lilás:** são os crimes de violência doméstica contra a mulher que não chegam ao conhecimento do Estado.

6 Discursos punitivos e movimentos ideológicos

6.1 DISCURSOS PUNITIVOS

Discursos punitivos podem ser sinteticamente caracterizados como modelos ou teorias que tentam de alguma forma **trazer uma solução ou diminuição** da (complexa) questão da criminalidade e do controle social. São de diversas vertentes e algumas foram ou estão sendo aplicadas de alguma forma nos ordenamentos jurídicos, com influência da política criminal, sociedade, mídia, dentre outros fatores.

6.1.1 Teoria das janelas quebradas

Trata-se de uma **vertente** da Escola de Chicago (ecologia criminal), que tem como paradigma básico o fato de a criminalidade **ser produto direto do meio ambiente.**

A partir dessas premissas criou-se a **teoria das janelas quebradas** ou *broken windows theory*, baseada em um experimento realizado pelo psicólogo da Universidade de Stanford Philip Zimbardo. Na ação, o pesquisador deixou um automóvel em um bairro de classe alta de Palo Alto (Califórnia) e outro no Bronx, bairro de classe pobre de Nova York (WILSON; KELLING, 1982).

No Bronx, o veículo foi vandalizado e teve as peças furtadas **em poucas horas**; já em Palo Alto, o carro permaneceu intacto **por uma semana**.

Porém, após o pesquisador **quebrar uma das janelas do veículo** deixado no bairro de classe alta, o carro **foi completamente destroçado** e furtado por grupos de vândalos em poucas horas, da mesma forma que ocorreu no bairro pobre de Nova York.

Portanto, a criminalidade seria **provocada a partir da desordem inicial** e rapidamente se alastraria. A conclusão que se chegou foi que o fator determinante para a prática delitiva foi a ausência do Estado, pois a prática delitiva ocorreu em ambos os bairros.

De maneira analógica, o fato de haver uma janela quebrada no veículo representa outras desordens como pichações, ausência de iluminação, falta de planejamento urbano.

Assim sendo, o crime **não ocorreria em virtude da classe social**, mas, sim, pela **desordem**. Uma pequena desordem inicial pode desencadear toda a criminalidade.

> **Decifrando a prova**
>
> **(2013 – Vunesp – Polícia Civil/SP – Auxiliar de Papiloscopista Policial – Adaptada)** Julgue o item a seguir:
> Quanto à teoria neorretribucionista, é correto afirmar que surgiu nos Estados Unidos, inspirada na Escola de Chicago, com a denominação "Lei e Ordem" ou "tolerância zero", decorrente da teoria das janelas quebradas, tem como objetivo coibir os pequenos delitos, o que inibiria os mais graves.
> ( ) Certo   ( ) Errado
> **Gabarito comentado:** o combate incisivo a pequenos delitos é um dos fundamentos a teoria das janelas quebradas, que deram azo ao movimento Lei e Ordem ou tolerância zero. Portanto, a assertiva está certa.

6.1.2 Tolerância zero (movimento Lei e Ordem)

Derivada diretamente da teoria das janelas quebradas e da ecologia criminal, a **tolerância zero** ou **movimento Lei e Ordem** (ou ainda **neoretribucionismo** e **realismo de direita**) é um movimento de origem norte-americana que defendia que qualquer tipo de delito, por mais pequeno que fosse, deveria ser combatido de maneira enérgica para inibir mais delitos (prevenção geral). Isso se dava em especial com relação aos espaços públicos e privados.

> **Decifrando a prova**
>
> **(2014 – MPE/SC – Promotor de Justiça)** Julgue o item a seguir:
> O movimento de política criminal denominado "Lei e Ordem" se deve à construção teórica de Günther Jakobs que, por sua vez, deriva do *labeling approach*.
> ( ) Certo   ( ) Errado
> **Gabarito comentado:** Jakobs é um dos fundadores do chamado funcionalismo sistêmico e do direito penal do inimigo, que não tem qualquer relação com a teoria do etiquetamento. Portanto, a assertiva está errada.

A teoria se funda no livro *Losing Ground: american social policy, 1950–1980*, do cientista político norte-americano Charles Murray. No texto, o autor sinteticamente **atribui o crescimento da criminalidade às políticas penais brandas e lenientes com os mais pobres**. Em uma visão reducionista, acabou-se relegando o crime apenas às classes sociais mais baixas, preponderando uma espécie de "limpeza humana", punido severamente toda sorte de delinquentes, até mesmo no caso de crimes bagatelares.

A ideia de Murray é **reprimir fortemente** as condutas "menos danosas" para que não evoluam para crimes mais graves.

Essa experiência foi colocada em prática na cidade de Nova York em 1994 pelo prefeito da época, Rudolph Giuliani, com a participação decisiva do seu comissário de polícia William Bratton. Houve aumento expressivo no número de policiais nas ruas, fiscalização e repressão enérgica de toda e qualquer conduta desviante.

Fato é que, nesse período, **houve uma diminuição drástica no número de crimes de rua**, em especial patrimoniais e contra a vida. Assim, a cidade de Nova York acabou transformando-se em "modelo", sendo a doutrina seguida em outras cidades, em especial da Europa.

Todavia, essa política logo passou a sofrer fortes críticas, em especial pela alta seletividade por focar apenas em crimes praticados pelos mais pobres. Ademais houve discussão sobre a hipertrofia do direito penal, encarceramento em massa etc.

No Brasil, verifica-se que o movimento doutrinário e jurisprudencial na seara criminal **vai de encontro à teoria da tolerância zero**, com já pacificada aplicação do princípio da insignificância, por exemplo.

> ### Decifrando a prova
>
> **(2013 – FCC – Defensoria Pública/SP – Defensor Público – Adaptada)** "(...) instrumento de legitimação da gestão policial e judiciária da pobreza que incomoda – a que se vê, a que causa incidentes e desordens no espaço público, alimentando, por conseguinte, uma difusa sensação de insegurança, ou simplesmente de incômodo tenaz e de inconveniência –, propagou-se por meio do globo a uma velocidade alucinante. E com ela a retórica militar da "guerra" ao crime e da "reconquista" do espaço público, que assimila os delinquentes (reais ou imaginários), sem-teto, mendigos e outros marginais a invasores estrangeiros – o que facilita o amálgama com a imigração, sempre rendoso eleitoralmente". (WACQUANT, Loïc. *As prisões da miséria*.)
> É correto afirmar que a escola/doutrina descrita pelo autor é de "tolerância zero"?
> ( ) Certo   ( ) Errado
> **Gabarito comentado:** os chamados *blue-collars* (ou colarinhos azuis) são uma referência aos uniformes de operários e trabalhadores braçais norte-americanos. Portanto, a assertiva está certa.

6.1.3 Direito penal do inimigo

Trata-se de teoria idealizada por Günther Jakobs no fim do século XX, chamada também de **terceira velocidade do direito penal**. A ideia central da teoria é que aquele que comete crimes está na verdade, atentando contra o ordenamento jurídico e, portanto, não deve ser visto como cidadão, mas sim como **inimigo** que deve ser fortemente combatido.

Esta é uma aplicação direta do **funcionalismo sistêmico** (radical ou monista), desenvolvida também por Jakobs, a qual tem como cerne que a sanção penal tem como objetivo primordial não apenas a proteção dos bens jurídicos, mas sim também do próprio ordenamento.

O fundamento filosófico da teoria tem como bases as teorias do contrato social do filósofo suíço Jean-Jacques Rousseau (1712-1778) e do filósofo alemão Johann Gottlieb Fichte (1762-1814), haja visto que o sujeito que "quebra" o contrato social com o Estado deixa de ser um de seus membros, perdendo o *status* de cidadão, passando a ser visto como inimigo, não mais fazendo jus à proteção jurídica processual que detém os demais.

Nessa toada, para se dar verdadeira efetividade à normal penal, faz-se necessário **suprimir ou flexibilizar os direitos e garantias processuais** daqueles que são vistos como inimigos, em virtude do cometimento de delitos.

Trata-se de manifestação do **direito penal do autor**, que se contrapõe ao direito penal do fato, na medida em que se leva em consideração "quem praticou o delito" em detrimento de "o que foi praticado", permitindo, inclusive, a **antecipação da sanção penal**. Nesse caso, a pena não terá caráter retributivo ou fundada na culpabilidade do agente, mas sim em sua periculosidade.

É importante frisar que no escólio de Jakobs coexistem **duas espécies de Direitos** no mesmo ordenamento jurídico: um voltado ao cidadão, amplo e dotado de todas os direitos e garantidas e outro, **restrito a alguns crimes e criminosos**, no qual o infrator deve ser visto como inimigo e como tal tratado e combatido.

Ou seja, não é toda e qualquer infração cometida que se deve aplicar a teoria. Tal tratamento restará reservado a criminosos contumazes, alguns delitos mais graves e específicos grupos sociais com tendência ao crime, como por exemplo o envolvimento com organizações criminosas.

Decifrando a prova

(2019 – Cebraspe/Cespe – TJ/SC – Juiz de Direito – Adaptada) Julgue o item a seguir: Constitui uma das características do direito penal do inimigo a legislação diferenciada.
( ) Certo   ( ) Errado
Gabarito comentado: como visto, existem duas espécies de Direitos no mesmo ordenamento jurídico, de acordo com a teoria de Jakobs: um Direito voltado ao cidadão; e outro Direito voltado ao criminoso, que é visto como inimigo. Portanto, a assertiva está certa.

Essa teoria sofreu forte crítica doutrinária, em especial por romper com diversos princípios e paradigmas que são postos como absolutos em matéria penal, como flexibilização do princípio da legalidade estrita ou reserva legal, a intervenção mínima, proporcionalidade, vedação às provas ilícitas, tortura etc.

Parcela da doutrina enxerga reflexos do direito penal do inimigo em algumas Leis brasileiras, como a Lei Maria da Penha (n° 11.340/2006); Lei Antidrogas (n° 11.343/2006); Lei Antiterrorismo (n° 13.260/2016); Lei dos Crimes Hediondos (n° 8.072/1990); Lei n° 10.792/2003, que alterou a Lei de Execuções Penais (n° 7.210/1984) e criou o Regime Disciplinar Diferenciado; Lei das Organizações Criminosas (n° 12. 850/2013); Lei de Lavagem de Capitais (n° 9.613/1998), entre outras.

> **Decifrando a prova**
>
> **(2019 – MPE/SC – Promotor de Justiça – Adaptada)** Os crimes de perigo abstrato, que são modalidades de tutela antecipada de bens jurídicos, podem ser considerados exemplos da forma de intervenção penal denominada "direito penal do inimigo", descrita por Jakobs. Esta forma de tutela é utilizada, por exemplo, no direito ambiental e na proteção de vítimas de violência doméstica.
> Indique se a afirmativa está certa ou errada.
> ( ) Certo   ( ) Errado
> **Gabarito comentado:** os exemplos citados são situações que parte de doutrina nacional aponta traços do direito penal do inimigo. Portanto, a assertiva está certa.

De toda sorte, **para a maior parte** da doutrina, o direito penal do inimigo é inaplicável em nosso ordenamento jurídico, por apresentar afronta à Constituição Federal, que detém em seu cerne o princípio da dignidade da pessoa humana e o Estado Democrático de Direito (art. 1º, III, da CF). Ademais, os direitos e garantias processuais penais esculpidos no art. 5º da Carta Política são considerados cláusulas pétreas (art. 60, § 4º), não podendo ser abolidos pelo constituinte derivado, devendo ser **aplicados indistintamente a qualquer criminoso**, independentemente da natureza do delito praticado ou de sua condição pessoal (aplicação do direito penal do fato).

> **Decifrando a prova**
>
> **(2012 – Cebraspe/Cespe – TJ/AC – Juiz de Direito – Adaptada)** Julgue o item a seguir:
> Idealizado por Günther Jakobs, o direito penal do inimigo é entendido como um direito penal de terceira velocidade, por utilizar a pena privativa de liberdade, mas permitir a flexibilização de garantias materiais e processuais, podendo ser observado, no direito brasileiro, em alguns institutos da lei que trata dos crimes hediondos e da que trata do crime organizado.
> ( ) Certo   ( ) Errado
> **Gabarito comentado:** os exemplos citados são situações que parte de doutrina nacional aponta traços do direito penal do inimigo. Portanto, a assertiva está certa.

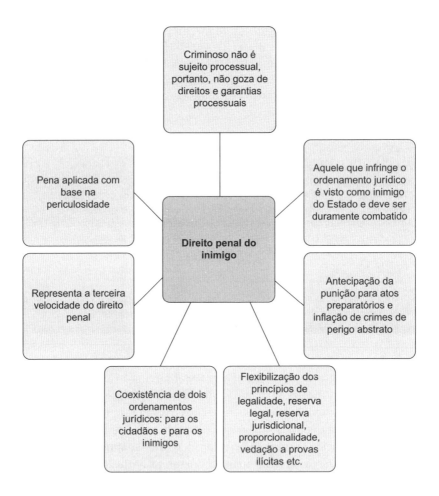

6.1.4 Direito penal simbólico ou de emergência e direito penal promocional, populismo penal

Esse fenômeno decorre da atuação legislativa em matéria penal visando **apenas atender anseios da sociedade**, sem a análise detida se tal lei teria viabilidade de aplicação prática e de sua compatibilidade com a Constituição. É chamado de simbólico, pois, na maioria dos casos, **não traz resultados reais**. E de emergência, por ser geralmente implementando às pressas, sem observância de **todas as necessárias análises** e discussão com a sociedade.

(2018 – Cebraspe/Cespe – Defensoria Pública/PE – Defensor Público – Adaptada) Julgue o item a seguir:

> As constantes edições de leis penais emergenciais pelo Poder Legislativo, com o objetivo de impor reformas pontuais na legislação, melhoram a eficiência da política criminal.
> ( ) Certo ( ) Errado
> **Gabarito comentado:** não há elementos seguros que permitam a conclusão de que as constantes edições de leis penais emergenciais pelo Poder Legislativo, com o objetivo de impor reformas pontuais na legislação, melhoram a eficiência da política criminal. Portanto, a assertiva está errada.

Nas palavras de Luigi Ferrajoli, a política criminal que observamos na atualidade nacional **furta-se do modelo garantista**, eis que procura dar guarida a anseios imediatistas, oferecendo respostas e atuando em conformidade com as pressões sociais sem nem mesmo se ater a verificação de sua eficácia instrumental como meio de prevenção ao delito.

Decifrando a prova

> **(2004 – MPDFT – Promotor de Justiça – Adaptada)** No tocante ao direito penal, à criminologia e à política criminal, julgue a assertiva:
> A função simbólica do direito penal é marcada pela reiterada edição de normas penais, normalmente mais rigorosas, cuja eficácia real é duvidosa, mas que atuam proporcionando à coletividade uma tranquilizadora sensação de segurança jurídica.
> ( ) Certo ( ) Errado
> **Gabarito comentado:** de fato, é uma das funções do direito penal simbólico. Portanto, a assertiva está certa.

Populismo penal é o direito penal utilizado para outras finalidades que não a salvaguardar dos bens jurídicos essenciais à sociedade, na mesma ideia do direito penal promocional, ou seja, na busca por interesses políticos.

O direito penal promocional é facilmente perceptível na atualidade. Quando se percebe que algum fato ganha notoriedade na mídia, o Constituinte, no sentido de promoção pessoal – como se estivesse fazendo algum bem para o suposto controle da criminalidade – já encaminha um projeto de lei criminalizando tal conduta.

Na mesma esteira do direito penal simbólico, quando o Estado responde normativamente a problemas sociais sem um exame criminológico como suporte teórico, **não traz resultados reais** ao controle do crime e da criminalidade.

6.1.5 Tendências securitária, justicialista e belicista

Manuel Monteiro Guedes Valente desenvolveu as teorias das tendências securitária, justicialista e belicista no seu livro *Direito Penal do Inimigo e o Terrorismo: o progresso ao retrocesso*.

A **tendência securitária** funda-se na tutela de bens jurídicos por meio de uma hipertrofia dos poderes da polícia, com a diminuição da intervenção do Poder Judiciário nas investigações, com o fundamento de que a necessidade de se socorrer sempre ao Estado-Juiz para adoção de medidas de investigação provocaria uma demora que acaba colando em risco a ordem pública. Ou seja, frente a necessidade de adoção de medidas rápidas, como por exemplo uma busca e apreensão, a necessidade de se aguardar uma decisão judicial acaba por prejudicar a investigação e a paz social. Contudo, fica resguardada a possibilidade de apreciação e controle judicial *a posteriori*.

As já estudas teorias da tolerância zero, movimento Lei e Ordem e estado de polícia estariam no bojo da tendência securitária.

O **movimento justicialista**, por seu turno, apresenta-se com o reforço dos poderes judiciais, podendo-se restringir, pela via do Poder Judiciário, de maneira expressiva os direitos fundamentais, em prol da pretensa proteção da sociedade frente à criminalidade crescente, a ponto de ser chamado também de império dos juízes.

Por fim, o **movimento belicista** representa tem similaridade com o direito penal do inimigo, também já estudado. A ideia é combater o inimigo que deixa de ser cidadão ao abalar a ordem social e jurídica, com mitigação de direitos fundamentais e ampliação dos poderes da polícia e do estado como um todo, relegando o criminoso a um mero objeto.

6.2 MOVIMENTOS IDEOLÓGICOS

6.2.1 Direito penal mínimo

Direto penal mínimo ou minimalismo é um movimento que ganhou força principalmente a partir da Segunda Guerra Mundial, com a consolidação dos estados democráticos de direito, pós-positivismo e neoconstitucionalismo.

Passou a se apregoar a **intervenção mínima do direito penal**, com aplicação dos subprincípios da fragmentariedade, subsidiariedade e ofensividade.

> **Decifrando a prova**
>
> **(2006 – Fundep – DPE/MG – Defensor Público – Adaptada)** Julgue o item a seguir:
> São princípios informadores do direito penal mínimo ou minimalismo penal: insignificância, intervenção mínima, adequação social e fragmentariedade.
> ( ) Certo   ( ) Errado
> **Gabarito comentado:** a assertiva traz corretamente os principais paradigmas do direito penal mínimo ou minimalismo penal. Portanto, está certa.

A ideia central é que o direito penal apenas seja utilizado nos casos em que os demais ramos do Direito não se mostrem suficientes para proteger o bem jurídico tutelado.

Tem como um de seus principais expoentes o jurista italiano Luigi Ferrajoli, com o desenvolvimento do garantismo penal, o qual apregoa a mínima intervenção do Estado com a máxima quantidade de direitos e garantias ao criminoso.

> **Decifrando a prova**
>
> **(2016 – MPE/SC – Promotor de Justiça – Adaptada)** Julgue o item a seguir:
>
> O minimalismo, enquanto movimento crítico ao sistema de justiça penal, foi concebido com a proposta de supressão integral do sistema penal por outras instâncias de controle social. Em sentido oposto, revelou-se o movimento "Lei e Ordem", que reconhecia no direito penal máximo o instrumento primordial à resolução dos problemas que afligem a sociedade.
>
> ( ) Certo   ( ) Errado
>
> **Gabarito comentado:** o minimalismo, como o próprio nome sugere, não propõe a extinção do direito penal, mas apenas sua utilização em casos pontuais e importantes. Portanto, a assertiva está errada.

Simboliza, como já destacado inclusive por Eugenio Raúl Zaffaroni (1990), a **fase de transição** entre o direito penal máximo (movimento Lei e Ordem, Tolerância Zero) e o abolicionismo penal.

> **Decifrando a prova**
>
> **(2012 – Cebraspe/Cespe – TJ/AC – Juiz de Direito – Adaptada)** Em relação às teorias do crime e à legislação especial, indique se a afirmativa a seguir é correta ou incorreta.
>
> O abolicionismo, ou minimalismo penal, prega a eliminação total, do ordenamento jurídico penal, da pena de prisão como meio de controle social formal e a sua substituição por outro mecanismo de controle.
>
> ( ) Certo   ( ) Errado
>
> **Gabarito comentado:** minimalismo não é sinônimo de abolicionismo. Portanto, a assertiva está errada.

6.2.2 Garantismo penal

Em decorrência direta do direito penal mínimo, o garantismo jurídico surge nos anos 1970, na Itália, como movimento em oposição à redução dos direitos e garantias penais e processuais penais, em reação a uma legislação de exceção implementada sob a justificativa do combate ao terrorismo, ainda sob os resquícios de regimes totalitários como o nazismo e fascismo, encontrando seu maior expoente na figura do ex-magistrado e jurista italiano Luigi Ferrajoli com o livro *Direito e Razão: teoria do garantismo penal*.

Atualmente o garantismo jurídico é entendido de maneira mais ampla, sendo um modelo de **Direito que subordina os poderes à garantia dos direitos**, submetendo a sua atuação, em primeiro lugar, à **efetivação dos direitos humanos e direitos fundamentais**.

O garantismo pode ser entendido como sinônimo de Estado Constitucional de Direito, em oposição ao paradigma clássico de Estado Liberal, alargando-o em duas direções: de um lado, a **todos os poderes públicos**, não só submetendo o Judiciário, mas também o Legislativo e o Executivo; e, de outro lado, também aos poderes privados, incluindo nestes o poder econômico, impondo limites à liberdade de mercado.

Em *Direito e Razão: teoria do garantismo penal*, Luigi Ferrajoli observa que é possível distinguir **três significados diversos** para a palavra **garantismo**.

Em primeiro lugar, designa **um modelo normativo de direito**.

Em um segundo significado, designa uma **teoria jurídica** da validade e da efetividade como categorias distintas não só entre si, mas também pela existência ou vigor das normas.

Segundo um terceiro significado, designa uma **filosofia política** que requer do direito e do Estado o ônus da justificação externa com base nos bens e nos interesses dos quais a tutela ou a garantia constituem a finalidade.

Ao tratar da teoria do garantismo jurídico-penal, Luigi Ferrajoli sustenta a necessidade de **reduzir** as penas detentivas, vez que excessivamente aflitivas e danosas. Ao mesmo tempo, porém, defende, **contra as hipóteses propriamente abolicionistas**, a forma jurídica da pena, enquanto técnica institucional de minimização da reação violenta aos desvios socialmente não tolerados e como garantia do acusado contra os arbítrios, os excessos, e os erros conexos a sistemas não jurídicos de controle social.

O garantismo penal de Ferrajoli é **contrário** à proposta de eliminação do direito penal, que é denominada como abolicionismo, como estudado. O motivo dessa posição é a consideração de que a aplicação do direito penal pelo Estado **pode ser um instrumento para a garantia do respeito aos direitos do acusado**.

De acordo com a teoria do garantismo penal defendida por Luigi Ferrajoli, as fontes de legitimação da jurisdição são duas: **uma formal, outra substancial**. A legitimação **formal** é aquela assegurada pelo princípio da legalidade e pela sujeição do juiz à lei. A legitimação **substancial** é aquela que provém da função judiciária e da sua capacidade de tutela ou garantia dos direitos fundamentais do cidadão.

Ferrajoli (2006, p. 93) trabalha em sua obra os 10 axiomas ou princípios fundamentais, que deveriam ser buscados pelo ordenamento jurídico, de cunho penal e processual penal, com os brocardos em latim e seus respectivos princípios (esse tema foi objeto de questão da segunda fase para o concurso de Delegado de Polícia do Mato Grosso do Sul em 2017):

- *Nulla poena sine crimine*: representa o princípio da retributividade ou da correlação entre a pena e o crime.

- ***Nullum crimen sine lege***: representa o princípio da legalidade estrita ou reserva legal.
- ***Nulla lex (poenalis) sine necessitate***: representa o princípio da necessidade ou economia processual.
- ***Nulla necessitas sine injuria***: representa o princípio da lesividade ou ofensividade do resultado.
- ***Nulla injuria sine actione***: representa o princípio da materialidade ou exteriorização da conduta.
- ***Nulla actio sine culpa***: representa o princípio da culpabilidade ou reponsabilidade penal pessoal, vedando imputações penais objetivas.
- ***Nulla culpa sine judicio***: representa o princípio da jurisdicionalidade.
- ***Nullum judicium sine accusatione***: representa o princípio acusatório ou de separação entre o julgar e acusar, buscando a imparcialidade do juiz.
- ***Nullum accusatio sine probatione***: representa o princípio do ônus da prova.
- ***Nulla probatio sine defensione***: representa o princípio do contraditório e ampla defesa.

O sistema garantista, segundo o próprio Luigi Ferrajoli, constitui um **modelo-limite**, apenas **tendencialmente** e jamais perfeitamente satisfazível. Ou seja, impossível de ser por completo implementado, contudo deve sempre ser buscado.

O garantismo penal tem sofrido críticas por parte da doutrina, por ter sido aplicada de maneira isolada e inflada na tutela apenas do acusado, deixando-se de lado a vítima e a proteção de própria sociedade, conduta essa que foi rotulada como **garantismo hiperbólico monocular**.

Em contrapartida, pode-se citar o garantismo binocular, ou **garantismo integral penal**, ou garantismo **binocular**, o qual postula tanto a obediência a axiomas como a legalidade, anterioridade, a lesividade e a presunção de inocência, quanto a tutela dos interesses da vítima no desenrolar do processo penal, por ser ela uma parte necessitada da proteção do Estado, contexto no qual a pena tem a função de diminuir as reações informais e arbitrárias do particular ao delito.

Cita-se ainda o princípio da **proibição de proteção insuficiente**, o qual pode ser entendido como uma espécie de **garantismo positivo**, ao contrário do **garantismo negativo** (que se consubstancia na proteção contra os excessos do Estado) já consagrado pelo princípio da proporcionalidade.

6.2.3 Teoria agnóstica da pena

Para a teoria agnóstica elaborada por Eugenio Raúl Zaffaroni, existe uma grande dificuldade em acreditar que a pena possa cumprir, na grande maioria dos casos, as funções manifestas atribuídas a ela, expressas no discurso oficial.

A pena é um ato político, e não jurídico. Na coexistência entre o estado de polícia e o estado de direito, deve-se minimizar o primeiro e maximizar o segundo.

Portanto, a pena não cumpre a finalidade preventiva declarada pelo sistema de justiça criminal, eis que o sistema penitenciário produz/reproduz a delinquência secundária, ou seja, é uma fábrica de produzir novos criminosos.

> **Decifrando a prova**
>
> **(2015 – FCC – DPE/SP – Defensor Público – Adaptada)** Julgue a assertiva:
> A teoria agnóstica da pena, elaborada por Eugenio Raúl Zaffaroni, revelou que a pena não tem qualquer função dentro do sistema de controle social forjado pelo direito penal.
> ( ) Certo   ( ) Errado
> **Gabarito comentado:** questão capciosa, na medida em que a pena tem função, mas não é aquela expressa no discurso oficial do sistema punitivo. A pena só teria uma finalidade de vingança, segundo Zaffaroni. Portanto, a assertiva está errada.

6.2.4 Abolicionismo

Cuida-se de um movimento ideológico **derivado das teorias críticas**, em especial da teoria do etiquetamento (rotulação ou *labeling approach*), que defende **o fim do direito penal da forma que conhecemos atualmente**.

A lógica é de que o sistema punitivo existe com a **única** finalidade de manter as segregações já existentes e que os efeitos colaterais da aplicação das penas privativas de liberdade **são mais danosos que benefícios para a sociedade**.

Ademais, critica-se o alto grau de seletividade e parcialidade, na medida em que os ricos e poderosos acabam na maioria das vezes impunes, e os mais pobres acabam ainda mais estigmatizados e rotulados como criminosos, gerando um círculo social vicioso.

Para a teoria abolicionista **não existe o termo crime ou delito**, sendo substituído por **situação-problema**, que deve ser tratado pelo estado por meio de outros caminhos, diferentes da prisão, como tratamento terapêutico, pedagógico, psicológico, cultural etc.

Várias são as premissas estabelecidas pelos abolicionistas para justificar o fim do direito penal, dentre eles e os mais importantes são:

a. Há um grande número de delitos que não chegam ao conhecimento das autoridades policiais (**cifras negras**) e, portanto, não são combatidos, contudo, a própria sociedade acaba lidando com eles, não sendo, desta forma, indispensável a atuação do Estado para a pacificação social.

b. **Seletividade** do direito penal acaba por invalidar sua premissa de proteção de bens jurídicos e da sociedade, na medida em que o sistema punitivo é altamente seletivo, gerando impunidade aos mais ricos e penas severas aos mais pobres.

c. O direito penal é **estigmatizante**, pois rotula certa parcela da população como criminosos, que acabam não conseguindo se livrar de tal pecha, criando um círculo

vicioso. Isso só alcança, ainda, os mais pobres, na medida em que os mais abastados **acabam se livrando** da aplicação das penas.
d. As **vítimas** são deixadas de lado no direito penal, as quais têm pouca, ou nenhuma, participação no sistema punitivo. A elas seria mais interessante um **sistema que buscasse a reparação do dano causado**.
e. O direito penal é **inócuo**, haja vista que não consegue evitar que o crime ocorra.

> ### Decifrando a prova
>
> **(2014 – Vunesp – DPE/MS – Defensor Público – Adaptada)** Considerando a teoria do crime, assinale a alternativa correta.
> O abolicionismo, ou minimalismo penal, propõe a eliminação total da pena de prisão como mecanismo de controle social e sua substituição por outro mecanismo de controle.
> ( ) Certo ( ) Errado
> **Gabarito comentado:** minimalismo não é sinônimo de abolicionismo. Portanto, a assertiva está errada.

Dentro das escolas abolicionistas podemos destacar **três teorias**: de Louk Hulsman (1923-2009), Thomas Mathiesen (1933-2021) e Nils Christie (1928-2015).

6.2.4.1 Louk Hulsman

Para o criminólogo holandês, o ideal **seria uma completa abolição do direito penal** (HULSMAN; DE CELIS, 1993), com a composição dos conflitos sociais pelas partes envolvidas, sem participação estatal. É idealizador da substituição da terminologia "crime" por "situações-problemas", com decorrente substituição da lógica punitivista, descriminalizando condutas e promovendo a descarcerização.

Prega a imediata supressão do direito penal e sua substituição imediata do direito penal por outros métodos de solução de conflitos.

Confere ênfase na justiça do direito civil e administrativo. Parte do pressuposto que a criminalização efetiva é um evento raro e excepcional – a grande maioria de eventos criminalizáveis pertencem a cifra negra (oculta) da criminalidade.

Propõe um novo vocabulário, uma espécie abolicionismo acadêmico, para substituir as palavras **crime e criminalidade** para **conflitos ou situações-problemas** e, com isso, redesenhar novas alternativas.

Exemplo emblemático de Hulsman é um caso hipotético, onde cinco jovens dividem o apartamento e um deles quebra uma televisão, a qual pertencia a todos. Problematizando em torno do modelo punitivo a ser adotado, um dos estudantes reage sugerindo a expulsão do agressor (modelo repressivo), outro sugere chamar um especialista para tratar a personalidade do agressor (modelo terapêutico), um terceiro estudante sugere que o agressor repare o dano (modelo reparador) e o quarto sugere que, diante dessa situação problemática, o grupo debatesse em conjunto para identificar o problema, ou seja, o que pode ter gerado o ato (ANITUA, 2008, p. 700).

Segundo Hulsman, a melhor solução é a última que atacaria as raízes do problema.

(2018 – FCC – DPE/AM – Defensor Público do Estado – Adaptada) Sobre as escolas criminológicas, a afirmação a seguir é correta ou incorreta?
O abolicionismo penal de Louk Hulsman defende o fim da pena de prisão e um direito penal baseado em penas restritivas de direito e multa.
( ) Certo   ( ) Errado
Gabarito comentado: Louk Hulsman defende completa abolição do direito penal. Portanto, a assertiva está errada.

6.2.4.2 Thomas Mathiesen

A vertente defendida pelo professor norueguês (MATHIESEN, 1965) tem forte **apelo ao fim do sistema carcerário e das penas privativas de liberdade**. Para ele as prisões e o encarceramento são os grandes fatos geradores da criminalidade e, por isso, devem ser completamente extirpados ou reduzidos a um número bem pequeno.

Sugere a **extinção** do direito penal, com sua substituição pela **obrigação** de reparação dos danos causados às vítimas. Pode-se até cogitar a ideia de prisão, mas acredita que as políticas sociais e descriminalização das drogas irão gradualmente demonstrar sua desnecessidade.

A solução mais adequada para o fenômeno criminal em sua visão é **o apoio às vítimas**.

Segundo o autor, o direcionamento de políticas sociais aos sujeitos vulneráveis e a descriminalização das drogas seriam políticas que reduziriam drasticamente a necessidade do sistema penal. **A guerra contra o crime deveria se tornar uma guerra contra a pobreza**.

6.2.4.3 Nils Christie

Para o também norueguês e colega de Mathiesen, Nils Christie (1928-2015), deve-se buscar o fim de **toda e qualquer sanção que cause sofrimento ao ser humano**, ou seu reducionismo a um caráter mínimo, por meio de penas alternativas e substitutivas privativas de liberdade (CHRISTIE, 2004).

A pena gera sofrimento e impõe a dor. A participação na solução dos conflitos é extremamente importante.

Capítulo 6 ♦ Discursos punitivos e movimentos ideológicos   **163**

> ### Decifrando a prova
>
> **(2013 – Cebraspe/Cespe – CNJ – Analista Judiciário – Adaptada)** A justiça restaurativa é uma das novas formas de se pensar e fazer justiça. Com relação a esse assunto, julgue o item que se segue em certo ou errado.
> Segundo Nils Christie, os conflitos devem ser evitados a qualquer custo, já que são fatores desagregadores da vida social.
> ( ) Certo   ( ) Errado
> **Gabarito comentado:** segundo Christie, deve-se buscar o fim de toda e qualquer sanção que cause sofrimento ao ser humano. Evitar os conflitos seria uma verdadeira utopia. Portanto, a assertiva está errada.

Christie propõe uma espécie de justiça comunitária (restaurativa) para solução da questão da criminalidade (situações-problemas), com compensação das vítimas pelos danos sofridos, mediação, conciliação, mas sempre evitando toda e qualquer pena.

Apesar de ele mesmo afirmar não ser um abolicionista, a doutrina criminológica o coloca nesta categoria.

> ### Decifrando a prova
>
> **(2013 – Cebraspe/Cespe – CNJ – Analista Judiciário – Adaptada)** A justiça restaurativa é uma das novas formas de se pensar e fazer justiça. Com relação a esse assunto, julgue o item que se segue como certo ou errado.
> Nils Christie destaca-se no trato do tema do abolicionismo penal e, portanto, é contrário aos procedimentos da justiça restaurativa, que significam a ampliação da tutela penal tradicional sobre os conflitos criminais.
> ( ) Certo   ( ) Errado
> **Gabarito comentado:** pelo contrário, Nils Christie era um defensor da justiça restaurativa. Portanto, a assertiva está errada.

Temas contemporâneos de criminologia e de política criminal

7.1 POLÍTICA CRIMINAL ATUARIAL

Sabemos que política criminal não está dentro dos objetos de estudo da criminologia, constituindo ciência autônoma que tem como foco o estudo das estratégias, princípios e recomendações para a alteração da legislação criminal.

Criminologia, política criminal e direito penal são espécies do gênero Ciências Criminais. Assim sendo, a política criminal atuarial está mais relacionada à própria política criminal, contudo o tema vem sendo abordado em concursos públicos dentro da matéria criminologia.

Trata-se de aplicação de métodos típicos das ciências atuariais (das técnicas específicas de análise de riscos e expectativas), como a probabilidade e a estatística, para definição de políticas criminais.

Diante das análises estatísticas, define-se a estratégia criminal para prevenir o delito. O foco é, em sua maior parte, a prevenção, não se ocupando do estudo de gênese criminal ou a ressocialização do delinquente.

Feitas as análises, podem-se classificar os criminosos em dois grandes grupos: os que têm alta probabilidade de delinquir (ou voltar) e os que têm baixo risco. A partir disso, são empregados diferentes enfoques para cada um dos grupos, com penas mais rígidas aos primeiros, com foco em sua neutralização. Como exemplo, seriam *seriais killers*, traficantes, reincidentes etc.

Uma vez identificados e classificados com base nos chamados *risk profiles,* a ideia é trazer uma punição severa e longa (pena privativa de liberdade) com julgamento rápido aos que são classificados como de alto risco e uma pena mais branda aos criminosos de baixo risco.

Assim sendo, com base em fórmulas matemáticas, a política criminal atuarial visa alcançar **três objetivos** claros: a) **identificar**; b) **classificar** os delinquentes em grupos de acordo com sua periculosidade e, a partir daí, dar tratamento diverso a eles, com aplicação de medidas severas de segregação; e c) visando sua **neutralização**.

> **Decifrando a prova**
>
> **(2017 – FCC – Defensoria Pública/PR – Defensor Público – Adaptada)** Julgue o item a seguir:
> A política criminal atuarial é contrária à inocuização dos indivíduos perigosos.
> ( ) Certo ( ) Errado
> **Gabarito comentado:** a neutralização ou inocuização dos criminosos é justamente um dos objetivos da política criminal atuarial. Portanto, a assertiva está errada.

Perceba que a teoria flerta com o direito penal do inimigo ao antecipar a reprimenda penal com base no autor do delito, e não no fato praticado, o que acaba sendo a principal crítica desse modelo de definição de políticas públicas.

Podemos observar certa influência da teoria na segregação de presos em nosso sistema carcerário de acordo com sua periculosidade, com aplicação de regime disciplinar diferenciado, estabelecimentos penais de segurança máxima, além das classificações criminais impostas pela Lei de Execução Penal (arts. 5º ao 9-Aº, Lei nº 7.210/1984), justamente com o objeto de individualizar a pena de acordo com as características do agente.

Veja como o item já foi abordado em concursos.

> **Decifrando a prova**
>
> **(2017 – FCC – Defensoria Pública/PR – Defensor Público – Adaptada)** Julgue o item a seguir:
> A política criminal atuarial indica que os presos devem ser organizados de acordo com seu nível de risco.
> ( ) Certo ( ) Errado
> **Gabarito comentado:** tal conduta é apontada como um reflexo da política criminal atuarial. Portanto, a assertiva está certa.
>
> **(2021 – NC/UFPR – PC/PR – Delegado de Polícia – Adaptada)** Sobre os discursos punitivos criminológicos elaborados nos últimos anos, julgue como certo ou errado.
> As doutrinas atuariais referem-se a práticas administrativas de funcionamento do sistema penal e têm como objetivo o gerenciamento de grupos classificados como perigosos.
> ( ) Certo ( ) Errado
> **Gabarito comentado:** diante das análises estatísticas, define-se a estratégia criminal para prevenir o delito. O foco é, em sua maior parte, a prevenção, não se ocupando do estudo de gênese criminal ou a ressocialização do delinquente. Portanto, a assertiva está certa.

7.2 CRIMES DO COLARINHO BRANCO (*WHITE-COLLAR CRIMES*)

A nomenclatura **crimes do colarinho branco** foi utilizada pela primeira vez por Edwin Sutherland na ocasião de seu discurso de posse como presidente da Associação Americana de Sociologia (ASA) no dia 5 de dezembro de 1939, discurso esse que posteriormente foi convertido em artigo científico no ano de 1940 (SUTHERLAND, 2014, p. 93-103).

Sutherland foi sem dúvidas o precursor do estudo dessa espécie de criminoso e criminalidade. Frise-se que ele era sociólogo, e não jurista, portanto, alguns de seus conceitos podem parecer atécnicos sob o ponto de vista do Direito, mas perfeitamente aplicáveis sociologicamente, como vermos mais adiante. Inclusive, muitos doutrinadores atribuem a ele o nascimento do direito penal econômico.

Mas por que *white-collars crimes* (crimes do colarinho branco)? Esse é um dos primeiros passos para entendermos melhor do que se trata tal classificação suas análises.

O nome foi escolhido em referência à cor dos colarinhos das camisas usadas por empresários, bancários, políticos e outros profissionais eminentemente intelectuais, pertencentes a classes sociais mais privilegiadas em contraponto com os chamados *blue-collars* ou colarinhos azuis, em referência aos uniformes dos operários e trabalhadores braçais norte-americanos.[1]

Decifrando a prova

(2013 – Ministério Público /GO – Promotor de Justiça – Adaptada) Julgue o item a seguir: Zaffaroni, Alagia, Slokar e Nilo Batista aduzem que a inevitável seletividade operacional da criminalização secundária e sua preferente orientação burocrática (sobre pessoas sem poder e por fatos grosseiros e até insignificantes) provocam uma distribuição seletiva em forma de epidemia, que atinge apenas aqueles que têm baixas defesas perante o poder punitivo. De acordo com essa concepção, o direito penal estaria mais vocacionado ao combate dos crimes do colarinho azul.

( ) Certo   ( ) Errado

Gabarito comentado: trata-se exatamente do pensamento de Zaffaroni, Alagia, Slokar e Nilo Batista. Portanto, a assertiva está certa.

Portanto, trata-se do estudo de crimes praticados por aqueles que, pelo menos em tese, teriam uma melhor condição social, cultural, profissional e financeira.

O autor sustenta que o conceito de criminalidade até então predominante relacionava o crime nas classes sociais mais baixas, sendo ele causado pela pobreza ou características

---

[1] Edwin Sutherland (1949, p. 9) revelou posteriormente, na sua *magnum opus* dedicada ao tema, que a inspiração para o emprego do termo "colarinho branco" (*white-collar*) advém do título da biografia *The Autobiography of a White-Collar Worker*, escrita por um presidente da General Motors.

pessoais e sociais que acreditam estar estatisticamente associadas com a pobreza, incluindo enfermidades mentais, desvios psicopáticos, bairros carentes e famílias "degeneradas", estaria incorreto e inadequados.

Para ele, as explicações convencionais são inválidas, sobretudo porque derivadas de amostras enviesadas. Elas são enviesadas porque não incluem vastas áreas do comportamento criminoso de pessoas que não pertencem à classe baixa. Uma das áreas negligenciadas é o comportamento criminoso de empresários e outros profissionais (SUTHERLAND, 1940, p. 2).

Percebe-se, portanto, que o estudo de Sutherland ganha especial importância por ser o pioneiro a romper com a dicotomia pobreza/crime, expandindo o sentido de criminalidade, e mais, apurando que os danos causados por tais delitos eram muito mais impactantes para sociedade, em relação aos causados pela criminalidade tradicional, além de mais sofisticados e difíceis de serem punidos ou combatidos efetivamente.

O sociólogo definiu tais crimes como "um crime cometido por uma pessoa de respeitável e de alta posição (*status*) social, no curso de sua ocupação" (SUTHERLAND, 1949, p. 9).

Tal definição, apesar de não ser imune a diversas críticas posteriores, é importante marco para definição de tais delitos.

Os delitos praticados são normalmente ligados às práticas empresariais e políticas como: *dupping*, cartéis, concorrência desleal, corrupção ativa e passiva, lavagem de dinheiro, crimes contra o sistema financeiro, crimes tributários, falsificações, falências, bolsa de valores etc.

Algo que chama atenção no estudo de Sutherland é o fato que tais criminosos não se enxergavam como tal, mas, **sim, como pessoas que tinham grandes habilidades para "burlar" o sistema e alcançar seus objetivos**.

Para entender melhor a criminalidade de colarinho branco, faz-se necessária uma breve análise da teoria da associação diferencial, desenvolvida pelo próprio Sutherland.

7.2.1 Associação diferencial

Trata-se de uma das principais teorias das chamadas **teorias da aprendizagem**. Tais teorias se fundamentam na ideia de que a conduta delitiva não está em aspectos inconscientes de personalidade, fatores biológicos ou algo intrínseco, mas sim aprendidos, modelados nas experiências de vida, sendo um comportamento que se subordina a um processo de aprendizagem.

Sutherland constrói sua teoria com alicerce em alguns postulados. Vejamos:

- O comportamento é aprendido – aprende-se a delinquir como se aprende também o comportamento virtuoso.
- O comportamento é aprendido em um processo comunicativo. Estabelecem-se as diferenças entre estímulos reativos e operantes. Inicia-se por meio do seio familiar e estendem-se às relações sociais, empresariais e assim por diante.
- A parte decisiva do processo de aprendizagem ocorre no seio das relações sociais mais íntimas. A aprendizagem é diretamente proporcional à interação entre as pessoas.
- O aprendizado inclui a técnica do cometimento do delito.

- A direção dos motivos e dos impulsos se aprende com as definições favoráveis ou desfavoráveis aos códigos legais. Todo ser humano se depara com tais fronteiras.
- A pessoa se converte em criminosa quando as definições favoráveis à violação da norma superam as definições desfavoráveis. Princípio da ideia da associação diferencial, processo interativo que permite desenvolver o comportamento criminoso.
- Tais associações mudam conforme frequência, duração, prioridade e intensidade com que o criminoso se depara com o ato desviante.
- O conflito cultural é a causa fundamental da associação diferencial. A cultura criminosa é tão real como a cultura legal. As relações culturais nas sociedades diferenciadas são determinadas para as posturas.
- Desorganização social (perda das raízes pessoais) é a causa básica do comportamento criminoso sistemático.

Perceba que a teoria pretende explicar o fenômeno criminal de forma diferente, para abranger os casos de "crimes de colarinho branco", na medida em que, na maior parte das vezes, os criminosos fogem da regra de serem pobres, sem formação escolar etc. Nesses casos, o agente acaba "aprendendo" a ser criminoso com familiares, amigos, dentre outros.

7.2.2 Cifras douradas e obstáculos à repressão

Conforme já abordado anteriormente, assim são classificados estatisticamente os crimes de colarinho branco que não chegam ao conhecido das autoridades estatais. Trata-se de um subgrupo das chamas "cifras negras", ou seja, crimes em geral que, por diversos motivos, não chegam ao conhecimento das autoridades responsáveis pela sua repressão, ou acabam não sendo efetivamente punidos, envolvendo delitos tipicamente do colarinho branco (sonegação fiscal, lavagem de dinheiro, crimes eleitorais etc.).

> **Decifrando a prova**
>
> **(2013 – Vunesp – Polícia Civil/SP – Agente Policial – Adaptada)** Julgue o item a seguir:
> Os "crimes de colarinho branco" são delitos conhecidos na criminologia por cifras douradas.
> ( ) Certo   ( ) Errado
> **Gabarito comentado:** trata-se de um subgrupo das chamas cifras negras. Portanto, a assertiva está certa.

Na definição de Luiz Santos Cabette (2007):

> [A cifra dourada] representa a criminalidade de "colarinho branco", definida como práticas antissociais impunes do poder político e econômico (a nível nacional e internacional), em prejuízo da coletividade e dos cidadãos e em proveito das oligarquias econômico-financeiras.

Mas quais seriam as principais causas para a não punição de tais delitos? Há uma série de fatores que passam pela sofisticação dos delitos até a seletividade e imparcialidade do sistema criminal.

Nesse particular, Sutherland dizia que as estatísticas criminais oficiais não eram realistas, mas sim tendenciosas e enviesadas, na medida em que apontavam o crime como sendo quase que totalmente exclusivo às classes mais baixas e de incidência ínfima nas classes superiores.

Não sendo realistas, as estatísticas acabam por amenizar a ocorrência de tais crimes. Para o autor, isso se dava por dois motivos principais:

1. Pessoas de classes mais altas são mais poderosas financeiramente e, por isso, são presas ou condenadas em quantidade muito inferior aos pertencentes de classes mais baixas.
2. Imparcialidade na administração da justiça penal e das leis que se aplicam aos negócios.

Outro ponto relevante para análise dos obstáculos a punição de tais condutas é o fato de que dentro do processo de vitimização do delito, a vitimização primária, em geral, acaba não sendo visível, na medida em que não temos, como regra, uma vítima individualizada, a despeito do grande dando social causado pelo crime. Assim, fica mais complexo despertar para a sociedade a gravidade de tais ações.

Ademais, não se pode deixar de lado o grande poderio financeiro que os agentes detêm, fato esse que acaba sendo decisivo pela capacidade de influenciar (corromper) ou obstruir de qualquer forma os responsáveis tanto pela criação de normais penais mais rígidas (políticos) e aqueles responsáveis por sua aplicação (Judiciário, Ministério Público, Polícia, órgãos de fiscalização etc.)

Além disso, podemos citar a seletividade do sistema de justiça criminal (criminalização secundária), que opta, na maioria das vezes, por perseguir criminosos de baixo nível social, em especial pela simplicidade dos delitos por eles praticados e a grande repercussão social que deles derivam, na medida em que, em sua maioria, não exigem grande esforço e tecnologia na investigação.

7.2.3 Conclusões

Podemos concluir o pensamento de Sutherland sobre os crimes do colarinho branco nos seguintes termos (SHECAIRA, 2014, p. 198):

a. O crime de colarinho branco é um crime como qualquer outro.
b. O crime de colarinho branco é praticado por pessoas que socialmente são respeitadas e não se enquadram no estereótipo criminal comum.
c. Os crimes de colarinho branco são praticados por pessoas de classe social elevada.
d. O crime de colarinho branco é praticado na atuação profissional do criminoso.
e. O crime de colarinho branco é cometido com uma violação de confiança.

Decifrando a prova

(2013 – Ministério Público Federal – Procurador da República – Adaptada) Criminologia pode ser entendida como a ciência do ser, que visa reunir informações válidas e confiáveis sobre o "problema criminal", sendo certo que seu objeto se divide no estudo empírico e interdisciplinar do crime, do criminoso, da vítima e da reação social. Diante disso, a afirmativa a seguir é correta ou incorreta?

Para a teoria do crime do colarinho branco considera-se como tal o ilícito perpetrado por pessoas de elevado *status* social, no âmbito de suas atividades profissionais, sendo certo que, por diversos motivos, tais pessoas gozam de um cinturão de impunidade. Isso não impede a constatação de que a criminalidade perpassa todas as camadas sociais, ao contrário dos estudos que a associavam à pobreza ou a patologias psicológicas, biológicas ou sociais.

( ) Certo   ( ) Errado

Gabarito comentado: o item sintetiza muito bem as ideias da teoria da criminalidade de colarinho branco. Portanto, a assertiva está certa.

7.3 CRIMINOLOGIA E CRIME ORGANIZADO

O Federal Bureau of Investigation (FBI), dos Estados Unidos, define como crime organizado qualquer grupo que tenha uma estrutura formalizada cujo objetivo seja a busca de lucros por meio de atividades ilegais.[2] A definição dada pela Convenção de Palermo (sobre criminalidade transnacional) é a seguinte:

> (...) grupo estruturado de três ou mais pessoas, existente há algum tempo e atuando concertadamente com o propósito de cometer uma ou mais infrações graves ou enunciadas na Convenção, com a intenção de obter, direta ou indiretamente, um benefício econômico ou outro benefício material.

Em sede legislativa nacional, temos o conceito de organização criminosa disposto no § 1º do art. 1º da Lei nº 12.850/2013:

> Considera-se organização criminosa a associação de 4 (quatro) ou mais pessoas estruturalmente ordenada e caracterizada pela divisão de tarefas, ainda que informalmente, com objetivo de obter, direta ou indiretamente, vantagem de qualquer natureza, mediante a prática de infrações penais cujas penas máximas sejam superiores a 4 (quatro) anos, ou que sejam de caráter transnacional.

No campo da criminologia, de maneira ampla, podemos conceituar como crime organizado a atividade ilícita que se caracteriza pela coordenação e organização dos criminosos como fito de se obter vantagens ilegais.

Termo utilizado por Mingardi (1996, p. 27-28).

É fato que a sociedade evoluiu, modernizou-se e o crime também caminha no mesmo sentido. O crime organizado é um fenômeno que não pode ser ignorado, nem superdimensionado, mas apresenta uma realidade de fato, a ser adequadamente observada e enfrentada (BALTAZAR JÚNIOR, 2010, p. 246).

Conforme leciona José Paulo Baltazar Júnior (2010, p. 83), não há como negar que a globalização econômica, a criação de zonas de livre comércio e livre circulação de bens e pessoas, com a supressão ou diminuição dos controles fronteiriços e alfandegários, o liberalismo econômico e a consequente desregulamentação de vários mercados, a queda da cortina de ferro, o avanço tecnológico e a queda nos custos das telecomunicações e transportes, a popularização da informática e da internet, as redes bancárias mundiais e as diferenças de bem-estar entre países ricos e pobres criaram uma nova realidade para a sociedade e, como parte dela, para as práticas delituosas organizadas transnacionais, que encontraram nessa nova realidade social o caldo ideal para sua expansão.

Podemos dividir a criminalidade organizada em dois tipos: a **mafiosa** e a **empresarial** (PENTEADO FILHO, 2014).

- **Criminalidade organizada do tipo mafiosa:** são exemplos, Cosa Nostra, Camorra, 'Ndrangheta e Stida, na Itália; Yakuza, no Japão; Tríade, na China; Cartel de Cali, na Colômbia. A atividade delituosa se baseia no uso da violência e da intimidação, com estrutura hierarquizada, distribuição de tarefas e planejamento de lucros, contando com clientela e impondo a lei do silêncio. Seus integrantes vão desde agentes do Estado até os executores dos delitos; as vítimas são difusas, e o controle social encontra sério óbice na corrupção governamental.
- **A criminalidade organizada do tipo empresarial:** não possui apadrinhados nem rituais de iniciação; tem uma estrutura empresarial que visa apenas o lucro econômico de seus sócios. Trata-se de uma empresa voltada para a atividade delitiva. Busca o anonimato e não lança mão da intimidação ou violência. Seus criminosos são empresários, comerciantes, políticos, *hackers* etc. As vítimas também são difusas, mas, quando individualizadas, muitas vezes nem sequer sabem que sofreram os efeitos de um crime. Nesse contexto, ganha relevo a discussão doutrinária do direito penal do cidadão contra o direito penal do inimigo. Este, conforme doutrina de Günther Jakobs, volta-se para preservação do Estado e propõe tratamento gravoso aos criminosos que violam bens jurídicos mais importantes (vida, liberdade, dignidade sexual), à semelhança do que ocorre com os terroristas, e aquele de cunho minimalista, em que se defende um sistema mais garantista ao imputado.

Na última década, surgiu uma nova espécie de organização criminosa, em especial nas regiões de favelas do Rio de Janeiro: as **milícias**. Trata-se de grupo criminoso organizado, formado em geral por integrantes e ex-integrantes de forças policiais, que com o pretexto de "proteger" a comunidade local, acabam monopolizando serviços como o fornecimento de gás, transporte público, internet, com uso de extrema violência.

Nessa senda, percebe-se que, para diminuir a atuação de organizações criminosas em geral, o Estado deve ampliar ações sociais capazes de prover às necessidades da população (saúde, educação, trabalho, segurança etc.), pois a criminalidade organizada ocupa espaços e coopta os indivíduos abandonados por ele, mediante um projeto de médio prazo, alterando a legislação criminal, fortalecendo o sistema de persecução penal, dentre outras medidas.

Ademais, deve-se modernizar a legislação para combate de tal prática, haja vista que os meios tradicionais se mostram insuficientes. Não se pode perder de vista também a necessidade de aparelhamento e modernização das forças policiais, em especial da polícia judiciária, com investimento em treinamento e tecnologia que permitam uma efetiva repressão de delitos tão complexos.

Decifrando a prova

(2021 – MPE/SC – Promotor de Justiça Substituto) Com relação aos conceitos básicos das teorias criminológicas e aos movimentos atuais de política criminal, julgue o item a seguir.

O fenômeno do crime organizado se ajusta aos fundamentos da teoria da associação diferencial, para a qual a conduta delitiva não é intrínseca às condições sociais ou a fatores outros como gênero, raça e idade do agente.

( ) Certo   ( ) Errado

Gabarito comentado: conforme descrito, a teoria da associação diferencial se fundamenta na ideia de que a conduta delitiva não está em aspectos inconscientes de personalidade, fatores biológicos ou algo intrínseco, mas sim aprendidos, modelados nas experiências de vida, sendo um comportamento que se subordina a um processo de aprendizagem. Portanto, a assertiva está certa.

7.4 CRIMINOLOGIA AMBIENTAL

A criminologia ambiental estuda o crime, a criminalidade e a vitimização, sobretudo na forma como estes elementos se relacionam com **o lugar, o espaço**, e a respetiva interação destes fatores.

É uma teoria bastante utilizada pelas forças de segurança pública para tentar prevenir a ocorrência dos delitos. É aplicação do dito popular "**a oportunidade faz o ladrão**".

Uma definição de criminologia ambiental pode ser a seguinte: **subdisciplina da criminologia que estuda eventos criminais como resultado do encontro entre criminoso motivado para cometer um crime, em momentos específicos de espaço e tempo.**

Assim sendo, o crime não é algo que acontece por acaso, é preciso um conjunto de fatores combinados. Veja a seguir.

A criminologia ambiental tem forte influência da Escola de Chicago e teve surgimento na década de 1970.

São os seguintes os **pressupostos** da criminologia ambiental:

- O comportamento criminal do ofensor é influenciado pelo ambiente imediato em que ocorre o crime.
- O ambiente não possui um papel passivo, ele aparece como um elemento criminogênico que afeta o comportamento criminal e o processo de tomada de decisão.
- O crime **não é distribuído aleatoriamente**, mas concentra-se em ambientes que, pelas suas características, facilitam atividades criminosas.
- O foco está ao nível ambiental: é possível analisar o peso específico do cenário criminal, para explicar o comportamento ofensivo e projetar estratégias de intervenção especializadas.
- Existência de zonas concêntricas, pois a distribuição espaço temporal do crime não é aleatória.

Em síntese, a criminologia ambiental e a ciência do crime não incidem sobre as razões pelas quais os criminosos são "produzidos", mas no ato de praticar o crime. A preocupação recai não sobre porque alguém comete um crime, mas, sim, em como o crime é praticado. O que se procura são formas de reduzir as oportunidades e tentações para o crime e aumentar os riscos percebidos de prisão. E para fazer isso, esta nova disciplina se vale de contribuições de uma ampla gama de áreas do conhecimento, incluindo psicologia, geografia, medicina, urbanismo e arquitetura.

7.4.1 *Hotspots* criminais

São locais de **maior concentração criminal**. Pode ser uma rua, um banheiro, uma esquina, um parque etc. Locais que normalmente possuem uma reduzida visibilidade para a vítima e, por isso, o crime é algo que aparece de forma imprevisível.

Oferece maiores oportunidades de esconderijo para o criminoso e uma reduzida oportunidade de fuga para a vítima.

O crime não ocorre em todo o lado, nem em todos os espaços de forma igual. Está mais concentrado nalgumas zonas que em outras. São justamente esses os "pontos quentes" ou *hotspots*.

Os mapas de *hotspots* criminais podem ser um guia eficiente para a ação policial se os mapas forem orientados pelas teorias criminais (por exemplo, local, espaço, vítima, vizinhança).

7.4.2 Teoria das atividades rotineiras

A teoria das atividades rotineiras, conhecida também como teoria da oportunidade, desenvolvida por Lawrence Cohen e Marcus Felson, entende que para que um **crime** ocorra deve haver **convergência** de **tempo** e **espaço** em, pelo menos, três elementos: um provável agressor, um alvo adequado, na **ausência de um guardião** capaz de impedir o crime.

Trata-se da teoria derivada da teoria ambiental e da própria Escola de Chicago. Há uma análise do contexto da situação em que ocorre o delito, mais precisamente a convergência de tempo e espaço. Assim, para que o crime ocorra, o agressor **motivado** precisa estar no mesmo **local** e no mesmo tempo que a **vítima** potencial, com ausência de vigilância, podendo ser ilustrada da seguinte maneira:

O infrator pode ser **motivado**, em síntese, pelos seguintes elementos:

- patologia individual;
- maximização do lucro;
- subproduto de um sistema social perverso ou deficiente;
- desorganização social;
- oportunidade.

O termo "vítima/alvo adequado" pode se referir tanto a uma pessoa quanto a um local ou um produto. Se o crime é um arrombamento de comércio, então o alvo adequado deve ser um local em que se acredita haver dinheiro ou um produto com valor de revenda. Se o crime é um roubo na rua, então o alvo adequado será uma pessoa que é percebida carregando objetos de valor para o agressor, desprotegida e, provavelmente, sem condições de reagir.

As palavras "percebida" e "adequada" são importantes já que o mesmo alvo pode ser percebido de modos distintos por agressores diferentes. O mesmo alvo pode ser percebido como adequado para um agressor e não ser considerado adequado para outro. A percepção do alvo como adequado ou não, eleva ou reduz o risco do alvo.

Por fim, o elemento **guardião capaz** diz respeito a uma pessoa ou equipamento que desencoraje a prática do delito. Esse guardião pode ser formal ou informal, como policiais, vigilantes, sistemas de segurança, testemunhas etc.

7.4.3 Teoria da escolha racional

Outra teoria derivada da criminologia ambiental, a qual advoga que o crime **é fruto de uma escolha racional do delinquente**.

A perspectiva da escolha racional foca no processo de tomada de decisão do criminoso. Sua principal hipótese afirma que o criminoso possui um comportamento intencional, destinado a se beneficiar de alguma forma.

No entanto, as decisões para se cometer um crime são limitadas pelo **tempo**, pela **capacidade cognitiva** e pela **informação disponível**. As "percepções" da situação, dos riscos e das recompensas **são mais importantes** que as circunstâncias reais em si.

Assim sendo, as decisões variam de acordo com as diferentes fases do delito e entre os diferentes autores.

Os criminosos podem cometer ou não um crime com base na percepção dos **riscos e recompensas**; e, se uma pessoa escolhe cometer um crime com base em uma série de fatores, então esses fatores podem ser alterados a fim de dissuadi-lo.

A ideia principal é fazer com que os agentes encarregados de evitar o delito **pensem como um criminoso**, ao ponto de adotar as melhores estratégias para prevenir o delito.

A tomada de decisão do criminoso se baseia, principalmente, no que é mais evidente e imediato, negligenciando análises de custo/benefício mais complexas. É por isso que o criminoso dá pouca atenção a uma eventual punição ou a consequências de longo prazo. Ele se preocupa mais com a recompensa imediata oferecida pelo crime, ou o risco de que alguém impeça sua ação no local.

7.5 MÍDIA E CRIMINALIDADE

A influência dos meios de comunicação na criminalidade é objeto da análise contemporânea da criminologia.

Isso pode ser analisado, basicamente, a partir de dois enfoques: um de **cunho protecionista** e outro mais **punitivista**.

A primeira vertente, deriva, em parte, da chamada criminologia midiática, encampada pelo jurista argentino Eugenio Raúl Zaffaroni (2012). Parte-se da ideia de que o delinquente acaba sendo estigmatizado, rotulado e "condenado" pela mídia, em especial em programas sensacionalistas. Além disso, visualiza-se um alto grau de seletividade nesse tipo de exposição, tratando, na imensa maioria dos casos, de criminosos das baixas classes sociais e praticamente de crimes patrimoniais e contra a vida.

Zaffaroni (2013) assevera que o poder punitivo formalizado na civilização atual tem por função real tentar canalizar racionalmente a vingança. Nesse contexto, é essencial o papel desempenhado pelos meios de comunicação de massas, uma vez que, se o sistema penal tem a missão de canalizar a vingança e a violência difusa na sociedade, é mister que as pessoas acreditem que o poder punitivo está neutralizando o causador de todos os seus males. Assim, os meios de comunicação de massa constroem essa realidade, através do que Zaffaroni denomina de criminologia midiática, e as pessoas, geralmente, possuem uma disposição em aceitá-la como verdadeira para, assim, tentarem reduzir seu nível de angústia diante da violência difusa na sociedade – a regra, segundo o autor, é a de que, quando a angústia é muito pesada, ela se converte, através da criminologia midiática, em medo a uma única fonte humana.

Podemos citar também a influência da teoria da criminologia cultural na relação de mídia e criminalidade.

A criminologia cultural tem justamente essa abordagem. Trata-se de uma escola de criminológica mais moderna que encara o crime como sendo um produto da cultura atual, gerado a partir de diversos fatos e até mesmo estimulado como produto midiático.

Outra vertente é debatida na **teoria da identificação diferencial**, uma vertente da teoria da associação diferencial, capitaneada por **Daniel Glaser** (1956).

Essa teoria afirma que o comportamento criminal é aprendido, mas que não há necessidade de contato direto do delinquente com outro criminoso para que ele o aprenda. O indivíduo acaba elegendo um modelo e comportamento e o segue, o que pode ocorrer (e geralmente ocorre) por meio da mídia.

Nessa esteira, caso a mídia passe a exaltar comportamentos criminosos, adotando uma postura de viés extremamente protecionista ou minimizando excessivamente os delitos praticados, colocando o criminoso como vítima social e a polícia e demais instituições responsáveis pela persecução penal como opressoras, acaba gerando um efeito "Robin Hood", estimulando a prática criminosa. Isso pode ocorrer por meio de telejornais, filmes, novelas, séries etc.

7.6 POLÍTICA CRIMINAL DE DROGAS

O uso de droga lícitas e ilícitas sempre fizeram parte da sociedade. A forma com que essa temática é vista e combatida sofreu alguma evolução no decorrer da história.

Veja por exemplo o caso de uso e venda de bebidas alcoólicas nos Estados Unidos durante o século passado, que passou de algo inaceitável e duramente combatida a praticamente total liberação, exceto para os menores de 21 anos. A Lei Seca entrou em vigor em 1920, com o objetivo de salvar o país de problemas relacionados à pobreza e violência. A Constituição americana estabeleceu, na 18ª Emenda, a proibição da fabricação, comércio, transporte, exportação e importação de bebidas alcoólicas. Essa lei vigorou por 13 anos (1920-1933).

Perceba, portanto, que a temática é foco de uma análise mais de política criminal do que de criminologia propriamente dita.

Dentro de uma análise mais restritiva, tratando agora mais especificamente das drogas psicotrópicas ilícitas (maconha, cocaína, heroína, *ecstasy*, LSD, dentre outras), percebemos que, no decorrer dos séculos XX e XXI, foi iniciada, em especial nos Estados Unidos, a chamada "guerra às drogas". Nessa ação, há uma conduta de tolerância zero para o tráfico, incidindo tanto dentro do território norte-americano, quanto em outros países, em especial na América Latina, como Colômbia, Paraguai, Bolívia, México, que são os grandes produtores e exportadores de tais substâncias.

No Brasil, a situação não é muito diferente. Nosso país tem proporções continentais e com milhares de quilômetros de fronteira "seca" com grandes produtores de drogas como o Paraguai (maconha) e Bolívia (cocaína). Isso faz com que sejamos grandes portas de entrada de drogas, seja para consumo doméstico em grandes centros urbanos, como o eixo Rio-São Paulo, seja para exportação, principalmente de cocaína para Europa e Oriente Médio.

A atual legislação nacional antidrogas (Lei nº 11.343/2006) apresenta aspectos híbridos. Ao mesmo tempo que prescreve políticas para tratar e auxiliar o usuário de drogas, trata da despenalização (impossibilidade de aplicação de pena privativa de liberdade) ao porte de drogas para consumo pessoal, traz rígida penalização ao traficante de drogas, bem como para aqueles que se associam para esse fim ou de qualquer forma financiam tal prática.

Para diferenciar o tráfico de drogas da posse para consumo pessoal, a Lei nº 11.343/2006, no art. 28, § 2º, tratará de aspectos interpretativos do caso concreto, relacionados a natureza, quantidade da substância apreendida, local em que se desenvolveu a ação, circunstâncias sociais e pessoais e antecedentes.

Verifica-se que quando a Lei trata de aspectos de circunstâncias sociais e pessoais do agente, indica uma distinção discriminatória e racista. Fato é que as políticas criminais com relação ao tráfico e liberação de drogas é algo constante que está em forte discussão em âmbito nacional e internacional. Alguns países, em especial na Europa e alguns Estados americanos, já passam por uma gradual liberação a algumas drogas tidas como menos prejudiciais como a maconha, além de prever um **modelo de redução de riscos** causados pelo uso clandestino de drogas como distribuição de seringas, espaços reservados para uso de drogas, dentre outros.

O crescimento abrupto acontece, exatamente, após 2006 e a aprovação da Lei de Drogas. De 1990 a 2005, o crescimento da população prisional era de cerca de 270 mil em 15 anos. De 2006 até 2016, pela fonte de dados que tenho utilizado, ou seja, oito anos, o aumento foi de 300 mil pessoas.

Segundo Wacquant (2001), a ampliação dos índices de encarceramento na América é conectada com a diminuição de políticas sociais e, do contrário, um investimento em políticas de segurança pública com escopo de segregar classes específicas da sociedade. Trata-se de uma política neoliberal que aumenta o poder punitivo e diminui políticas sociais.

7.7 CRIMINOLOGIA CULTURAL

A criminologia cultural é uma abordagem teórica, metodológica e intervencionista de estudo do crime e do desvio, que coloca a criminalidade e seu controle no contexto da cultura; isto é, considera o crime e as agências e instituições de controle do crime como produtos culturais – como construções criativas.

Trata-se de uma escola criminológica mais moderna que encara o crime como sendo um produto da cultura atual, gerado a partir de diversos fatos e até mesmo estimulado como produto midiático. **Podemos classificá-la dentro das teorias críticas**.

Nesse sentido, criminologistas culturais focam na geração contínua de significado em torno da interação: regras criadas, regras quebradas e uma interação constante de empreendedorismo moral, inovação política e transgressão.

A criminologia cultural enfrenta questões como produção do crime, direito e sociedade; controle social, justiça social e solidariedade; processos de criminalização; análise dos mecanismos de gestão da conflitualidade penal e políticas públicas correlatas; representação mediada do crime; criminalização cultural; protesto e política do espaço urbano; prática subculturais de resistência; criminologia cultural verde e denúncia da predação ambiental; o nexo entre a segurança, o policiamento e o controle social, visando a contenção do poder punitivo e a consolidação da justiça social.

Decifrando a prova

(2018 – FCC – DPE/RS – Defensor Público – Adaptada) Julgue o item a seguir como certo ou errado. A legislação penal brasileira considera típico o ato de pichação (art. 65 da Lei nº 9.605/1998 e Lei nº 12.408/2011). Contudo, tal comportamento humano é percebido de formas diversas na sociedade, podendo também ser interpretado como arte de rua.

Nesse sentido, tal interferência na paisagem urbana pode ser compreendida a partir de uma criminologia cultural, que introduz a estética e a dinâmica da vida cotidiana do século XXI na investigação criminológica.

( ) Certo   ( ) Errado

Gabarito comentado: a criminologia cultural aborda a interferência na paisagem urbana no fenômeno criminal, inclusive a partir de artes de rua e pichação. Portanto, a assertiva está certa.

A origem da criminologia cultural é um tanto artística e está profundamente atrelada à uma crítica aos padrões, paralisantes e entediantes, da Modernidade. Por meio da música *punk*, do grafite com seus *slogans* subversivos, dos escritos dos críticos do tédio moderno (os situacionistas) e de movimentos de contracorrente que concretizaram um verdadeiro festival de resistência, contestava-se o mundo de prazer do "tédio mecanizado" Disney e a alienante e fraudulenta promessa moderna de progresso mediante trabalho (MORIN, 2000, p. 102).

A criminologia cultural propõe a integração entre os campos da criminologia e os estudos sobre a criminologia contemporânea. Utilizando-se de uma dinâmica sutil, os criminologistas culturais estudam as subculturas desviantes e criminosas, bem como a importância do simbolismo e do estilo na formação do significado e da identidade subcultural.

Decifrando a prova

(2018 – Fundatec – Polícia Civil/RS – Delegado de Polícia – Adaptada) Julgue o item a seguir como certo ou errado.

A representação artística a seguir aborda uma mesma temática (vício) sob duas perspectivas: tradicional e contemporânea. Dessa observação, resta evidenciado um novo padrão de comportamento humano, despertado pelo advento da tecnologia. Em suma, a imagem comunica uma crítica sobre a sociedade e o modo de vida atuais.

No mesmo sentido, é a criminologia **cultural,** como derivação da criminologia **crítica,** que insere novos temas, ícones e símbolos criminais na interpretação do processo de seleção de condutas humanas como típicas e suas formas de resposta ao delito.

( ) Certo   ( ) Errado

Gabarito comentado: trata-se de uma conceituzalização correta da criminologia cultural, expondo, o vício em aparelhos celulares. Portanto, a assertiva está certa.

7.8 CRIMINOLOGIA FEMINISTA

O feminismo é um movimento social e político que busca pela igualdade das mulheres no âmbito de uma sociedade patriarcal e androcêntrica.

Segundo Alfonso Serrano Maíllo e Luiz Regis Prado (2019, p. 404), o feminismo distingue-se em três ondas:

1. A primeira estaria constituída pelo movimento sufragista do início do século XX.
2. A segunda coincidiria, ao menos em países não tão isolados como Espanha e até alguns latino-americanos, com os movimentos sociais e de lutas pelos direitos civis e humanos dos anos 1970.
3. A terceira e última onda viria representada pela preocupação contemporânea pela igualdade das mulheres, movimento, como dissemos, muito heterogêneo.

A criminologia feminista é ramo do movimento feminista em sentido geral, contudo, voltado, obviamente, aos fatores criminológicos.

Busca-se a criação de mecanismos penais que **visem à diminuição dos números de agressões contra o gênero feminino** e estratégias no combate aos crescentes índices de violência contra a mulher, visando diminuir do abismo existente entre os gêneros na sociedade.

Debruça-se também em identificar a prática delitiva pelas mulheres, assunto esse que não é novidade nem estranho à criminologia.

É certo que o objeto de estudo da criminologia, historicamente, preocupou-se em estudar o homem, tendo em vista que a criminalidade é um fenômeno majoritariamente praticado pelo sexo masculino, razão pela qual houve pouca investigação criminológica a respeito da mulher.

Cesare Lombroso e Guglielmo Ferrero, por exemplo, expoentes da Escola Positiva, publicaram em 1893 um livro que tratava da delinquência feminina, chamado *A Mulher Delinquente: a prostituta e a mulher normal.*

Já na mitologia grega, a mulher, enquanto delinquente, detinha posição privilegiada, visto que sua conduta criminosa era justificada pela paixão ou pelo ciúme.

Da mesma forma Bourdieu (2012, p. 5) a qualifica como

> violência suave, insensível, invisível a suas próprias vítimas, que se exerce essencialmente pelas vias puramente simbólicas da comunicação ou do conhecimento, ou, mais precisamente, do desconhecimento, do reconhecimento ou, em última instância, do sentimento.

Como exemplo, temos a condutada praticada por Medeia, que assassinou os próprios filhos em vingança ao marido infiel, que, embora tenha sido repugnante, justificou-se pelo ciúme.

Atualmente, algo que vem chamando a atenção é o crescente número de criminalidade e encarceramento feminino e as perspectivas criminológicas decorrentes deste fenômeno.

Segundo o Levantamento Nacional de Informações Penitenciárias Infopen Mulheres, a população carcerária feminina no Brasil cresce a taxas galopantes. No primeiro semestre de 2017, o quantitativo de mulheres custodiadas no Brasil foi de 37.828 mulheres privadas de liberdade.

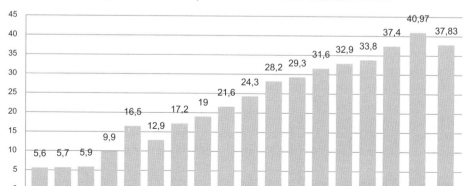

Evolução das mulheres privadas de liberdade entre 2000 e 2017

Fonte: adaptado de Ministério da Justiça e Segurança Pública. A partir de 2005, dados do Infopen.
Nota: população em milhar.

Nessa área, foram feitos estudos pelo Centro de Estudios Legales y Sociales (Cels), na Argentina em 2011, e pelo The Washington Office on Latin America (Wola) e The Transnational Institute (TNI), ambos em 2010, produziram os documentos *Mujeres en Prisión: los alcances del castigo* e *sistemas sobrecargados – leyes de drogas y cárceles en América Latina*, respectivamente. Ambas as pesquisas constataram que o motivo principal do aprisionamento de mulheres por crimes de drogas na América Latina **se deu pelo transporte de pequenas quantidades de drogas**, numa atividade em que recebem o nome de "mulas". Com efeito, cerca de 64% das mulheres presas em penitenciárias latino-americanas estão detidas em decorrência de crimes de drogas, sendo este percentual maior que o de homens em todos os países da América Latina. Esses números se aproximam do cenário brasileiro, em que o tráfico de drogas é o tipo de crime que tem mais privado as mulheres de liberdade (GERMANO; MONTEIRO; LIBERATO, 2018).

A criminologia feminista denuncia a falta de teorias criminológicas que possam explicar a diferença estatística na criminalidade entre homens e mulheres, tendo em vista que homens praticam muito mais crimes que as mulheres.

Segundo Simon (apud PRADO, 2019, p. 402),

> conforme as mulheres aumentam sua participação no mercado de trabalho, sua oportunidade para cometer certos tipos de delito também se eleva; essa explicação afirma que a moralidade das mulheres não é superior à dos homens. Sua propensão para a prática de delitos não difere, mas no passado suas oportunidades eram muito limitadas.

O empoderamento feminino, portanto, pode gerar o incremento no aumento de crimes para as mulheres. No entanto, apesar de utilizado pela mídia em geral, até o momento, não há evidência empírica com relação a esse argumento.

Para explicar essa diferença na criminalidade majoritariamente de homens, uma outra teoria, denominada de teoria do poder/controle (*power-control*) de Hagan (apud PRADO, 2019, p. 414), sustenta que a diferença ocorre pelos mecanismos de socialização. Nas famílias patriarcais, por exemplo, as jovens mulheres serão socializadas para assumir papéis domésticos e são submetidas a um controle especial, normalmente as mães controlam mais as filhas do que os filhos.

Os jovens do sexo masculino, por sua vez, possuem liberdade em realizar atividades arriscadas e são socializados para exercer posições de comando, razão pela qual a delinquência se torna maior nos homens.

A "tese do cavalheirismo" (MAÍLLO; PRADO, 2019, p. 410) preceitua que há um tratamento mais favorecido às mulheres no sistema de justiça criminal, em razão da suposta inferioridade e fragilidade, porquanto deveriam ser julgadas com menor rigor se comparado aos homens. A criminologia feminista critica referida tese, ressaltando, inclusive, que ocorre o inverso, ou seja, as mulheres são perseguidas de forma desproporcional com relação a fatos criminosos leves, enquanto aos homens, no que diz respeito aos fatos leves, haveria uma maior leniência, em razão de serem consideradas uma travessura própria da idade.

Por derradeiro, o feminismo chamou a atenção para o fato de que o sistema penal se ocupava quase exclusivamente dos homens: no "exército" da sociedade hierarquizada, os "sargentos" controlam a mulher, e os "sargentos" são controlados pelo poder punitivo, que só se ocupa das mulheres quando elas se rebelam contra o "sargento" – este é o programa que provém da Idade Média e que se mantém em vigor.

7.9 CRIMINOLOGIA *QUEER*

Queer é uma palavra de origem inglesa que significa literalmente "esquisito" ou "estranho". Contudo, é usada como gíria para designar pessoas que, seja por sexo biológico, orientação sexual, orientação romântica, identidade de gênero ou expressão de gênero, não correspondem a um padrão cis-heteronormativo. O termo é usado para representar homossexuais, bissexuais, pansexuais, polissexuais, assexuais e, frequentemente, também as pessoas transgênero, ou seja, todos os que não se identificam como heterossexuais ou cisgênero, de forma análoga à sigla LGBTQIAP+.[3]

Nessa esteira, a criminologia *queer*, derivada principalmente das teorias críticas, busca estudar e analisar os fenômenos criminais que envolvem que **não se identificam como heterossexuais** e as formas de preconceitos, estigmatização e criminalização que rodeiam essa parcela da sociedade, como por exemplo os padrões da heteronormatividade e da cultura homofóbica, as maneiras como as pessoas transgêneros são tratadas pelo sistema de justiça criminal, o *bullying* etc.

Um dos dados mais relevantes nessa seara é de que o Brasil tem a maior taxa de travestis assassinados. De acordo com a Associação Nacional de Travestis e Transexuais (Antra), apenas em 2017, ano de registro recorde de tais mortes, foram contabilizados 179 assassinatos de travestis ou transexuais. Isso significa que, a cada 48 horas, uma pessoa trans é assassinada no Brasil. Em 94% dos casos, os assassinatos foram contra pessoas do gênero feminino (MARTINS, 2018).

O dossiê de assassinatos contra travestis brasileiras e violência e transexuais em 2019 (BENEVIDES; NOGUEIRA, 2019) registra a morte violenta de 124 travestis e transexuais em 2019, número 24% menor aos 163 assassinatos computados pelo mesmo dossiê em 2018. É o segundo ano seguido de queda, uma vez que, em 2017, foi registrado o recorde histórico do acompanhamento (179 homicídios).

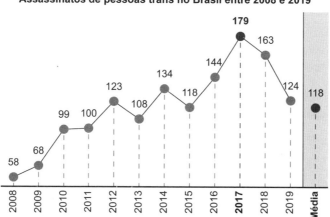

Assassinatos de pessoas trans no Brasil entre 2008 e 2019

Fonte: Associação Nacional de Travestis e Transexuais (Antra). Disponível em: https://antrabrasil.files.wordpress.com/2020/01/dossic3aa-dos-assassinatos-e-da-violc3aancia-contra-pessoas-trans-em-2019.pdf. Acesso em: 27 ago. 2022.

---

[3] *Queer definition* (em inglês). Disponível em: dictionary.com. Acesso em: 22 out. 2020.

> **Decifrando a prova**
>
> **(2021 – FGV – DPE/RJ – Defensor Público – Adaptada)** O reconhecimento de que a categoria "mulher" não é (e não pode ser) tomada como um sujeito universal, na medida em que abre espaço para assimetrias entre as próprias mulheres que se desdobram em silenciamento, colonização e assimilação de umas pelas outras, levou à construção de diferentes perspectivas criminológicas, dentre as quais é possível identificar a criminologia *queer* e a criminologia feminista negra.
> ( ) Certo ( ) Errado
> **Gabarito comentado:** lembre-se de que o feminismo é um movimento social e político que busca pela igualdade das mulheres no âmbito de uma sociedade patriarcal e androcêntrica, sendo que a criminologia queer é designativo para representar o grupo LGBTQIAP+. Portanto, a assertiva está certa.

7.10 CRIMINOLOGIA DO DESENVOLVIMENTO

A criminologia do desenvolvimento, também denominada criminologia do curso da vida, é uma perspectiva da criminologia contemporânea. Considera que os fatores relevantes para o crime e a criminalidade podem ser diferentes conforme a idade das pessoas, suas trajetórias e as mudanças que decorrem com o passar do tempo, ou seja, o problema criminal pode ser fruto do desenvolvimento das pessoas.

É um tema decorrente das denominadas carreiras criminais.

Segundo Maíllo e Prado (2019, p. 440),

> as pessoas passam ao longo de sua vida por novas experiências, assim como por processos puramente biológicos devidos ao passar do tempo. Isso quer dizer que tendências que estavam mais ou menos fixadas em determinado momento da vida das pessoas podem se ver alteradas dramaticamente em momentos posteriores; ao mesmo tempo, fatores causais que eram irrelevantes em certo momento podem passar a ser influentes mais adiante. Nesse sentido, trata-se de propostas dinâmicas.

A prevenção é o enfoque da criminologia do desenvolvimento.

Maíllo e Prado (2019, p. 440) analisam três etapas do comportamento criminoso:

- **Ativação:** refere-se ao momento em que o indivíduo já está praticando crimes, o qual pode aumentar, se estabilizar ou diversificar (cometer delitos de outra natureza).
- **Agravação:** indivíduo pode passar para o cometimento de crimes mais graves.
- **Desistência:** o indivíduo deixa de cometer crimes, o que resulta no término de sua carreira criminosa ou cometer delitos com menor frequência.

A criminologia do desenvolvimento se desdobra em duas teorias:

- **Teoria das duas trajetórias:** por essa teoria, o indivíduo pode seguir duas trajetórias. Podem seguir cometendo crimes reiterados, e tal fato já é detectável nos primeiros anos de vida em razão de déficits neuropsicológicos ou praticam crimes de forma temporária, normalmente quando adolescentes. O principal autor é Moffit (VIANA, 2020, p. 475).

* **Teoria da gradação pela idade:** ideias derivadas dos autores Sampson e Laub. O controle social formal é primordial para o surgimento do comportamento criminal, de forma que o enfraquecimento de laços sociais pode conduzir à criminalidade (VIANA, 2020, p. 479).

7.11 TÉCNICAS E TESTES CRIMINOLÓGICOS

Conforme ensina Nestor Sampaio Penteado Filho (2014), a realização de uma pesquisa empírica em criminologia implica sempre o uso de procedimentos teórico-metodológicos de observação do real por meio da estruturação de uma estratégia de investigação.

As **técnicas de investigação** acabam variando de acordo com o objeto de estudo e podem ser divididas, no campo do estudo sociológico, em extensiva, intensiva e de investigação-ação.

As **técnicas extensivas** são caracterizadas pelo uso predominante de técnicas quantitativas, ou seja, preza-se pela quantidade. Tem como fator positivo possibilitar o conhecimento extensivo do fenômeno criminal.

A **técnica intensiva** se debruça em um estudo mais aprofundado, verticalizado, da problemática criminal, abordando vários elementos como opiniões diversas, diferentes pontos de vista do mesmo problema, ou seja, privilegia-se a abordagem direta das pessoas em seus próprios contextos de interação.

A **técnica de investigação-ação**, por seu turno, consiste na intervenção direta dos cientistas, que são chamados a participar em projetos de intervenção. Os objetivos de aplicação mais direta dos conhecimentos produzidos tomam essa lógica específica (criminólogos, estatísticos, policiais, promotores, juízes etc.).

Dentro do campo da técnica de investigação-ação, destaca-se a técnica de investigação criminal, desenvolvida em São Paulo, em 1994, de Marco Antônio Desgualdo, denominada "**recognição visuográfica de local de crime**". Tal técnica criminal proporciona a reconstrução da cena do crime por meio da reconstituição de seus fragmentos e vestígios, levando o pesquisador criminal experiente (delegado de polícia) a coletar elementos que possam construir um perfil criminológico do autor de um delito.

7.11.1 Perfilamento criminal (*criminal profiling*)

Consistem basicamente em estabelecer e catalogar o perfil criminal de um determinado tipo ou grupo de delitos, nos quais os agentes guardariam entre si alguma similitude ou caraterísticas, em especial psicológicas.

Podem ser utilizados diversos ramos do conhecimento como biologia, psicologia, psiquiatria, antropologia etc. Pode-se utilizar a própria **recognição visuográfica de local de crime** para se estabelecer o perfil de um criminoso. Por exemplo, no caso de um *serial killer* que comete delitos de estupro em um determinado parque da cidade. A partir de informações coletadas nos locais de crime, pode-se ir traçando seu perfil, como idade, aparência, possível ocupação, hábitos etc.

Um exemplo de perfilamento criminal é o famigerado exame criminológico, realizado no âmbito da Lei Nacional de Execução Penal nº 7.210/1984, disciplinado no art. 8º. Aplicável ao condenado ao cumprimento de pena privativa de liberdade, em regime fechado ou semiaberto, sendo o preso submetido a exame criminológico para a obtenção dos elementos necessários a **uma adequada classificação** e com vistas à individualização da execução. O art. 9º diz que a comissão, no exame para a obtenção de dados reveladores da personalidade, observando a ética profissional e tendo sempre presentes peças ou informações do processo, poderá: entrevistar pessoas, requisitar, de repartições ou estabelecimentos privados, dados e informações a respeito do condenado, realizar outras diligências e exames necessários. Isso tudo com o fito de se estabelecer o perfil do criminoso, seja para uma maior individualização da pena, seja para confecção de banco de dados utilizável no campo da própria criminologia e política criminal.

7.II.2 Testes de personalidade

Uma espécie de perfilamento criminal, contudo, mais específico, são os testes de personalidade, que visam identificar traços criminosos futuros ou pretéritos, diretamente na pessoa do criminoso ou possível criminoso. Dividem-se basicamente em dois: **projetivos e prospectivos**.

Os testes **projetivos** buscam traçar o perfil do agente a partir de imagens, figuras, quadros etc. Nesse contexto, conforme explica Nestor Sampaio Penteado, citando João Farias Júnior (2009, p. 146), testes projetivos

> são aqueles que procuram medir a personalidade por meio do uso de quadros, figuras, jogos, relatos etc., que imprimem estímulos no examinado, que provocam, consequentemente, reações das quais resultam as respostas que servirão de base para a interpretação dos resultados desejados.

Por exemplo, Teste de Rorschach (interpretação de manchas de vários formatos); Teste Psicodiagnóstico Miocinético da Periculosidade Delinquencial (PMK) (estímulos musculares e postura mental); Teste do Desenho (árvore, casa, pessoa etc., que, associados a um questionário, dão o perfil do autor).

Já os testes **prospectivos** compreendem o emprego de técnica voltada a explorar, com minúcias, as intenções **presentes** e **futuras**, retirando do paciente as suas crenças e potencialidades, lesivas ou não; os freios de contenção de boas condutas; o estilo de vida presente e futuro; o porquê da vida criminal; os porquês da causação de sofrimento às vítimas; o temor ou não à justiça e à pena; sua sensibilidade moral ou insensibilidade etc. Trata-se de um teste muito mais profundo, que depende bastante da habilidade do responsável e da sinceridade do examinando, sendo feito em geral por meio de perguntas e repostas.

7.11.3 Testes de inteligência

Trata-se da árdua tarefa de estabelecer o nível de inteligência de determinado indivíduo. A inteligência é função psíquica complexa, talvez por isso se acredita não haver um conceito de inteligência universalmente aceito. Hoje em dia se relacionam vários conceitos de inteligência, imbricados e interdependentes, que são observáveis conforme sua utilidade.

O mais famoso e utilizado no campo da criminologia é o teste de quociente de inteligência, conhecido como QI, que passou por diversas adaptações e utilizações no decorrer dos anos, tendo seu uso pioneiro ainda no século XIX.

Nesse teste, a partir de uma série de perguntas, nas quais podem-se obter determinadas habilidades do indivíduo e podem apontar para "tipos" de inteligência ou habilidades específicas ou ainda apontar sua idade mental, que pode ser diversa da idade cronológica, além do nível de inteligência, podendo ser classificado em **hiperfrênico** (aqueles com QI superior ou QI genial), normal ou **hipofrênico** (com QI baixo).

7.12 FATORES SOCIAIS DESENCADEADORES DE CRIMINALIDADE

Sob o ponto de vista sociológico, é completamente possível definir alguns fatores que de alguma forma acabam influenciando o indivíduo e propiciando maior chances de enveredamento ao crime.

Diante disso, pergunta-se: Por que uma pessoa comete um crime? Quais podem ser os fatores dentro da sociedade que podem influenciar para a sua ocorrência?

Fatores como **pobreza, desemprego e subemprego** são usualmente citados pela doutrina para exemplificar elementos que acabam propiciando maior criminalidade.

Não significar dizer que a pobreza seja algo determinante para o crime. A teoria dos crimes de colarinho branco de Sutherland já rompeu com o paradigma pobreza/crime.

Contudo, as estatísticas criminais, a despeito de todas as cifras negras envolvidas, comprovam que há uma maior participação na atividade delitiva das camadas mais baixas da sociedade, em especial no envolvimento em crimes contra a vida e contra o patrimônio.

Como salienta Nestor Sampaio Penteado Filho (2014, p. 65), as causas da pobreza, conhecidas de todos: má distribuição de renda, desordem social, grandes latifúndios improdutivos etc. somente funcionam como fermento dos sentimentos de exclusão, revolta social e consequente criminalidade. Por conseguinte, a repressão policial tem valor limitado, na medida em que ataca as consequências da criminalidade patrimonial e não as causas, justificando, no mais das vezes, as premissas da criminologia crítica ou radical.

Nesse particular, relembre que a **criminalização secundária**, já estudada anteriormente, acaba trazendo uma grande seletividade por parte dos órgãos oficiais de repressão criminal, abrangendo, em maior parte, também os mais pobres.

Outro fator a ser citado é a **educação, cultura e o ensino**. Trata-se de fatores inibitórios de criminalidade, no entanto, sua carência ou defeitos podem contribuir para estabelecer um senso moral distorcido na primeira infância. Assim, a educação informal (família, sociedade) e a formal (escola) assumem relevância indisfarçável na modelagem da personalidade humana.

São elementos para o entendimento dos fatores sociais da criminalidade, segundo Oliveira (2021, p. 224):

- **Sistema econômico:** desigualdade social, má distribuição de renda.
- **Pobreza e miséria:** podem gerar sentimento de exclusão social e revolta.
- **Fome e desnutrição:** inclusive com a ocorrência do denominado furto famélico, aquele cometido em estado de necessidade (art. 24 do Código Penal).
- **Habitação:** comunidades e favelas onde há a ausência do Estado.
- **Educação:** permite acesso à diversidade cultural e possibilita o acesso ao mercado de trabalho.
- **Má vivência:** formação de vida ruim, culturalmente inadequado.
- **Migração:** o excesso de migração resulta em escassez das oportunidades de trabalho.
- **Crescimento populacional:** o aumento demográfico gera, também, a escassez de trabalho e torna mais dificultosa a implementação de direitos sociais pelo Poder Público.
- **Preconceito:** o preconceito gera a exclusão de minorias, sendo resultado para conflitos sociais.

7.13 TEORIAS PSICANALÍTICAS DA CRIMINALIDADE

É cediço que a criminologia é uma **ciência interdisciplinar** – diversos ramos do saber vão se dialogar para enfrentar os problemas da criminologia. Utiliza-se da sociologia, biologia, antropologia, medicina, psicologia, estatística e até mesmo a arquitetura, entre outros, para compreender o crime e a criminalidade.

A psicologia é uma ciência que influencia na criminologia desde a época do positivismo. Em um primeiro momento, denominado de psicopatologia criminal, o crime poderia ser explicado a partir de transtornos mentais – neuroses, psicopatias, entre outros. O criminoso é anormal, sob o viés antropológico.

Em uma segunda fase, a psicologia aparece como uma das explicações para o fenômeno criminal ao lado, portanto, de outros fatores criminógenos, na medida em que o criminoso é dotado de periculosidade ("louco-criminoso") e precisava ser tratado.

A terceira fase ganharia contornos mais rebuscados. Teorias como a psicanálise, imitação, aprendizado, entre outras, ganham destaque.

Segundo Anitua (2008, p. 390), "em todos esses casos, o potencial de estudos sobre a mente se reduziria à questão individual, como roteiro idêntico ao apresentado pelo positivismo criminológico em geral".

A psiquiatria ganha notoriedade com o médico Philippe Pinel, o qual realizou os primeiros diagnósticos clínicos, separando criminosos dos doentes mentais. Nas lições de Eduardo Viana (2020, p. 34), "o grande mérito do pensamento do médico francês foi, efetivamente, promover a separação entre o binômio enfermidade mental – delinquência e propiciar a criação de asilos destinados a diagnósticos clínicos e tratamento dos enfermos mentais".

No entanto, com o avanço das ciências, a psicanálise, originária da psicologia, se tornou um importante instrumento de estudo da etiologia criminal, sobretudo na função de tentar entender os motivos pelos quais levaram o criminoso à prática de crimes, a partir das lições de Freud.

Jacques Lacan (1901-1981) também foi importante na relação entre criminologia e psiquiatria, rejeitando a teoria lombrosiana.

A psicologia atualmente e a psiquiatria são extremamente importantes, atualmente, no sistema de justiça criminal, sobretudo nas perícias e atendimento às vítimas, especialmente em situações que envolvem grupos vulneráveis – mulheres, idosos, crianças e adolescentes.

7.13.1 Delito por sentimento de culpa de Freud

Trata-se de teoria de Sigmund Freud (1856-1939), o qual começou a verificar que alguns problemas de seus pacientes derivavam de desejos reprimidos e acontecimentos traumáticos na infância.

A psicanálise propõe que a personalidade possui três instâncias: o id, o ego e o superego.

O id se caracteriza pela impulsividade, pela relação hedonista, busca do prazer e de negar aquilo que não seja uma gratificação imediata. É o mundo dos instintos.

Por sua vez, o ego baseia-se no princípio da realidade. É a identidade do indivíduo. Realiza uma espécie de sopesamento entre custo e benefício dos desejos do id antes de liberar o comportamento. É o mundo do consciente, da própria vida.

O superego é o princípio do dever, onde se instauram os controles. Fundamenta-se nos valores morais da sociedade e nos valores recebidos da formação do indivíduo. É uma instância repressora, eis que vai frear condutas imorais.

A neurose, na teoria freudiana, é uma disfunção nessa interação entre as instâncias da personalidade.

Nesse contexto, a repressão de instintos delituosos pelo freio do superego não destrói esses instintos, mas os coloca sob a ação do inconsciente, e são acompanhados por um sentimento de culpa, com uma vontade de confessar. Quando pratica o crime, o indivíduo supera o sentimento de culpa com a tendência para confessar. Portanto, a culpa precede a prática do crime, de forma que deseja, de forma inconsciente, de ter aquela punição.

Segundo Baratta (2011, p. 50), a relevância da teoria é a de negar o princípio da culpabilidade próprio do direito penal.

A relevância da teoria de Freud foi conferir um tratamento terapêutico a determinadas pessoas no âmbito do sistema de justiça criminal.

7.13.2 A antipsiquiatria

Na década de 1960, questionava-se o conceito de doença mental como uma condição patológica anormal. Em alguns casos, o indivíduo cometia crime não por uma doença, mas por um processo social e político de exclusão. A teoria humanista que refuta as ideias dogmáticas da psiquiatria, bem como de classificação de doentes, foi chamada de antipsiquiatria (ANITUA, 2008, p. 580).

A antipsiquiatria serviu de suporte teórico para a transformação e até abolição de manicômios.

Criminologia e segurança pública

8.1 POLICIAMENTO E SEGURANÇA PÚBLICA NO SÉCULO XXI

8.1.1 Polícia – terminologia e surgimento

Etimologicamente, a terminologia **polícia** deriva do vocábulo *politeia* dos gregos e *politia* dos romanos, significando a habilidade de governar, de gerir e guardar a coisa pública.

A expressão foi sendo ampliada na história para abarcar parte do aparato estatal, que vai atuar na garantia da boa ordem social, ou seja, na ordem pública, no estado de tranquilidade social.

Um corpo estatal organizado no sentido de guardar a coisa pública é relativamente recente na história.

Na Antiguidade, o próprio controle exercido pela sociedade era suficiente. A polícia, como atividade estatal, emerge no final da Baixa Idade Média, com o fortalecimento do absolutismo estatal, quando do surgimento da Idade Moderna. A finalidade da polícia foi de fazer valer a ordem, a vontade do corpo burocrático estatal, e, de certa forma, reprimir os mais vulneráveis, razão pela qual se tornou um importante instrumento das classes dominantes para a contenção de revoltas populares e manutenção do poder.

Neste sentido, o liberalismo econômico, a partir do século XIX, e a Revolução Industrial vão acentuar desigualdades, injustiças sociais, sobretudo pela exploração da nova classe social trabalhadora – o proletariado – e que se insurgirão pelas péssimas condições de trabalho, criando sindicatos e greves, sendo tais práticas declaradas ilegais e severamente punidas pelo Estado. Portanto, o surgimento da polícia remete a um corpo de disciplinamento e inspeção, sobretudo para controlar o proletariado (ANITUA, 2008, p. 211).

A formação de uma polícia autônoma acontece na segunda década do século XIX, pelo ministro britânico Robert Peel, em 1829, pelo surgimento da Polícia Metropolitana de Londres (ANITUA, 2008, p. 215).

> **Decifrando a prova**
>
> **(2021 – Fumarc – PC/MG – Investigador de Polícia)** De acordo com Marcos Rolim: "(...) as polícias modernas não surgiram como resultado de uma preocupação especial com a ocorrência de crimes. Tampouco foram a consequência de uma aspiração disseminada socialmente. Entre os historiadores, a opinião mais comum é a de que o fator imediato responsável pela formação das modernas forças de 'polícia' foi a emergência de um sem-número de revoltas populares e desordens de rua na maior parte dos países europeus e a incapacidade dos governos para continuarem lidando com elas através da convocação de tropas do exército. O recurso havia já se mostrado inadequado, não apenas pela sucessão de cenas violentas e de mortes que provocava, mas, sobretudo – na sensibilidade dos governantes da época – porque não se conseguia 'resolver' o problema daquela forma. (...) O problema, entretanto, seria reposto logo adiante com novas manifestações e desordens. Era preciso, então, uma estrutura 'permanente' e profissional que tivesse sempre nas ruas. Foi assim que nasceram as polícias modernas" (ROLIM, Marcos. *A síndrome da rainha vermelha:* policiamento e segurança pública no século XXI. Rio de Janeiro: Jorge Zahar, 2006, p. 25).
>
> Sobre os pressupostos de instituição das polícias como forma de controle social formal do crime, julgue a assertiva:
>
> O surgimento das forças policiais modernas no Ocidente foi um fenômeno do século XIX, de forma que, até então, as funções policiais eram exercidas de maneira assistemática por grupos de cidadãos convocados, por voluntários ou pessoas comissionadas pelos governos, as quais exerciam as funções de natureza fiscalizatória.
>
> ( ) Certo ( ) Errado
>
> **Gabarito comentado:** justamente é a ideia enfatizada no que tange ao surgimento das polícias que remontam o século XIX, justamente, com a Revolução Industrial e surgimento do proletariado que se revolta pela exploração da mão de obra, da qual surgem os sindicatos e as greves. Portanto, a assertiva está certa.

No Brasil, após a Proclamação da República, no final do século XIX, os estados criaram as forças públicas, que funcionavam como uma espécie de exército. As polícias militares só ganhariam o contorno que têm atualmente durante o período da ditadura militar, onde tiveram um papel chave na repressão e perseguição aos opoentes do regime militar.

O papel atribuído à polícia militar na época da ditadura militar gerou um pensamento na sociedade de cisão maniqueísta entre direitos humanos e segurança pública, nas lições de Balestreri (1998).

Segundo Ricardo Balestreri (1998),

> polícia, então, foi uma atividade caracterizada pelos segmentos progressistas da sociedade, de forma equivocadamente conceitual, como necessariamente afeta à repressão antidemocrática, à truculência, ao conservadorismo. "Direitos Humanos" como militância, na outra ponta, passaram a ser vistos como ideologicamente filiados à esquerda, durante toda a vigência da Guerra Fria (estranhamente, nos países do "socialismo real", eram vistos como uma arma retórica e organizacional do capitalismo). No Brasil, em

momento posterior da história, a partir da rearticulação democrática, agregou-se a seus ativistas a pecha de "defensores de bandidos" e da impunidade.

8.1.2 A segurança pública na Constituição Federal

A terminologia **segurança** refere-se a uma ideia de bem-estar, estar seguro, livre de perigos, sendo, justamente, a finalidade da segurança pública: a garantia da ordem pública e a incolumidade das pessoas e do patrimônio, nos termos do art. 144, *caput*, da Constituição Federal.

A atividade estatal de polícia divide-se em polícia administrativa e polícia de segurança.

A polícia administrativa *lato sensu* consiste na atividade administrativa que tem como objetivo limitar os direitos individuais em benefício do poder público (DI PIETRO, 1997, p. 94). Portanto, fica claro que não são somente os órgãos de segurança pública que exercem poder de polícia.

A polícia administrativa é estudada no âmbito do direito administrativo, por exemplo, quando os órgãos de vigilância sanitária realizam a interdição de um restaurante. Todavia, não se confunde com o exercício de polícia de segurança pública, o qual, segundo o Supremo Tribunal Federal,[1] está taxativamente delimitado no art. 144 da Constituição Federal.

A polícia de segurança pública vai se distinguir de qualquer outra atividade estatal pela possibilidade do uso legítimo da força no âmbito interno de uma nação (ROLIM, 2006, p. 26).

A organização da segurança pública está prevista na Constituição Federal no título V – Da defesa do Estado e das Instituições Democráticas, vejamos a literalidade do art. 144, *caput*, da Constituição:

> Art. 144. A segurança pública, dever do Estado, direito e responsabilidade de todos, é exercida para a preservação da ordem pública e da incolumidade das pessoas e do patrimônio, através dos seguintes órgãos:
>
> I – polícia federal;
>
> II – polícia rodoviária federal;
>
> III – polícia ferroviária federal;
>
> IV – polícias civis;
>
> V – polícias militares e corpos de bombeiros militares;
>
> VI – polícias penais federal, estaduais e distrital.

A polícia de segurança é dividida em duas atividades: polícia administrativa, preventiva ou ostensiva e polícia judiciária ou repressiva.

---

[1] *Vide* ADI nº 1.182, Rel. Min. Eros Grau, Plenário *DJ* de 10.03.2006, ADI nº 2.827, Rel. Min. Gilmar Mendes, j. 16.09.2010.

A polícia administrativa, preventiva ou ostensiva atua antes de ocorrer a infração penal, para inibir o crime. Por exemplo, o exercício de patrulhamento preventivo realizado pela polícia militar. Visam, normalmente, aparecer para a sociedade para causar um efeito dissuasório, ainda que indireto, na ocorrência do crime e da criminalidade, porquanto atuam, normalmente, fardados e com viaturas caracterizadas.

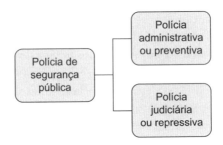

Registre-se que parcela da doutrina (LENZA, 2021, p. 1149) entende que a polícia penal, introduzida como órgão de segurança pública a partir da Emenda Constitucional nº 104/2019, exerce função como polícia preventiva especial, eis que atua dentro de um espaço delimitado – estabelecimento penal – para impedir a ocorrência de crimes e desordens.

A polícia judiciária ou repressiva, de investigação atua após a ocorrência da infração penal, visando à apuração da materialidade e autoria do crime.

8.1.3 Criminologia e segurança pública

A segurança pública como atividade estatal que tem por finalidade garantir a ordem pública e a incolumidade das pessoas e do patrimônio, nos termos da Constituição Federal, se analisada sob a perspectiva das funções da criminologia, se trata de exercício do controle social formal.

É cediço que, segundo Shecaira (2020, p. 57), o controle social é o conjunto de mecanismos e sanções sociais que pretendem submeter o indivíduo aos modelos e normas comunitários.

Nesse particular, podemos alocar a segurança pública como a primeira instância formal de combate à criminalidade, especialmente a polícia judiciária (estadual e federal), responsável pela busca da materialidade delitiva e dos indícios de autoria.

Sob a ótica da função criminológica de prevenção do crime e da criminalidade, aloca-se, genericamente, a segurança pública como atividade de prevenção secundária atuando no momento em que o crime está acontecendo, prestes a acontecer ou já consumado.

Contudo, a polícia penal, a qual tem a incumbência de exercer a segurança nos estabelecimentos penais e, segundo a Lei de Execução Penal, de operacionalizar a ressocialização do apenado, como função de prevenção especial positiva da pena e, portanto, nesse mister, atua na vertente da prevenção terciária.

Em tese, a atuação dos órgãos de controle social formal é subsidiária, ou seja, vão atuar quando as instâncias informais de controle social (sociedade) falharem, atuando, portanto, de maneira coercitiva.

A efetividade do controle social formal é muito menor se comparada ao controle informal, eis que o processo de socialização sob o qual se submete o indivíduo é contínuo e difuso, ou seja, a todo momento, a sociedade, pelos diversos segmentos sociais – família, educação, vizinhança, entre outros, transmitem valores morais e éticos sobre determinadas ações, conduzindo-o a um conformismo (SHECAIRA, 2020, p. 57).

Registre-se a célebre frase de Jeffery (SHECAIRA, 2020, p. 62): "mais leis, mais penas, mais policiais, mais juízes, mais prisões significam mais presos, porém, não necessariamente, menos delitos". Shecaira aduz que a eficaz prevenção do crime não depende tanto da maior efetividade do controle formal, senão da melhor integração ou sincronização do controle social formal e informal.

> **Decifrando a prova**
>
> **(2018 – Vunesp – PC/BA – Delegado de Polícia)** Julgue a assertiva a seguir:
> A afirmação do criminólogo Jeffery, no sentido de que "mais leis, mais penas, mais policiais, mais juízes, mais prisões significam mais presos, porém não necessariamente menos delitos", refere-se a uma crítica ao controle social informal.
> ( ) Certo   ( ) Errado
> **Gabarito comentado:** o erro está na expressão "controle social informal", quando, na verdade, o doutrinador explica, em síntese, que o incremento do controle social **formal** não resultaria em menos delitos. A integração entre o controle social formal e o informal resulta na maior efetividade no crime e na criminalidade. Portanto, a assertiva está errada.

A seleção discriminatória sob tais indivíduos vai gerar o efeito estigmatizante, da rotulação social, e desencadear as desviações secundárias e as carreiras criminais (SHECAIRA, 2020, p. 61).

Nos grandes centros urbanos, naturalmente, o controle social informal é menor, fato já evidenciado pela Escola de Chicago. Portanto, é preciso que ocorra a integração entre os controles sociais, de modo que a operacionalização dessa integração acontece pela formação das polícias comunitárias.

No pós-Segunda Guerra Mundial, com as atrocidades cometidas, os países começaram a se organizar no sentido do respeito aos direitos humanos e na polícia próxima a população. Anitua (2008, p. 543) diz que

> criava-se na Inglaterra a imagem do "Bobby" londrino, um policial que não porta armas e que se parece mais com alguém da família com autoridade do que com um soldado. Isso apesar de atualmente não corresponder mais à realidade, continua como parte dessa "identidade" britânica construída após a Segunda Guerra Mundial.

A polícia comunitária é uma polícia de proximidade com a sociedade e será analisada no tópico 8.1.5, quando trataremos dos desafios da segurança pública no século XXI.

8.1.4 Polícia e sistema penal – direito penal subterrâneo, policização e militarização

O sistema penal é o conjunto de órgãos e atividades que vão instrumentalizar o dever estatal de punir e que se verifica desde a edição de normas penais incriminadoras até a execução da pena, ou seja, vão desde a criminalização primária – elaboração de leis penais até a criminalização secundária – atuação das agências como polícia, Ministério Público, poder judiciário e sistema penitenciário.

Há uma hipertrofia do exercício de poder do sistema penal no poder executivo. O aumento da máquina policial no sentido de controlar a população e combater a criminalidade é característica do sistema penal.

O denominado **direito penal subterrâneo ou sistema penal subterrâneo tem origem nas lições de Eugênio Raúl Zaffaroni** e refere-se à atuação ilegal das agências estatais policiais, à margem da lei no exercício do poder punir, desrespeitando o princípio da legalidade e violando direitos fundamentais, como a realização de prisões arbitrárias, execuções extrajudiciais, desaparecimentos, confissões obtidas por meio de tortura, entre outros.

> **Decifrando a prova**
>
> **(2016 – Cespe/Cebraspe – TCE/PR – Auditor – Adaptada)** Julgue a alternativa:
> Situação hipotética: José, suspeito da prática de homicídio, foi conduzido — algemado e submetido a violência física — à delegacia de polícia pela autoridade policial, sem mandado judicial, para prestar depoimento a respeito de fatos em apuração naquela delegacia, tendo sido liberado somente 72 horas depois. Assertiva: Essa situação, além de constituir conduta criminosa da autoridade policial, com pena cominada pela lei em apreço, configura expressão concreta do que a doutrina moderna denomina Sistema Penal Subterrâneo.
> ( ) Certo   ( ) Errado
> **Gabarito comentado:** é justamente a ideia de direito penal ou sistema penal subterrâneo. Portanto, a assertiva está certa.

A terminologia **policização** vai tratar de uma vertente crítica da criminologia – criminologia da reação social – e, também, tem por base as ideias de Zaffaroni.

Zaffaroni (1991, p. 141) conceitua policização como

> o processo de deterioração ao qual se submetem pessoas dos setores carentes da população que se incorporam às agências militarizadas do sistema penal e que consiste em deteriorar sua identidade original e substituí-la por uma identidade artificial, funcional ao exercício de poder da agência.

Há um grande paradoxo no funcionamento das agências policiais, eis que os integrantes são recrutados nos estratos mais baixos da sociedade, portanto, no mesmo segmento social onde as pessoas são perseguidas, selecionadas e taxadas como criminosos.

O processo de policização visa, sobretudo, promover um distanciamento do Poder Judiciário para dificultar o controle judicial na missão de garantir os direitos fundamentais, além do mais, tal processo atua nas camadas mais carentes da população.

Zaffaroni afirma que se cria um estereótipo do policial violência justiceira, solução dos conflitos sem necessidade de intervenção judicial, machismo, segurança, indiferença frente à morte alheia, coragem em limites suicidas, entre outros.

No que diz respeito à militarização, ainda há uma cultura policial repressiva – de busca pelo inimigo, nos termos em que existia na ditadura. As polícias militares só ganhariam o contorno que têm atualmente durante o período da ditadura militar, onde tiveram um papel chave na repressão e perseguição aos opoentes do regime militar.

A militarização na época da ditadura militar ganha um legado (negativo) na sociedade de uma visão maniqueísta, como se a polícia não fizesse parte da população e como se direitos humanos não estivessem no âmbito de preocupação das corporações policiais.

Em conclusão, o sistema penal subterrâneo e a policização, aliada à militarização, vão ter efeitos perversos à população marginalizada, convertendo pobres, negros e jovens em segmentos sociais preferenciais das agências estatais do sistema penal e, por consequência, violando direitos fundamentais básicos destas pessoas.

8.1.5 Desafios da segurança pública do século XXI

Em primeira análise, depois de ultrapassada as noções legais de segurança pública, é preciso saber, de fato, quais as atribuições e responsabilidades da polícia, eis que "garantir a ordem pública" é um conceito indeterminado e que demanda interpretações diversas.

Nas lições de Marcos Rolim (2006, p. 21), "considerando apenas o que se espera das polícias, porém, é preciso definir se queremos que elas enfatizem a prisão dos culpados – isto é, que operem como um braço do sistema de justiça criminal – ou que priorizem estratégias de redução da criminalidade".

Hodiernamente, não se sabe qual, de fato, é o real papel da polícia.

Segundo Marcos Rolim (2006, p. 27):

> a atuação da polícia envolve tudo, de prevenir e reprimir o crime, como salvar um gato que está no topo da árvore. Um dos mais importantes pesquisadores sobre a polícia, Bittner listou várias dessas atribuições concluindo que tal diversidade poderia ser sintetizada caso alguém dissesse que compete aos policiais atuar sempre que exista algo que não deva acontecer e sobre o que seria bom que alguém fizesse alguma coisa imediatamente.

Ao longo dos anos com as inovações tecnológicas, a polícia acabou se distanciando da população, agindo de forma reativa, ou seja, após serem acionados e, normalmente, com o crime já cometido. O modelo reativo de policiamento implica nos órgãos policiais agirem após serem chamados.

Nesse sentido, valendo-se de uma metáfora interessante, Marcos Rolim, em sua obra a *A Síndrome da Rainha Vermelha*, lembra da obra de Lewis Carrol, *Através do Espelho*, relatando o encontro de Alice com a Rainha Vermelha, onde as duas começam a correr de mãos dadas durante um período de tempo, momento em que param cansadas e Alice percebe que, apesar de correr, continuaram no mesmo lugar em que estavam antes. Neste momento conversam:

> Alice olhou ao seu redor muito surpresa:
> — Ora, eu diria que ficamos sob esta árvore o tempo todo! Tudo está exatamente como era!
> — Claro que está, esperava outra coisa?, perguntou a Rainha.
> — Bem, na nossa terra, responde Alice, ainda arfando um pouco, geralmente você chegaria a algum outro lugar... se corresse muito rápido por um longo tempo, como fizemos.
> — Que terra mais pachorrenta!, comentou a Rainha. Pois aqui, como vê, você tem que correr o mais que pode para continuar no mesmo lugar.

A referida passagem é uma metáfora do autor para refletir, justamente, o modelo reativo de policiamento. Um dos desafios para a segurança pública é justamente o agir proativo, por intermédio da integração com a comunidade, aquilo que se denomina de polícia comunitária.

Para o teórico Robert Trojanovic,[2] polícia comunitária

> é uma filosofia e estratégia organizacional que proporciona uma nova parceria entre a população e a polícia. Baseia-se na premissa de que tanto a polícia quanto a comunidade devem trabalhar juntas para identificar, priorizar e resolver problemas contemporâneos tais como crime, drogas, medo do crime, desordens físicas e morais, e em geral a decadência do bairro, com o objetivo de melhorar a qualidade geral da vida na área.

"Polícia comunitária é uma filosofia organizacional assentada na ideia de uma Polícia prestadora de serviços, agindo para o bem comum para, junto da comunidade, criarem uma sociedade pacífica e ordeira. Não é um programa e muito menos Relações Públicas" (*apud* FERREIRA, 1995, p. 56).

Nas lições de Shecaira (2020, p. 62),

> a ideia central do policiamento comunitário é o restabelecimento do contato direto e cotidiano entre policial e cidadão, que foi se perdendo ao longo do processo de profissionalização da polícia e da introdução de tecnologias no trabalho policial, como uso de automóveis, radiopatrulha, telefones móveis e computadores.

A polícia comunitária é uma polícia de proximidade, de aproximação com a sociedade, a polícia é a sociedade e a sociedade é a polícia. Os elementos de polícia comunitária são descritos na doutrina[3] que trata sobre o tema, vejamos:

---

[2] Curso Nacional de Promotor de Polícia Comunitária/Grupo de Trabalho, Portaria SENASP nº 002/2007 – Brasília/DF: Secretaria Nacional de Segurança Pública – SENASP, 2007.

[3] Curso Nacional de Promotor de Polícia Comunitária/Grupo de Trabalho, Portaria SENASP nº 002/2007 – Brasília/DF: Secretaria Nacional de Segurança Pública – SENASP, 2007.

- prevenção do crime baseada na comunidade;
- reorientação das atividades de patrulhamento;
- aumento da responsabilização da polícia;
- descentralização do comando;
- supervisão; e
- policiamento orientado para solução de problemas.

Para além do fortalecimento das ideias de polícia comunitária, o sistema de justiça criminal deve procurar dar ênfase as ideias de justiça restaurativa.

Uma das funções da criminologia é justamente avaliar as diferentes formas de resposta ao crime. O modelo retributivo tem grande incidência no sistema de justiça criminal e fundamenta-se na punição do criminoso. A pena possui caráter retributivo, existe para reparar o mal causado pelo criminoso. A vítima e a sociedade não participam do conflito. Os protagonistas são Estado x réu.

O modelo que se propõe é um modelo restaurador, integrador ou de justiça restaurativa, que se fundamenta, em síntese, na reparação do dano à vítima, a qual exerce um papel central. A Lei nº 9.099/1995 é um exemplo de justiça restaurativa, onde protagonista, também, é a vítima, a qual exerce um papel central.

Nas lições de Marcos Rolim (2006, p. 242):

> a justiça restaurativa não nega aquilo que a justiça criminal enfatiza tanto: a repercussão social do ato infracional. O que ocorre é que ela se preocupa mais com o dano produzido à sociedade do que com o fato de ter havido uma violação da lei. Além disso, sustenta que, por mais importante que seja a repercussão social da infração, essa importância será sempre secundária quando comparada aos prejuízos e ao sofrimento que foram impostos diretamente à vítima.

Decifrando a prova

(2021 – FUMARC – PC/MG – Investigador de Polícia – Adaptada) Marcos Rolim assegura que "qualquer que seja o olhar sobre o funcionamento do sistema de justiça criminal em todo o mundo, ele terá de conter, pelo menos, dúvidas muito consistentes a respeito de sua eficácia. Pode-se, com razão, argumentar que a experiência concreta realizada com a justiça criminal na modernidade está marcada por promessas não cumpridas que vão desde a alegada função dissuasória ou intimidadora das penas até a perspectiva da ressocialização" (ROLIM, Marcos. *A síndrome da rainha vermelha*: policiamento e segurança pública no século XXI. Rio de Janeiro: Jorge Zahar, 2006, p. 233). Nesse sentido, tendo como referência o paradigma da justiça restaurativa como forma de eficácia do controle social formal do crime, julgue a assertiva:

O papel da vítima e dos infratores é reconhecido: as necessidades das vítimas são reconhecidas e os infratores são estimulados a assumir responsabilidades.

( ) Certo   ( ) Errado

> **Gabarito comentado:** justamente a justiça restaurativa tem por finalidade redescobrir a vítima no sistema de justiça criminal, importando, primariamente, com os prejuízos e sofrimentos da vítima e secundariamente com a repercussão social da infração. Portanto, a assertiva está certa.

No que diz respeito à delinquência juvenil, segundo Marcos Rolim (2006, p. 184), "os lugares de privação de liberdade para adolescentes no Brasil terminam por oferecer um extraordinário reforço na 'identidade delinquente' e, não raro, constroem novos problemas na medida em que pretendem tratar os já existentes".

8.1.6 A extensão da criminalidade no mundo e no Brasil

No contexto do nascedouro da criminologia, verifica-se que a etiologia criminal se voltava ao estudo do crime, como ente jurídico (Carrara), na Escola Clássica e, sobretudo, no positivismo criminológico com foco no criminoso, o qual era um ser atávico, ou seja, atrasado biologicamente, influenciado pela sua carga genética hereditária (Lombroso) e também por fatores causais alheios (Ferri e Garofalo).

Tais ideias do positivismo criminológico italiano foram recepcionadas no Brasil por João Vieira de Araújo, Viveiros de Castro, Cândido Mota e, principalmente, Raimundo Nina Rodrigues, o qual, baseado em Lombroso, afirmou que a raça negra no Brasil constitui em fator de inferioridade do povo, na obra *Raças Humanas e a Responsabilidade Penal no Brasil*, de 1894.

Posteriormente, ao longo dos anos, com o surgimento das teorias sociológicas, os objetos da criminologia se expandiram para abarcar, também, a vítima e os processos de vitimização, o controle social e os efeitos da reação estatal contra o crime.

Mas o que leva uma pessoa a cometer crimes? É cediço que o crime é um problema individual e social, sendo cometido por causas multifatoriais – pobreza, habitação, cultura, falta de oportunidades, ausência de políticas sociais, déficit do controle social, má formação familiar, educacional e cultural, dentre outras.

Atualmente, estima-se que há aproximadamente mais de 1.000 tipos penais no Brasil. No entanto, a população carcerária concentra-se em poucos números de crimes e atinge, sobretudo, a população negra, pobre, jovem e do sexo masculino.

A teoria da rotulação ou etiquetamento, surge nos anos 1960, nos EUA, marco da teoria do conflito, e explica essa incidência seletiva e discriminatória do sistema de justiça criminal.

A consideração inicial é que não se pode compreender a criminalidade se não se estuda a ação do sistema penal que a define e rege contra ela, começando pelas normas abstratas até a ação das instâncias oficiais.

O espiral evidenciado pela teoria da rotulação chega à conclusão de que a atuação do Estado quando da delinquência primária vai somatizar no problema criminal, gerando, não rara as vezes, em uma delinquência secundária, ou seja, em uma reincidência.

O modelo explicativo das carreiras criminais tem a seguinte sequência:

Delinquência primária (multifatorial) → resposta ritualizada e estigmatizante → distância social e redução das oportunidades → surgimento de uma subcultura delinquente com reflexo na autoimagem → estigma decorrente da institucionalização → carreira criminal → **delinquência secundária.**

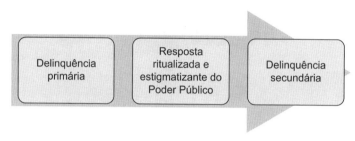

O grande desafio da política criminal com suporte na criminologia é diminuir essas relações estabelecidas nessa carreira criminal.

A delinquência primária não pode ser eliminada, na medida em que o crime existe em toda e qualquer sociedade e tem múltiplas causas. A tentativa é de reduzir os efeitos posteriores a ação estatal.

A resposta ritualizada pode ser diminuída com medidas alternativas à prisão, descriminalização de condutas criminosas e facilitação da transição entre a prisão fechada e a sociedade aberta, proporcionando, ainda, condições ao egresso para concretização dessa transição por ofertas de emprego, atividades remuneradas, entre outras.

8.1.7 Estudo do homicídio

O atlas da violência mostra o número de 45.503 pessoas mortas em razão de homicídio, vejamos:

202 Criminologia Decifrada

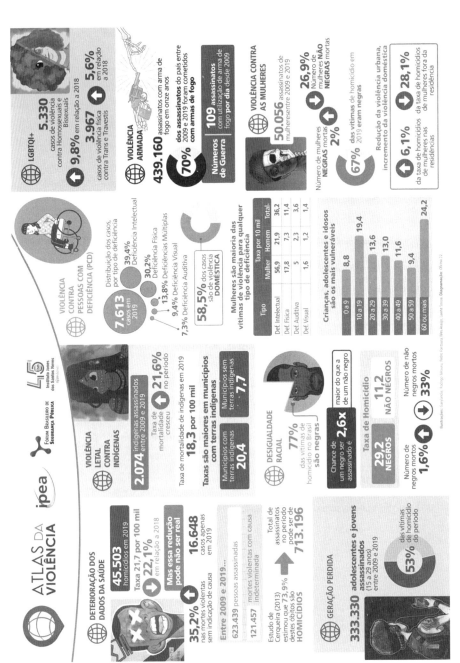

Fonte: https://forumseguranca.org.br/wp-content/uploads/2021/08/atlas-violencia-2021-infografico-v4.pdf. Acesso em: 5 jan. 2022.

Quem é a vítima do homicídio? Em sua maioria, são jovens adultos (de 18 a 30 anos), do sexo masculino, negros e de baixa escolaridade (até ensino fundamental completo). O autor também contempla esse segmento social.

De forma geral, os motivos do crime de homicídio envolvem tráfico de drogas, consumo de álcool/drogas, circunstâncias passionais, relações interpessoais e, principalmente, grupos de extermínio/organizações criminosas.

Neste sentido, pode-se dizer que o homicídio não se trata de um fenômeno de uma só causa – unívoco.

As variáveis que compõem os crimes são extremamente complexas e a construção de políticas públicas de prevenção (primária) deve considerar os inúmeros fatores para obter sucesso na redução de mortes, sendo que a política criminal necessita do estudo criminológico sobre o homicídio para chegar à tomada de decisão.

8.2 CRIMINOLOGIA E SISTEMA CARCERÁRIO

8.2.1 Sistema penal e reprodução da realidade social

A expressão **sistema penal e reprodução da realidade social** deriva das ideias de Alessandro Baratta (2011, p. 171). Em primeira análise, precisamos relembrar algumas ideias das teorias do conflito: teoria da rotulação ou *labeling approach* e teoria crítica, para depois partirmos para o estudo do sistema escolar.

A teoria do etiquetamento, surgida nos anos 60, do século XX, no EUA, marco da teoria do conflito e em sua base teórica, deixa de se referir ao crime e ao criminoso, passando a voltar sua base de reflexão ao sistema de controle social e suas consequências, bem como ao papel exercido pela vítima na sua relação delituosa, porquanto não se pode compreender a criminalidade se não se estuda a ação do sistema penal que a define e rege contra ela, começando pelas normas abstratas até à ação das instâncias oficiais.

Portanto, o criminoso não é um ser diferente em sua essência como na Escola Positiva, mas a criminalidade decorre da seleção discriminatória do sistema de justiça criminal que escolhe segmentos sociais para punir.

Dentro da ideia de seleção e marginalização, Baratta verifica que tal discriminação já se inicia quando do sistema escolar.

O sistema de educação vai refletir na mesma função de seleção e de marginalização do sistema penal.

Segundo Baratta (2011, p. 171), "a complementariedade das funções exercidas pelo sistema escolar e pelo penal responde à exigência de reproduzir e de assegurar as relações sociais existentes, isto é, de conservar a realidade social".

O sistema escolar reflete a estrutura vertical da sociedade, a própria desigualdade social. Assim como o sistema penal, age para manutenção desta realidade através de mecanismos de seleção, discriminação e marginalização.

Os dados estatísticos evidenciam que o acesso mais elevado à instrução (sanções positivas) se origina da camada mais favorecida da população, ao passo que o contrário (sanções negativas, ou seja, repetição de ano, escolas especiais e desclassificação) refere-se à camada mais baixa.

No sentido de desmitificar essa suposta desigualdade, criam-se mecanismos de testes de inteligência para aparentar uma suposta meritocracia, ou seja, o acesso aos níveis mais elevados de ensino, segundo o talento e a atitude de cada um.

A ideia é que os jovens de camadas mais baixas da sociedade não vão alcançar os mesmos resultados, pois, em tese, não tiveram as mesmas oportunidades. Portanto, a escola é um instrumento de socialização da cultura dominante das classes médias, que ela os pune (indivíduos de baixa renda) como expressão do sistema de comportamento desviante.

Segundo Baratta (2011, p. 174), "a atitude do professor em face do menino proveniente de grupos marginais é caracterizada por preconceitos e estereótipos negativos, que condicionam a aplicação seletiva e desigual, em prejuízo deste, dos critérios do mérito escolar".

A ideia do *self-fullfiling profecy* (**profecia autorrealizável**) é vista nos sistemas escolares. A expectativa do ambiente escolar determina em alguma medida o comportamento do aluno. Portanto, quando o jovem aluno recebe diversas sanções negativas – advertências, reprovações, notas baixas – internaliza a ideia de que "não vai ser "ninguém", "não vai ter sucesso", pois é um mau aluno e isso acarreta no aumento da distância social, discriminação e estigmatização.

Nas lições de Alessandro Baratta (2011, p. 175),

> à reação de distância social se agrega, na comunidade escolar assim como na sociedade em geral, o caráter simbólico da punição. Este produz a transferência do mal e da culpa sobre uma minoria estigmatizada, e age como fator de integração da maioria, recompensando os não estigmatizados e convalidando os seus modelos de comportamento.

 Decifrando a prova

(2018 – Fumarc – Polícia Civil/MG – Delegado de Polícia Substituto – Adaptada) Sobre o sistema penal e a reprodução da realidade social, segundo Alessandro Baratta, julgue o item como certo ou errado:
A homogeneidade do sistema escolar e do sistema penal corresponde ao fato de que realizam, essencialmente, a mesma função de reprodução das relações sociais e de manutenção da estrutura vertical da sociedade.
( ) Certo   ( ) Errado
Gabarito comentado: de fato, Alessandro Baratta na sua tese sobre o sistema escolar vai verificar a ocorrência dos mesmos efeitos discriminatórios e seletivos que ocorrem com o sistema penal. Portanto, a assertiva está certa.

Por fim, cabe destacar que não há somente uma semelhança de efeitos entre o sistema penal e o sistema escolar, mas um nexo funcional de uma camada da população que passa de um para o outro sistema.

8.2.2 Cárcere e marginalidade social

Este ponto também se refere às ideias de Alessandro Baratta, na obra *Criminologia Crítica e Crítica do Direito Penal* (BARATTA, 2011, p. 183).

Parte-se da premissa de que o sistema carcerário atualmente produz efeitos contrários ao de reeducação e à reinserção do condenado.

Segundo Baratta (2011, p. 184),

> O cárcere é contrário a todo moderno ideal educativo, porque este promove a individualidade, o autorrespeito do indivíduo, alimentado pelo respeito que o educador tem. As cerimônias de degradação no início da detenção, com as quais o encarcerado é despojado até dos símbolos exteriores da própria autonomia (vestuário e objetos pessoais), são o oposto de tudo isso. A educação promove o sentimento de liberdade e de espontaneidade do indivíduo: a vida no cárcere, como universos disciplinar, tem um caráter repressivo e uniformizante.

A incompatibilidade de ressocialização do indivíduo já começa quando da entrada no sistema prisional, o qual é submetido a **cerimônias degradantes**, ou seja, processos ritualizados em que um indivíduo é despojado de sua identidade, recebendo uma outra degradada.

O processo negativo de socialização no cárcere gera dois efeitos: desculturação e prisionalização ou aculturação (BARATTA, 2011, p. 184).

- Desculturação é a desadaptação da vida em liberdade – diminuição da força de vontade, perda do senso de autorresponsabilidade do ponto de vista econômico e social, distanciamento progressivo dos valores e dos modelos de comportamento próprios da sociedade externa.
- Aculturação ou prisionalização: são valores característicos da subcultura carcerária. Há uma educação para ser criminoso e uma educação para ser bom preso (estes são verdadeiros objetivos da instituição carcerária).

Decifrando a prova

(2018 – Fumarc – Polícia Civil/MG – Delegado de Polícia Substituto – Adaptada) Sobre a relação entre o preso e a sociedade, segundo Alessandro Baratta, julgue o item:
São relações sociais baseadas no egoísmo e na violência ilegal, no interior das quais os indivíduos socialmente mais débeis são constrangidos a papéis de submissão e de exploração.
( ) Certo   ( ) Errado
Gabarito comentado: o criminólogo Alessandro Baratta vai verificar os efeitos negativos do cárcere, os quais pelas cerimônias degradantes e condições, é contrário a todo o moderno ideal educativo. Portanto, a assertiva está certa.

Segundo Manoel Pedro Pimental (apud SHECAIRA, 2008, p. 302), o homem prisionizado

> é alguém inadaptado para o convívio em liberdade, exatamente por se identificar com a instituição total a que está recolhido, até por necessidade de sobrevivência. Fica ele condicionado pelas "regras da casa", um conjunto relativamente explícito e formal de prescrições e proibições que expõe as principais exigências quanto à conduta do internado.

Registre-se que a sociologia trata do conceito de assimilação, que é o processo de menor intensidade com modificações comportamentais lentas e graduais. No entanto, a prisionalização ou prisionização é diferente por apresentar um processo mais rápido, principalmente em razão das circunstâncias do ambiente carcerário.

A prisionalização ou prisionização, portanto, é um processo particular de assimilação da cultura prisional e, segundo Baratta, "sob esta dupla ordem de relações, o efeito negativo da prisionalização, em face de qualquer tipo de reinserção social do condenado, tem sido reconduzido a dois processos característicos: a educação para ser criminoso e a educação para ser bom preso".

- **A educação para ser criminoso** decorre da assimilação da subcultura delinquente. Neste sentido, a teoria do etiquetamento explica a sequência da carreira criminal, ou seja, o surgimento da delinquência secundária (reincidência) como consequência do processo seletivo e discriminador da reação estatal, vejamos:

> **Importante**
>
> Modelo explicativo das carreiras criminais:
> **Delinquência primária** (multifatorial) → resposta ritualizada e estigmatizante → distância social e redução das oportunidades → surgimento de uma subcultura delinquente com reflexo na autoimagem → estigma decorrente da institucionalização → carreira criminal → **delinquência secundária**.

- A **educação para ser bom preso** é o verdadeiro objetivo da instituição prisional, ficando o ideal de ressocialização de lado. O sistema prisional evidencia um comportamento passivo de conformismo. Segundo Alessandro Baratta (2011, p. 186),

> a relação com os representantes dos órgãos institucionais que, desse modo, se torna característica da atitude do preso, é marcada, ao mesmo tempo, pela hostilidade, pela desconfiança e por uma submissão sem consentimento.

> **Decifrando a prova**
>
> **(2018 – FCC – Defensoria Pública/AM – Defensor Público)** Trata-se da assunção das atitudes, dos modelos de comportamento, dos valores característicos da subcultura carcerária. Estes aspectos da subcultura carcerária, cuja interiorização é inversamente proporcional às chances de reinserção na sociedade livre, têm sido examinados sob o aspecto das relações sociais e de poder, das normas, dos valores, das atitudes que presidem estas relações, como também sob o ponto de vista das relações entre os detidos e o staff da instituição penal. (BARATTA, Alessandro. *Criminologia crítica e crítica do direito penal*. 3. Ed. Rio de Janeiro: Revan, 2002, p. 184-185)
> O fenômeno retratado pelo trecho citado é chamado de:
> A) criminalização da pobreza.
> B) prisionização.
> C) direito penal do inimigo.
> D) criminologia crítica.
> E) encarceramento em massa.
> **Gabarito comentado:** trata-se da aculturação ou prisionalização, ou seja, valores característicos da subcultura carcerária. Há uma educação para ser criminoso e uma educação para ser bom preso (estes são verdadeiros objetivos da instituição carcerária). Portanto, a letra B é o gabarito.

Na legislação, temos a finalidade da pena. Basicamente é a unificação das teorias absoluta (retribuição) e preventiva. O Código Penal adota referida teoria. Vejamos o art. 59 do CP:

> **Art. 59 do CP.** O juiz, atendendo à culpabilidade, aos antecedentes, à conduta social, à personalidade do agente, aos motivos, às circunstâncias e consequências do crime, bem como ao comportamento da vítima, estabelecerá, conforme seja necessário e suficiente para **reprovação** e **prevenção** do crime: (...) (Grifos nossos.)

No entanto, a pena não cumpre suas funções reais. A pena relaciona-se com o sistema capitalista, segundo a teoria crítica da criminologia.

O capitalismo tem íntima relação com o sistema carcerário. O livro *Punição e Estrutura Social* de Georg Rusche e Otto Kirchheimer, 1938, evidencia que a prisão é relacionada com o surgimento do capitalismo mercantil.

A tese central é a de que na sociedade capitalista, o sistema penitenciário depende do desenvolvimento do mercado de trabalho: se a mão de obra é escassa, há a flexibilização das leis penais, por outro lado, se há mão de obra em excesso, há o aumento do rigor da lei penal, eis que a mão de obra reserva não cumpre qualquer função no sistema capitalista.

Alessandro Baratta (2011, p. 190), descrevendo as lições de Foucault, expõe que:

> Para Foucault, o sistema punitivo tem uma função direta e indireta. A função indireta é a de golpear uma ilegalidade visível para encobrir uma oculta; a função direta é a de alimentar uma zona de marginalizados criminais, inseridos em um verdadeiro e próprio

mecanismo econômico ("indústria" do crime) e político (utilização de criminosos com fins subversivos e repressivos).

Em conclusão, verifica-se que a sociedade capitalista tem necessidade de que existam excluídos, e se estes que não participam, de alguma forma, da produção do capital, os cárceres os recebem e viram mão de obra reserva. Portanto, para Alessandro Baratta, é impossível enfrentar o problema da criminalidade sem incidir na estrutura da sociedade capitalista.

8.2.3 Prisão na sociedade moderna

O nascimento da instituição prisão vai ocorrer no final do século XVIII e início do século XIX, com o surgimento e ascensão da burguesia, e terá por finalidade exercer o controle individual e o controle de massas.

A prisão nasce diretamente ligada às necessidades disciplinares e tem como base o pensamento religioso puritano de disciplina, confinamento e ascetismo como condições necessárias ao progresso moral e religioso. O cristianismo tem preponderância nessa época e adota o encarceramento como forma de correção espiritual do pecador, a exemplo dos tribunais da Santa Inquisição. O delinquente deveria refletir em isolamento celular, sobre o erro cometido, reconciliando-se com Deus. Atribui-se ao cristianismo o aporte teórico das prisões, como derivação da expressão penitências (ANITUA, 2008, p. 203).

O sistema prisional passa por algumas fases no decorrer da história.

Originariamente, a pena era de suplício – penas corporais –, de modo que a pena de prisão praticamente não existia ou, quando muito, tratava-se só de uma espécie de prisão para aguardar a pena final que recaía sobre o corpo do infrator – degola, amputação de braços, forca, suplício na fogueira, guilhotina, ou seja, penas corporais ou a pena de morte.

Com a perspectiva lançada pelo Iluminismo na Europa, surgem teóricos que buscarão a limitação do direito de punir e a humanização das penas, como, por exemplo, **Cesare Beccaria** (*Dos Delitos e das Penas* – 1764) e **John Howard** (*O Estado das Prisões na Inglaterra e no País de Gales* – 1776).

A pena de morte começa a ser questionada como ineficiente no combate à criminalidade. Começa a surgir a pena de prisão como pena privativa de liberdade, e não mais como mero local de se aguardar pelo julgamento.

Cesare Beccaria, um dos expoentes da denominada Escola Clássica da criminologia, contribui para a humanização das penas, na medida que em dispõe que o crime é uma quebra do pacto social e as penas devem ser proporcionais. A pena devia ser prevista em lei e rechaçava a tortura como técnica de busca da confissão e da verdade real. No que se relaciona à pena de morte, Beccaria, na obra *Dos Delitos e das Penas*, as limitavam para casos excepcionais, em momentos de instabilidade política ou quando for o único meio para dissuasão do crime.

As penas corporais desumanas e degradantes são trocadas, incialmente, pelo simples castigo – finalidade retributiva, ou seja, retribuir o mal causado pelo crime com o mal da pena.

O filantropo inglês **John Howard, na obra *O Estado das Prisões*, em 1770**, é precursor da reforma das prisões e sua criação como instituição. Tinha como justificativa a questão humanitária que deveria ser observada na punição com a supressão de castigos corporais e trabalhos forçados para um novo sistema educativo e disciplinar com base no confinamento solitário. Na esteira do pensamento religioso puritano, Howard acreditava na salvação pela fé por intermédio da meditação e introspecção.

O teórico exerceu influência na época inaugurando o denominado **sistema pensilvânico, filadélfico, sistema belga ou de isolamento individual/celular**, caracterizando-se pelo silêncio absoluto, separação dos presos e educação religiosa. Nesse sistema era vedado o trabalho do preso.

Características do sistema de pena pensilvânico/filadélfico/belga ou de isolamento celular
◆ Isolamento completo. ◆ Passeio isolado dentro da penitenciária. ◆ Sem visitas. ◆ Sem trabalho. ◆ Apenas ler a Bíblia.

Decifrando a prova

(2013 – Cespe/Cebraspe – TRF/5ª Região – Juiz Federal – Adaptada) Pena é a sanção aflitiva imposta pelo Estado, mediante ação penal, ao autor de uma infração (penal), como retribuição de seu ato ilícito, consistente na diminuição de um bem jurídico, e cujo fim é evitar novos delitos. A respeito da execução da pena, julgue o item.
O sistema penitenciário pensilvânico, originado no século XVIII, tinha por objetivo o isolamento total do preso, a quem era vedado o recebimento de visitas, e orientava-se exclusivamente pelo trabalho forçado, o que constituía regime extremamente severo e não permitia a ressocialização do condenado.
( ) Certo ( ) Errado
Gabarito comentado: no sistema pensilvânico era vedado o trabalho, conforme visto anteriormente. Portanto, a assertiva está errada.

Contribuindo para as reformas penitenciárias, **Jeremy Bentham, na obra *Panóptico*, 1791**, desenha um modelo arquitetônico de confinamento que vai trazer um alto grau de eficiência no controle da disciplina, associou a ciência penitenciária à arquitetura, e idealizou o modelo panóptico de prisão, cujo projeto permite que um só vigilante possa observar todos os detentos sem que estes saibam, sendo assim, mais econômico que o das prisões da época.

O teórico também defendeu a separação dos presos por sexo, higiene e vestuário, alimentação e aplicação rigorosa da disciplina.

Nas lições de Anitua (2008, p. 208):

> Como diria o próprio Bentham, tratava-se de um estabelecimento proposto para guardar os presos com mais segurança e economia e para operar ao mesmo tempo em sua forma moral como meios novos de assegurar sua boa conduta e de prover sua subsistência após a libertação.

O desenho arquitetônico é disposto da seguinte forma: na periferia uma construção em forma de anel com pequenas celas iluminadas, no centro uma torre com grandes janelas permitindo observar tudo o que ocorre nas celas. A principal característica deste modelo é o olho que tudo vê, tendo em vista que o vigilante da torre central pode ver todas as celas, fazendo sentir a sua presença, na medida em que dentro das celas não é possível verificar se estão ou não sendo observados.

A foto a seguir ilustra o modelo panóptico de Bentham:

Fonte: https://colunastortas.com.br/o-panoptico-e-o-panoptismo-michel-foucault/. Acesso em: 15 dez. 2021.

Decifrando a prova

(2017 – FCC – DPE/SC – Defensor Público Substituto – Adaptada) Julgue a assertiva:
O "Panóptico de Bentham", descrito por Foucault em *Vigiar e Punir*, tem por efeito importante assegurar o funcionamento automático do poder.
( ) Certo   ( ) Errado

> **Gabarito comentado:** de fato, representa as características do desenho arquitetônico de Bentham. Portanto, a assertiva está certa.

Na continuidade das reformas das prisões, surge o **sistema alburniano ou *silent system*, oriundo das ideias de Elam Lynds, em 1821**, diretor da prisão de Auburn, no estado de Nova York. As características desse sistema eram de trabalho coletivo obrigatório, durante o dia, em silêncio absoluto e isolamento durante a noite. Aquele que violasse o silêncio era submetido a pena de flagelo (ANITUA, 2008, p. 221).

Características do sistema de pena alburniano/*silent system*
- Isolamento noturno.
- Trabalho:
    - primeiro na cela;
    - segundo coletivo.
- Silêncio absoluto.
- Comunicação com as mãos.

A terminologia "penologia" surge a partir de Francis Lieber e indicou o ramo do direito que se ocupa do estudo do castigo do delinquente, sendo que, para referido autor, a função da pena deveria ser de educar ou ressocializar os detentos (ANITUA, 2008, p. 225).

Nesse contexto histórico no sentido da evolução da pena para a ressocialização, destacam-se as ideias do **correcionalismo advindas do alemão Karl Roeder. Baseia-se na obra do pensador alemão Krause e nos pensamentos de Julián Sanz del Rio e Giner De Los Rios.**

Para os correcionalistas, a pena não pode consistir na compensação de um mal mediante a aplicação de outro, mas deveria ser individualizada, rumo à correção ou emenda do delinquente, de modo que a pena seria algo até positivo para o delinquente no sentido de corrigi-lo e adaptá-lo ao retorno social.

A reabilitação era pensada na lógica do criminoso voltar a ter habilidades anteriores, sendo que, naquele contexto, trava-se do retorno à condição de trabalhador nas fábricas. O êxodo rural com a concentração de pessoas em torno das grandes cidades vai gerar excesso de mão de obra e, por consequência, desempregados. Surge a classe perigosa, indivíduos pobres que não trabalhavam – mendigos", "prostitutas" e "criminosos de uma forma geral", os quais eram levados para as denominadas *workhouses*.

As casas correcionais estabeleciam o trabalho forçado com caráter educativo no sentido de correção e adaptação daqueles indivíduos, sendo que a pena de suplício – castigos corporais – ainda era aplicada.

A desconfiança em relação ao confinamento do delinquente foi, paulatinamente, sendo aprimorada um sistema de progressão com penas de intensidade decrescente. Consiste na sequência de fases que o apenado cumpre até chegar à liberdade, adaptando-o, progressivamente, ao convívio social.

Segundo Anitua (2008, p. 233), mencionam-se Crofton e Obermayer como fundadores do sistema progressivo, tendo Crofton aplicado o sistema em 1854, nas prisões da Irlanda, tendo inspiração no militar e geógrafo Alexander Maconochie, que instituiu nas prisões da ilha de Norfolk, próximo à Austrália, um sistema progressivo do qual denominou de sistema de marcas baseado em etapas progressivas da prisão.

Características do sistema progressivo de pena
- Observava o comportamento.
- Observava o aproveitamento.
- Concedia benefícios gradativos.
- Período de prova (bom comportamento do preso).
- Trabalho coletivo (em silêncio).
- Livramento coletivo.

Atualmente, adota-se o sistema progressivo no ordenamento jurídico brasileiro. Nesse sentido, a Lei de Execução Penal no Brasil preceitua no art. 112 da Lei nº 7.210/1984:

> A pena privativa de liberdade será executada em **forma progressiva com a transferência para regime menos rigoroso, a ser determinada pelo juiz, quando o preso tiver cumprido ao menos:** (...) (Grifos nossos.)

Sintetizando os sistemas de cumprimento de pena, temos:

8.2.4 Foucault e a questão prisional

Michel Foucault na obra *Vigiar e Punir* (1987) trouxe reflexões sobre a evolução histórica da punição e as relações de poder decorrentes.

Para melhor compreender as lições de Foucault, é preciso abordar alguns conceitos relacionados à evolução histórica da punição, ou seja, os meios e métodos utilizados pelo poder público na repressão da delinquência, da qual inicia-se, primeiramente, como uma pena de suplício para evoluir para as instituições prisionais modernas.

O **suplício** era a pena corporal praticada até meados do século XIX. Tinha por finalidade gerar dor extrema – penas corporais, como degola, amputação de braços, forca, suplício na fogueira, guilhotina, entre outros, pois o crime era tido como uma ofensa ao próprio rei soberano, de quem emanavam as leis, razão pela qual deveria ser punido de maneira rígida para servir de exemplo à população.

Segundo Foucault (1987, p. 31), uma pena para ser um suplício deve produzir uma certa quantidade de sofrimento. Corresponde a um ritual em que a população deva assistir, sendo que o fato do apenado sentir dor e agonizar faz parte da cerimônia. As penas corporais tinham como fundamento a salvação da alma do condenado.

Ao longo dos anos, a pena de suplício perde a eficácia, pois o espetáculo público que se fazia em torno dela evidenciava o aumento de crimes na sociedade e, por consequência, a falta de controle do Rei. Além do mais, a sociedade passou a não mais tolerar essas penas corporais, revelando "a tirania, o excesso, a sede de vingança e o cruel prazer de punir" (FOUCAULT, 1987, p. 63).

Portanto, a prisão como instituição é uma forma civilizada de punição e vem a substituir as penas de suplício.

A partir da pena de prisão pune-se a alma, e não mais o corpo.

Nas lições de Foucault (1987), **a prisão é um aparelho técnico-disciplinar construído para produzir indivíduos dóceis e úteis mediante exercício de coação educativa total sobre o condenado.**

Disciplina é a arte que atua sobre o corpo humano, constituindo-se num mecanismo que, ao mesmo tempo, busca o aprofundamento da sujeição e o aumento das habilidades.

Na sociedade disciplinar, ocorreu uma inversão relacionada ao tratamento do apenado, ou seja, ao invés de neutralizar o indivíduo, como, por exemplo, na imposição de pena capital nos suplícios, a ideia era adestrar os mesmos aumentando a capacidade do todo produtivo.

O principal objetivo de uma sociedade baseada no modelo disciplinar é fazer crescer, ao mesmo tempo, a docilidade e a utilidade de todos os elementos componentes do sistema. Ao empregar o panóptico, o exercício do poder se torna menos custoso, tanto politicamente quanto economicamente, elevando ao máximo seus efeitos sociais.

A correta disciplina necessitava da construção de corpos dóceis ao mesmo tempo em que possibilitava tal construção – quanto mais dócil, mais apto à disciplina e mais disciplinado.

Dócil é o corpo do condenado que pode ser submetido, utilizado, transformado e aperfeiçoado para determinada finalidade.

A disciplina dos corpos se confunde com o processo de adestramento animal e necessita, como tal, de mecanismos eficientes que assegurem sua consecução, dentre eles: a **vigilância hierárquica, sanção normalizadora e o exame.**

A **vigilância hierárquica**, segundo Foucault, existe como um sistema de poder sobre o corpo alheio, na medida em que a todo tempo o indivíduo está sendo submetido a controle. "O exercício da disciplina supõe um dispositivo que obrigue pelo jogo do olhar; um aparelho onde as técnicas que permitem ver induzam a efeitos de poder e, onde, em troca, os meios de coerção tornem claramente visíveis aqueles sobre quem se aplicam" (FOUCAULT, 1987, p. 143).

Nesse sentido, utiliza do aporte teórico de Bentham no modelo panóptico. Jeremy Bentham na obra *Panóptico*, 1791, desenha um modelo arquitetônico de confinamento que vai trazer um alto grau de eficiência no controle da disciplina, cujo projeto permite que um só vigilante possa observar todos os detentos sem que estes saibam, sendo assim, mais econômico que o das prisões da época.

> **Decifrando a prova**
>
> **(2017 – FCC – DPE/PR – Defensor Público – Adaptada)** Com fundamento no ensinamento de Michel Foucault sobre panoptismo, é correto afirmar:
> O monitoramento eletrônico de presos, via colocação de tornozeleiras eletrônicas com *SIM CARDS*, é exemplo de panoptismo, cuja função de vigilância é exercida com auxílio de um *software* de georrastreamento.
> ( ) Certo   ( ) Errado
> **Gabarito comentado:** de fato, Foucault se apropria das ideias de Bentham sobre o modelo panóptico, ou seja, um modelo arquitetônico de confinamento que vai trazer um alto grau de eficiência no controle da disciplina. Portanto, a assertiva está certa.

A sanção normalizadora existe em todos os sistemas disciplinares e trabalha com um binômio de recompensas e punições estabelecendo pequenas penalidades (infrapenalidades) baseadas no tempo (atrasos, ausências), na atividade (desatenção, negligência) e em maneiras de ser (grosseria, desobediência), fundadas em leis, programas e regulamentos, em que a identidade de modelos determina a identificação dos sujeitos (FOUCAULT, 1987, p. 150).

O castigo disciplinar neste microssistema baseia-se na função de reduzir os desvios.

O exame representa a soma de técnicas de hierarquia (vigilância) com técnicas de normalização (sanção). É um controle normalizante, uma vigilância que permite qualificar, classificar e punir. Estabelece sobre as pessoas uma visibilidade em que são diferenciados e sancionados (FOUCAULT, 1987, p. 154).

> **Decifrando a prova**
>
> **(2018 – UEG – PC/GO – Delegado de Polícia – Adaptada)** Julgue a assertiva:
> Em *Vigiar e Punir*, Michel Foucault (1926-1984) aborda a transformação dos métodos punitivos a partir de uma tecnologia do corpo, dentre cujos aspectos fundamentais destaca-se o pensamento criminológico centrado na figura do homem delinquente, o que constitui a força motriz para o surgimento e consolidação da prisão como mecanismo de controle.
> ( ) Certo   ( ) Errado

Gabarito comentado: de fato, a prisão, segundo Foucault, é o novo mecanismo de controle e que tem por finalidade produzir indivíduos dóceis, conforme visto. Portanto, a assertiva está certa.

8.2.5 O encarceramento no Brasil

A evolução histórica e a própria legislação brasileira evidenciam que o preso é sujeito de direitos, sendo resguardado qualquer direito que não se relacione à liberdade de locomoção e seus desdobramentos.

Em âmbito internacional, a Declaração Universal dos Direitos Humanos, nos arts. 4º e 9º, proíbe a tortura, tratamento ou castigo cruel, desumano ou degradante e veda prisões arbitrárias. No mesmo sentido, o Pacto de São José da Costa Rica prevê direitos à integridade pessoal no art. 5º, prevendo, inclusive, separação de presos por categorias.

No sistema da ONU, evidencia as Regras Mínimas para Tratamento dos Presos, sendo que tais normas, com base no consenso do pensamento atual e nos elementos essenciais dos sistemas contemporâneos mais adequados, estabelecem o que geralmente se aceita como sendo bons princípios e práticas no tratamento dos reclusos e na gestão dos estabelecimentos prisionais. Contudo, trata-se de norma denominada de *soft law*, a qual não impõe obrigações formais ao Estado, tratando-se de recomendação.

Por sua vez, a Constituição Federal assegura direitos fundamentais ao preso, vejamos:

> **Art. 5º** Todos são iguais perante a lei, sem distinção de qualquer natureza, garantindo-se aos brasileiros e aos estrangeiros residentes no País a inviolabilidade do direito à vida, à liberdade, à igualdade, à segurança e à propriedade, nos termos seguintes: (...)
>
> III – ninguém será submetido a tortura nem a tratamento desumano ou degradante; (...)
>
> XLV – nenhuma pena passará da pessoa do condenado, podendo a obrigação de reparar o dano e a decretação do perdimento de bens ser, nos termos da lei, estendidas aos sucessores e contra eles executadas, até o limite do valor do patrimônio transferido;
>
> XLVI – a lei regulará a individualização da pena e adotará, entre outras, as seguintes:
> a) privação ou restrição da liberdade;
> b) perda de bens;
> c) multa;
> d) prestação social alternativa;

e) suspensão ou interdição de direitos;

XLVII – não haverá penas:

a) de morte, salvo em caso de guerra declarada, nos termos do art. 84, XIX;

b) de caráter perpétuo;

c) de trabalhos forçados;

d) de banimento;

e) cruéis;

XLVIII – a pena será cumprida em estabelecimentos distintos, de acordo com a natureza do delito, a idade e o sexo do apenado;

XLIX – é assegurado aos presos o respeito à integridade física e moral;

L – às presidiárias serão asseguradas condições para que possam permanecer com seus filhos durante o período de amamentação; (...)

A Lei de Execução Penal (Lei nº 7.210/1984) afirma no art. 1º a finalidade preventivo especial como principal objetivo da execução penal, vejamos:

> **Art. 1º** A execução penal tem por objetivo efetivar as disposições de sentença ou decisão criminal e **proporcionar condições para a harmônica integração social do condenado e do internado**. (Grifos nossos.)

A teoria adotada pelo Código Penal Brasileiro em seu art. 59 é chamada de teoria mista ou unificadora da pena. Justifica-se esta teoria pela necessidade de conjugar os verbos reprovar e prevenir o crime. Assim sendo, houve a unificação das teorias absoluta e relativa, pois essas se pautam, respectivamente, pelos critérios da retribuição e da prevenção do mal cometido.

No plano formal, verifica-se que o preso é sujeito de direitos e dotado, obviamente, como qualquer pessoa, de dignidade, a qual é um atributo inerente ao ser humano.

Todavia, o cotidiano denuncia que o sistema prisional é uma máquina de depósito de pessoas e, por consequência, de fabricar delinquentes.

Neste sentido, o STF já reconheceu o **estado de coisas inconstitucional do sistema penitenciário brasileiro**,[4] e, em razão disso, determinou a adoção de providências tendentes a sanar as gravíssimas lesões a preceitos fundamentais da Constituição, decorrentes de condutas comissivas e omissivas dos poderes públicos da União, dos Estados e do Distrito Federal.

---

[4] ADPF nº 347, Rel. Min. Marco Aurélio.

Sobre o tema, os fundamentos para o ajuizamento da ação foram:

- Violação massiva e generalizada de direitos fundamentais dos presos.
- Inércia, omissão ou incapacidade reiterada e persistente das autoridades públicas no cumprimento de suas obrigações de defesa e promoção dos direitos fundamentais.
- A superação dessas violações de direitos exige a expedição de remédios e ordens dirigidas não apenas a um órgão, e sim a uma pluralidade destes.
- Penas privativas de liberdade acabam sendo penas cruéis e desumanas.
- Os estabelecimentos prisionais funcionam como instituições segregacionistas de grupos em situação de vulnerabilidade social.

O Supremo, fazendo uma análise congruente dos dados apresentados, pode-se conjecturar que o sistema carcerário, além de não apresentar as condições mínimas para a concretização do projeto de reinserção previsto nas normas nacionais e internacional, é ineficaz quanto a tal objetivo manifesto e, frise-se, apresenta uma atuação deformadora e estigmatizante sobre o condenado.

Foi considerado quadro dramático do sistema penitenciário brasileiro. A pena é sistematicamente cumprida em condições muito mais severas do que as admitidas pela ordem jurídica.

Nesse sentido, foram determinadas providências, entre as quais, a aplicação da audiência de custódia, o descontingenciamento do fundo penitenciário nacional, mutirão carcerário com objetivo de avaliar as situações de pessoas presas por longo período, além de uma espécie de orientação aos juízes e tribunais, que considerem, fundamentalmente, o quadro dramático do sistema penitenciário brasileiro no momento de concessão de cautelares penais, na aplicação da pena e durante o processo de execução penal.

Os dados estatísticos mostram um encarceramento em massa. O Brasil é o terceiro país com a maior taxa de aprisionamento do mundo, encontrando-se Estados Unidos e China, respectivamente, em primeiro e segundo lugares.

A população carcerária é formada por jovens, negros, do sexo masculino e que praticaram alguns poucos segmentos de crimes dentro de um universo gigante de normas penais incriminadoras.

Contabilizando apenas os presos em celas físicas (excluídos aqueles em prisão domiciliar), a população carcerária atualmente é de aproximadamente 670.714 (seiscentos e setenta mil e setecentos e quatorze) presos, somados a 156.066 (centos e cinquenta e seis mil e sessenta e seis) presos em prisão domiciliar.

Fonte: https://app.powerbi.com/view?r=eyJrIjoiOWYwMDdlNmItMDNkOC00Y2RmLWEyNjQtMmQ0O
TUwYTUwNDk5IiwidCI6ImViMDkwNDIwLTQ0NGMtNDNmNy05MWYyLTRiOGRhNmJmZThlMSJ9.
Acesso em: 1º ago. 2022.

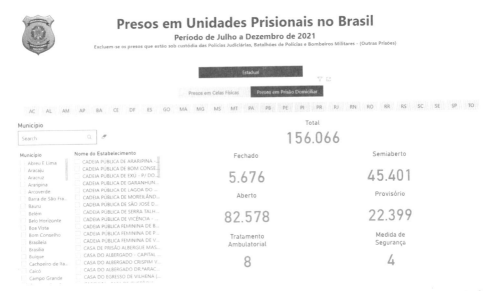

Fonte: https://app.powerbi.com/view?r=eyJrIjoiOWYwMDdlNmItMDNkOC00Y2RmLWEyNjQtMmQ0O
TUwYTUwNDk5IiwidCI6ImViMDkwNDIwLTQ0NGMtNDNmNy05MWYyLTRiOGRhNmJmZThlMSJ9.
Acesso em: 1º ago. 2022.

Capítulo 8 ♦ Criminologia e segurança pública **219**

População Prisional por Ano
Período de Julho a Dezembro de 2021

Incluem-se os presos que estão sob custódia das Polícias Judiciárias, Batalhões de Polícias e Bombeiros Militares - (Outras Prisões)
Excluem-se do cálculo presos em Prisão Domiciliar a partir de 2020

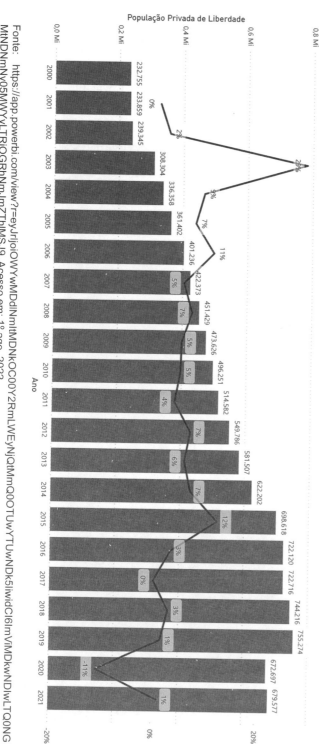

Fonte: https://app.powerbi.com/view?r=eyJrIjoiOWYwMDdlNmItMDNkOC00Y2RmLWEyNjQtMmQ0OTUwYTUwNDk5IiwidCI6ImVlMDkwNDIwLTQ0NG MtNDNmNy05MWYyLTRiOGRhNmJmZThlMSJ9. Acesso em: 1º ago. 2022.

O gráfico do Sisdepen evidencia que até 2019 a população prisional brasileira cresce vertiginosamente, sendo que em 2020 há uma queda de 11% e em 2021 um aumento menor, se comparado a anos anteriores. A justificativa para a pequena diminuição da população carcerária pode ter sido a pandemia que assolou o mundo da Covid-19.

Neste cenário de pandemia, o Conselho Nacional de Justiça editou a Recomendação nº 62/2020 com medidas a serem adotadas para conter a contaminação do vírus no âmbito do sistema prisional, as quais incluem a reavaliação de prisões cautelares, saídas antecipadas, entre outros.

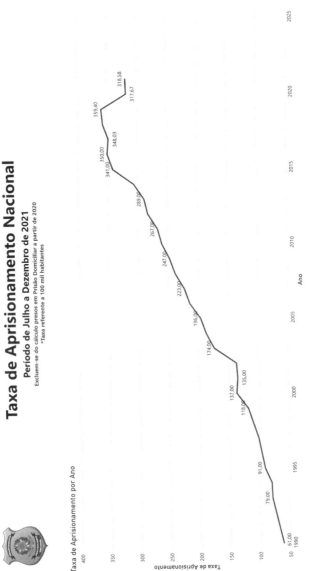

Fonte: https://app.powerbi.com/view?r=eyJrIjoiOWYwMDdlNmItMDNkOC00Y2RmLWEyNjQtMmQ0OTUwYTUwNDk5Iiwid CI6ImViMDkwNDIwLTQ0NGMtNDNmNy05MWYyLTRiOGRhNmJmZThlMSJ9. Acesso em: 1º ago. 2022.

O gráfico mostra que em 2021 houve uma estabilidade no crescimento da população carcerária, mormente pela pandemia e seus reflexos. Nos anos de 1995 a 2015, o Brasil foi um dos países com a maior taxa de aprisionamento do mundo.

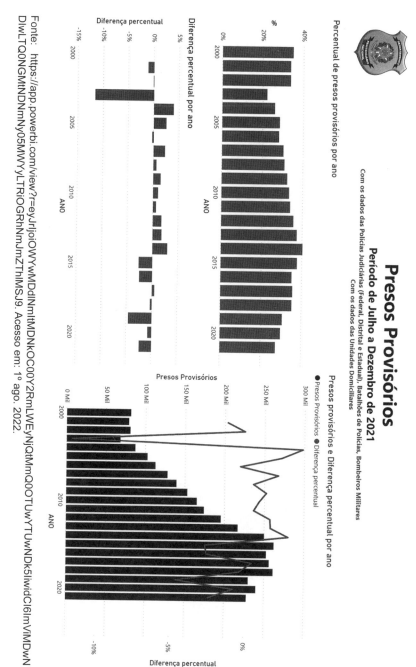

Na consequência da superpopulação carcerária, verifica-se, conforme o gráfico, o constante aumento de presos provisórios, de maneira que, por vezes, praticamente se desconsidera o princípio da presunção de inocência, e a prisão cautelar acabar por cumprir a finalidade de antecipação de pena, principalmente diante de um sistema de justiça criminal moroso.

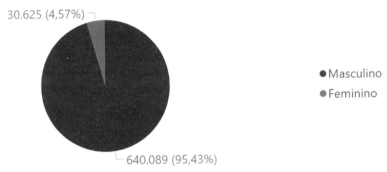

Fonte: https://app.powerbi.com/view?r=eyJrIjoiOWYwMDdlNmItMDNkOC00Y2RmLWEyNjQtMmQ0OTUwYTUwNDk5IiwidCI6ImViMDkwNDIwLTQ0NGMtNDNmNy05MWYyLTRiOGRhNmJmZThlMSJ9. Acesso em: 1º ago. 2022.

A população carcerária de pessoas do sexo masculino é muito maior se comparada com o sexo feminino. No entanto, há um crescimento vertiginoso da população feminina em presídios e, em sua grande maioria, em decorrência de prática de tráfico de drogas.

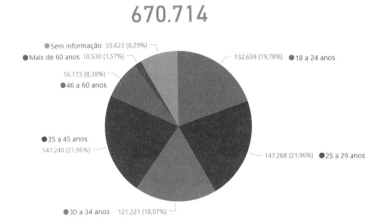

Fonte: https://app.powerbi.com/view?r=eyJrIjoiOWYwMDdlNmItMDNkOC00Y2RmLWEyNjQtMmQ0OTUwYTUwNDk5IiwidCI6ImViMDkwNDIwLTQ0NGMtNDNmNy05MWYyLTRiOGRhNmJmZThlMSJ9. Acesso em: 1º ago. 2022.

Capítulo 8 ♦ Criminologia e segurança pública   **223**

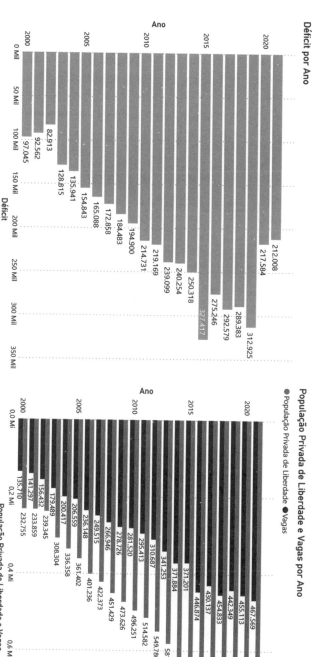

Fonte: https://app.powerbi.com/view?r=eyJrIjoiOWYwMDdlNmItMDNkOC00Y2RmLWEyNjQtMmQ0OTUwYTUwNDk5IiwidCI6ImViMDkwNDIwLTQ0NGMtNDNmNy05MWYyLTRlOGRhNmJmZThlMSJ9. Acesso em: 1º ago. 2022.

Conforme o gráfico, a maioria dos presos são jovens de 18 a 29 anos. O custo médio de um preso por Unidade Federativa é de R$ 1.874,68 (mil reais oitocentos e setenta quatro e sessenta e oito centavos), segundo levamento do Sisdepen em agosto de 2021.

Verifica-se, também, o déficit de vagas no sistema prisional, onde os presos somam 679.687 e há 487.932 vagas.

Em suma, o Brasil é um exemplo de encarceramento massivo que não diminui a criminalidade nem a sensação de insegurança da população.

8.2.6 Política de guerras às drogas e superencarceramento

A Lei nº 11.343/2006, chamada Lei de Drogas, é um dos principais argumentos no qual se baseia e legitima o aumento da população carcerária, resultando em um encarceramento em massa.

Encarceramento em massa é o crescimento do aprisionamento em torno de um número pequeno de tipos penais, sobretudo tráfico de drogas, roubo e furto;

Em 1990, a população prisional no Brasil tinha pouco mais de 90 mil pessoas.

Segundo Juliana Borges (2018, p. 53):

> Somos compelidas a acreditar que o sistema de justiça criminal surge para garantir normas e leis que assegurarão segurança para as sociedades. Mas, na verdade, se trata de um sistema que surge já com uma repressão que cria o alvo que intenta reprimir. A realidade do sistema de justiça criminal é absolutamente diversa de garantir segurança, mas um mecanismo que retroalimenta insegurança, aprofunda vigilância e repressão.

O crescimento abrupto acontece, exatamente, após 2006 e a aprovação da Lei de Drogas. De 1990 a 2005, o crescimento da população prisional era de cerca de 270 mil em 15 anos. De 2006 até 2016, pela fonte de dados que tenho utilizado, ou seja, oito anos, o aumento foi de 300 mil pessoas.

Capítulo 8 ♦ Criminologia e segurança pública **225**

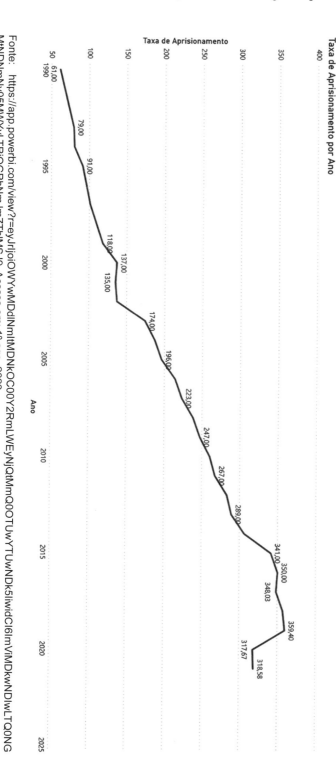

Taxa de Aprisionamento Nacional
Período de Julho a Dezembro de 2021
Excluem-se do cálculo presos em Prisão Domiciliar a partir de 2020
*Taxa referente a 100 mil habitantes

Fonte: https://app.powerbi.com/view?r=eyJrIjoiOWYwMDdlNmItMDNkOC00Y2RmLWEyNjQtMmQ0OTUwYTUwNDk5IiwidCI6ImVlMDkwNDIwLTQ0NGMtNDNmNy05MWYyLTRlOGRhNmJmZThlMSJ9. Acesso em: 1º ago. 2022.

Segundo Wacquant (2001), a ampliação dos índices de encarceramento na América está conectada com a diminuição de políticas sociais e, do contrário, um investimento em políticas de segurança pública com escopo de segregar classes específicas da sociedade.

8.2.7 Prisão como pena hegemônica e alternativas à prisão

Como visto, o tema da superpopulação carcerária é um problema atual na sociedade. Em primeiro lugar, em razão de que o cárcere não cumpre sua função de ressocialização e o efeito da prisionização vai gerar uma "educação em ser preso" e uma" educação em ser criminoso", razão pela qual, não raras as vezes, a falta de eficiência do aparelho estatal vai gerar uma criminalização secundária – uma reincidência criminosa.

Nesse sentido, verifica-se que, no Brasil, ao contrário de outros lugares no mundo, as facções criminosas foram constituídas sob o olhar e a complacência do Poder Público, na medida em que foram criadas, organizadas e expandidas no interior de presídios.

A política pública de construção ou reformas de presídios não acompanha a demanda em razão do aumento da massa carcerária, fato que gera uma violação a dignidade da pessoa presa, um tratamento desumano e degradante, tanto é que o Supremo Tribunal Federal reconheceu o Estado de Coisas Inconstitucional do Sistema Penitenciário no Brasil.

Por tudo que foi exposto, é preciso buscar alternativas à prisão.

As Regras de Tóquio (CONSELHO NACIONAL DE JUSTIÇA, 2016) propõem, em sede da ONU, a aplicação de medidas não privativas de liberdade, entre elas, no art. 8º:

a) Sanções verbais, como a censura, a repreensão e a advertência.

b) Acompanhamento em liberdade antes da decisão do tribunal.

c) Penas privativas de direitos.

d) Sanções econômicas e pecuniárias, como multas e multas diárias.

e) Ordem de confisco ou apreensão.

f) Ordem de restituição à vítima ou indenização desta.

g) Condenação suspensa ou suspensão da pena.

h) Regime de experiência e vigilância judiciária.

i) Imposição de prestação de serviços à comunidade.

j) Envio a um estabelecimento aberto.

k) Prisão domiciliar.

l) Qualquer outra forma de tratamento não institucional.

m) Uma combinação destas medidas.

Nesse sentido e com inspiração nas Regras de Tóquio, a Lei nº 12.403/2011 trouxe uma série de medidas cautelares diversas da prisão, estabelecidas nos arts. 319 e 320 do Código de Processo Penal.

Ademais, o art. 43 do Código Penal prevê uma série de penas restritivas de direito:

Art. 43. As penas restritivas de direitos são:

I – prestação pecuniária;

II – perda de bens e valores;

(...)

IV – prestação de serviço à comunidade ou a entidades públicas;

V – interdição temporária de direitos;

VI – limitação de fim de semana.

A Lei de Execução Penal, na mesma ideia, possui previsão sobre saídas antecipadas, livramento condicional, progressão de regime, prisão domiciliar, entre outros.

A Lei nº 9.099/1995, que trata dos Juizados Especiais Criminais, aborda medidas alternativas, como a suspensão condicional do processo, a transação e a composição civil dos danos.

Em suma, a legislação nacional prevê alternativas à prisão, mas falta o encorajamento do sistema de justiça criminal na efetiva aplicação desses institutos.

9 Criminologia e direitos humanos

Segundo André de Carvalho Ramos (2020), os direitos humanos são um conjunto de direitos considerado indispensável para uma vida pautada na **liberdade, igualdade e dignidade da pessoa humana**.

Para Antônio Peres Luño (1993), direitos humanos é o conjunto de faculdades e instituições que, em cada **momento histórico**, concretizam as exigências de **dignidade, liberdade e igualdade humanas**, as quais devem ser reconhecidas positivamente pelos ordenamentos jurídicos em nível nacional e internacional.

Os tratados internacionais estão protegidos em sistema global ou regionalizado. O sistema global ou onusiano tem como marco na criação da ONU em 1945, logo após os terrores cometidos durante a Segunda Guerra Mundial.

A denominada Carta Internacional dos Direitos Humanos (também chamada de *International Bill of Human Rigths*) abrange três importantes documentos internacionais, os quais compõem o mosaico protetivo mínimo dos direitos humanos.

- Declaração Universal de Direitos Humanos de 1948.
- Pacto Internacional de Direitos Civis e Políticos, 1966.
- Pacto Internacional de Direitos Econômicos, Sociais e Culturais, 1966.

Na relação de direitos humanos e criminologia, há uma série de criminólogos que teorizam acerca da minimização do poder punitivo – o minimalismo penal e, portanto, da garantia dos direitos da dignidade, liberdade e igualdade humanas. Entre eles, citem-se Baratta, Zaffaroni e Ferrajoli.

O minimalismo se fortaleceu logo após a Segunda Guerra Mundial, diante da consolidação do Estado Democrático de Direito e, no Brasil, com a redemocratização do país em 1988, onde, com base na prevalência dos direitos humanos, assina-se uma série de tratados internacionais de direitos humanos.

O minimalismo penal tem relação com os direitos humanos, na medida em que procura intervir em situações excepcionais e relevantes para a sociedade, colocando-se como a última *ratio* de proteção. O movimento de minimalismo se fundamenta pelos princípios da intervenção mínima, ofensividade, fragmentariedade e subsidiariedade.

A intervenção mínima significa dizer que o direito penal atuará somente na defesa dos bens jurídicos relevantes. O princípio da subsidiariedade indica que o direito penal deverá intervir apenas quando os outros ramos do direito se relevarem incapazes de promover a pacificação social.

O princípio da lesividade ou ofensividade admite a punição de determinado comportamento na hipótese de lesar direitos pertencentes a outrem.

Para Zaffaroni, o sistema penal viola abertamente os direitos humanos.

O autor Alessandro Baratta, na obra *Criminologia Crítica e Crítica do Direito Penal* (2011), faz uma interação entre os dois ramos do saber. Em uma dimensão negativa, os direitos humanos geram limites à intervenção estatal e, na dimensão positiva, relaciona-se à definição do objeto, possível, mas não necessária, com relação à tutela do direito penal.

9.1 CRIMINOLOGIA, POLÍTICA CRIMINAL E DIREITOS HUMANOS

De tudo que foi exposto, podemos perceber, facilmente, que a criminologia como ciência empírica e interdisciplinar, dentre diversas nuances, preocupa-se com o estudo do crime e da criminalidade, assim como as melhores formas de resposta estatal frente ao crime.

A política criminal, enquanto disciplina que oferece aos poderes públicos as opções científicas concretas mais adequadas para o controle do crime, é a ponte eficaz entre o direito penal.

Na inter-relação entre o direito penal, a política criminal e a criminologia, compete à **política criminal** facilitar a recepção das investigações empíricas e a sua transformação em preceitos normativos, incumbindo-se de converter a experiência criminológica em proposições jurídicas, gerais e obrigatórias (SHECAIRA, 2020).

No entanto, todo o trabalho científico da criminologia é esquecido no contexto político, sobretudo no âmbito dos poderes estatais – legislativo, judiciário e executivo –, de forma que os estudos da criminologia quase nunca são incorporados ou levados adiante pela política criminal.

Por exemplo, a criminologia, por vezes, evidencia que a prevenção primária atua nas raízes do problema social, notadamente com a preocupação estatal em fornecer direitos sociais. É uma boa estratégia para uma diminuição da criminalidade, fato que demanda tempo, porquanto é uma medida de médio e longo prazo. Todavia, o Poder Executivo, quando da execução de políticas públicas, por vezes, é negligente com os grupos vulneráveis e minorias.

A ciência criminológica também é ignorada no poder legislativo. A criminologia, de forma empírica, analisa se algum fato social precisa ser criminalizado, segundo os elementos de incidência massiva (o crime deve acontecer frequentemente na sociedade); incidência aflitiva (o crime causa dor, medo, temor, repulsa na sociedade); persistência espaço-temporal (a conduta deve distribuir-se por todo o território nacional); e o inequívoco consenso a respeito de sua etiologia e técnicas para intervenção mais eficazes para seu combate.

De outro lado, poder legislativo sem qualquer aporte criminológico responde a problemas sociais com a banalização da criminalização. Constata-se uma inflação legislativa de normas penais, aquilo que se denomina de direito penal simbólico, de forma que a reação estatal para problemas sociais e estruturais históricos é solucionado – sem solucionar nada – com o direito penal. Trata-se de uma política penal populista.

> **Decifrando a prova**
>
> **(2004 – MPDFT – Promotor de Justiça – Adaptada)** Julgue o item no tocante ao direito penal, à criminologia e à política criminal:
> A função simbólica do direito penal é marcada pela reiterada edição de normas penais, normalmente mais rigorosas, cuja eficácia real é duvidosa, mas que atuam proporcionando à coletividade uma tranquilizadora sensação de segurança jurídica.
> ( ) Certo ( ) Errado
> **Gabarito comentado:** justamente é o que se afirma no direito penal simbólico cuja eficiência em diminuir o crime e a criminalidade é muito pequena. Portanto, a assertiva está certa.

No âmbito do poder judiciário, que tem a missão de efetivar o monopólio do dever de punir estatal no bojo do devido processo legal, a prisão cautelar é a primeira estratégia de controle da criminalidade em dissonância do que preceitua a garantia fundamental de presunção de inocência.

Segundo o art. 5º, LVII, da Constituição Federal:

> LVII – ninguém será considerado culpado até o trânsito em julgado de sentença penal condenatória; (...)

Em tom crítico, Nilo Batista (1990, p. 38) preceitua que:

> quando alguém fala que o Brasil é "o país da impunidade", está generalizando indevidamente a histórica imunidade das classes dominantes. Para a grande maioria dos brasileiros – do escravismo colonial ao capitalismo selvagem contemporâneo – a punição é um fato cotidiano. Essa punição se apresenta implacavelmente sempre que pobres, negros ou quaisquer outros marginalizados vivem a conjuntura de serem acusados da prática de crimes interindividuais (furtos, lesões corporais, homicídios, estupros, etc.).

Portanto, considerando que o cenário político ignora a criminologia e no âmago do sistema de justiça criminal seletivo e discriminatório, Zaffaroni (2012, p. 463) afirma que, no contexto da América Latina, a criminologia tem a função de conter o poder punitivo e reduzir o número de massacres.

A despeito da regra que é a ausência de aportes criminológicos nas políticas estatais, por vezes, algumas políticas públicas recebem esse influxo da criminologia. Nesse sentido, a doutrina aponta alguns avanços de políticas públicas para a proteção dos direitos humanos.

A política nacional de direitos humanos surge na redemocratização do país com o advento da CF/1988. A partir dessa época, houve a necessidade de o governo brasileiro tomar como sua a responsabilidade em dirigir uma política voltada à proteção de direitos humanos.

A política nacional tem por finalidade orientar ações governamentais futuras relacionadas ao tema de direitos humanos. O principal mecanismo utilizado para exteriorizar e planejar a Política Nacional de Direitos Humanos é o Programa Nacional de Direitos Humanos.

A origem do programa nacional encontra-se assentada na Declaração e Programa de Ação da Conferência Mundial de Direitos Humanos de Viena de 1993, organizada pela ONU.

O art. 71 da Conferência Mundial de Viena recomenda que cada Estado pondere a oportunidade da elaboração de um plano de ação nacional que identifique os passos através dos quais esse Estado poderia melhorar a promoção e a proteção dos Direitos Humanos.

No Brasil, a competência administrativa comum para realizar políticas públicas de implementação de direitos humanos é comum a todos os entes federados (art. 23, X, CF/1988).

> **Art. 23.** É competência comum da União, dos Estados, do Distrito Federal e dos Municípios: (...)
>
> X – combater as causas da pobreza e os fatores de marginalização, promovendo a integração social dos setores desfavorecidos; (...)

Portanto, é possível termos programas de direitos humanos em âmbito federal, estadual e municipal.

A missão dos programas em nível nacional, estadual e municipal é mapear os problemas referentes aos direitos humanos e, simultaneamente, estipular e coordenar os esforços para a superação das deficiências e implementação dos direitos.

Os programas de direitos humanos não possuem força vinculante, pois advêm de mero decreto regulamentar (dar fiel execução às leis e às normas constitucionais), editado à luz do art. 84, IV, da CF/1988. Contudo, serve como orientação para as ações governamentais, podendo o legislador ou administrador ser questionado por condutas incompatíveis com os termos do PNDH.

Atualmente, no Brasil vigora o PNDH 3, mas existiram o PNDH 1 e o PNDH 2.

- O PNDH-1 (1996 – governo Fernando Henrique Cardoso) teve como foco a proteção de direitos civis, especialmente no tocante à impunidade e à violência policial. Adotou como meta a adesão brasileira a tratados internacionais.
- O PNDH-2 (2002 – governo Fernando Henrique Cardoso), por sua vez, concentrou-se nos direitos sociais, acerca das desigualdades e carência do mínimo existencial para grande parte da população brasileira. Mencionou grupos vulneráveis (GLTTB) e afrodescendentes. Propostas voltadas para educação e sensibilização de toda sociedade brasileira para a cristalização de uma cultura de respeito aos direitos humanos.
- O PNDH-3 (2009 – governo Lula) atualmente em vigor e previsto no Decreto Federal nº 7.037/2009, estruturado em 06 eixos orientadores, subdivididos em 25 diretrizes, 82 objetivos estratégicos e 521 ações programáticas.

No que diz respeito à temática da segurança pública, o eixo orientador nº 04 trata da segurança pública, acesso à justiça e combate à violência, possuindo as seguintes diretrizes:

- Diretriz 11: democratização e modernização do sistema de segurança pública.
- Diretriz 12: transparência e participação popular no sistema de segurança pública e justiça criminal.
- Diretriz 13: prevenção da violência e da criminalidade e profissionalização da investigação de atos criminosos.
- Diretriz 14: combate à violência institucional, com ênfase na erradicação da tortura e na redução da letalidade policial e carcerária.
- Diretriz 15: garantia dos direitos das vítimas de crimes e de proteção das pessoas ameaçadas.
- Diretriz 16: modernização da política de execução penal, priorizando a aplicação de penas e medidas alternativas à privação de liberdade e melhoria do sistema penitenciário.
- Diretriz 17: promoção de sistema de justiça mais acessível, ágil e efetivo, para o conhecimento, a garantia e a defesa de direitos.

Na relação necessária entre criminologia, política criminal e direitos humanos, verifica-se que a criminologia atual é construída sob uma perspectiva de política criminal minimalista, orientada na perspectiva de que problemas sociais não conseguem ser solucionados pelo sistema de justiça criminal.

De outro lado, a intervenção penal exacerbada do estado só aumenta o caráter seletivo e discriminatório do sistema de justiça criminal subjugando os direitos humanos.

9.1.1 Criminologia do reconhecimento e dignidade da pessoa humana

A dignidade da pessoa humana é uma qualidade intrínseca e distintiva de cada ser humano, independentemente de qualquer condição – política, social, racial ou étnica.

A etimologia da palavra "dignidade" deriva daquilo que possui honra ou importância.

No sentido negativo, a dignidade da pessoa humana veda o tratamento desumano, degradante, as discriminações odiosas. No sentido positivo, assegura condições materiais mínimas de sobrevivência.

A Constituição Federal prevê a dignidade da pessoa humana como fundamento da República Federativa do Brasil, vejamos:

> Art. 1º A República Federativa do Brasil, formada pela união indissolúvel dos Estados e Municípios e do Distrito Federal, constitui-se em Estado Democrático de Direito e tem como fundamentos: (...)
> III – a dignidade da pessoa humana; (...)

O contexto histórico de avanços e retrocessos na afirmação de direitos humanos evidencia que a todo momento o ser humano luta pela sua liberdade, opondo-se à violência estatal, ao aviltamento e a qualquer forma de violação a sua dignidade. Portanto, a Constituição Federal, quando reconhece a dignidade como fundamento, ela mesmo se legitima democraticamente por atender anseios sociais históricos e irrenunciáveis.

A fase pré-científica da criminologia retratada no Capítulo 2 deste livro relaciona criminologia com a criação e progressiva expansão dos direitos humanos. A luta contra a violência, o aviltamento, a exploração e a miséria.

Atualmente, segundo André de Carvalho Ramos (2020, p. 83), é possível identificar quatro usos habituais da dignidade da pessoa humana.

O primeiro uso é a dignidade para fundamentar a criação jurisprudencial de novos direitos, tendo em vista que os direitos fundamentais previstos na Constituição Federal não são exaustivos, segundo o art. 5, § 2º, da Constituição Cidadã. Por exemplo, quando o Supremo Tribunal Federal[1] reconhece o direito à busca da felicidade como direito fundamental implícito hábil a reconhecer diversos modelos familiares.

O segundo uso da dignidade é a busca pela interpretação adequada de um determinado direito. André de Carvalho Ramos (2020, p. 84) exemplifica no caso do direito a celeridade processual como forma de concretização da dignidade.

O terceiro uso é a dignidade limitando a atuação estatal, frenando condutas abusivas e ilegais do poder público.

Por fim, o quarto uso da dignidade da pessoa humana é a fundamentação de juízo de ponderação quando houver conflito entre direitos.

9.1.2 Criminologia, invisibilidade e reconhecimento

O tema aborda os preceitos expostos pelo autor Thiago Fabres de Carvalho (2014) em sua obra *Criminologia, (In)visibilidade e Reconhecimento: o controle penal da subcidadania no Brasil* (2014).

A dignidade da pessoa humana é um valor intrínseco a todo e qualquer ser humano que impede discriminações odiosas, veda o tratamento desumano ou arbitrário e, também, impõe o denominado mínimo existencial, na medida em que assegura a toda e qualquer indivíduo condições sociais mínimas para se falar em exercício da palavra e de ação.

Por sua vez, a igualdade estabelece um dever de tratamento equânime do poder público aos indivíduos.

Segundo o autor, os princípios constitucionais da dignidade da pessoa humana e da igualdade apresentam-se como condição existencial básica da condição humana e como fonte axiológica do direito que está sempre por construir-se e afirmar-se.

O campo jurídico-penal, ainda que de forma abstrata, sedimenta os valores da dignidade, da igualdade, da liberdade e da autonomia da vontade como dimensão da própria cidadania.

No entanto, o sistema penal brasileiro acaba por deformar a interpretação desses princípios, e tal fato resulta na desigualdade e na gestão da subcidadania.

A gestão da subcidadania, segundo Thiago Fabres de Carvalho (2007), é a

---

[1] RE nº 477.554, Rel. Min. Celso de Mello, *Informativo* nº 635.

neutralização da "ralé estrutural", indivíduos e grupos sociais prevalencentemente portadores da condição de subumanos, de não gente, reproduzindo os fenômenos políticos da invisibilidade pública e da humilhação social e suplantando as vias de acesso ao reconhecimento intersubjetivo. A validade de tal hipótese pôde ser vislumbrada a partir da análise de relatório, oficiais e não governamentais; de dados institucionais sobre a realidade carcerária brasileira; e, mais especificamente, de decisões judiciais envolvendo direta ou indiretamente o tema da igualdade e da dignidade humana.

Portanto, na denominada modernidade periférica, há uma manifesta contradição, de modo que as práticas e instituições penais tendem a negar tais valores da dignidade, da igualdade, da liberdade e da autonomia da vontade, o que solidifica um painel de afirmação perversa da chamada "naturalização da desigualdade" e da atuação do sistema de justiça penal como mecanismo de gestão da subcidadania.

Decifrando a prova

(2021 – Fumarc – Delegado de Polícia – PC/MG) Sobre a perspectiva crítica defendida por Thiago Fabres de Carvalho em *Criminologia, (In)visibilidade e Reconhecimento: o controle penal da subcidadania no Brasil*, analise as assertivas a seguir:

I. As relações entre a criminologia e a noção moderna de dignidade humana são tão profundas quanto paradoxais. A emergência do saber sobre o crime e o criminoso na era moderna é marcada por profundas contradições atreladas às demandas de ordem inerentes à constituição do mundo social.

PORQUE

II. Se, de um lado, a noção de dignidade humana produzida pelos discursos filosóficos, políticos e jurídicos da modernidade expressa os anseios de emancipação dos laços da tradição; por outro lado, a criminologia emerge como um poderoso discurso científico de justificação do controle social requerido pelas exigências de ordem da sociedade burguesa em ascensão.

Está CORRETO o que se afirma em:

A) I e II são proposições falsas.
B) I e II são proposições verdadeiras e II é uma justificativa correta da I.
C) I e II são proposições verdadeiras, mas II não é uma justificativa correta da I.
D) I é uma proposição falsa e II é uma proposição verdadeira.

Gabarito comentado: conforme visto, há um antagonismo entre os princípios constitucionais e o que, de fato, ocorre no cotidiano social, do qual tais princípios são negados a partir da denominada "naturalização da desigualdade". Portanto, a letra B é o gabarito.

9.1.3 Criminologia, direitos humanos e grupos vulneráveis

Em abordagem preliminar, precisamos trazer ideias relacionadas ao direito constitucional, mais precisamente quanto aos direitos fundamentais.

Segundo André de Carvalho Ramos (2020, p. 831), os direitos humanos ou fundamentais são um conjunto de direitos considerado indispensável para uma vida pautada na liberdade, igualdade e dignidade da pessoa humana. Neste sentido, um dos princípios basilares do Estado Democrático de Direito é o princípio da igualdade ou isonomia, que preceitua que todos são iguais perante a lei, sem distinção de qualquer natureza, segundo o art. 5º, *caput*, da Constituição Federal.

A igualdade formal é a igualdade perante a lei, a imposição de tratamento isonômico (igual) a todos da mesma categoria e que estejam em uma mesma situação. Por sua vez, a igualdade material é uma Igualdade real, de fato. Objetiva reduzir as desigualdades fáticas por meio da concessão de direitos/vantagens a grupos historicamente discriminados.

Segundo Cançado Trindade (*In* PIOVESAN, 2011), "o Direito dos Direitos Humanos não rege as relações entre iguais; opera precisamente em defesa dos ostensivamente mais fracos".

Sobre a igualdade, Boaventura de Sousa Santos (2003, p. 56) preceitua que "temos o direito a ser iguais quando a nossa diferença nos inferioriza, e temos o direito a ser diferentes quando a nossa igualdade nos descaracteriza".

A isonomia material tem diversos fundamentos constitucionais, vejamos:

> **Art. 3º** Constituem objetivos fundamentais da República Federativa do Brasil: (...)
> III – erradicar a pobreza e a marginalização e reduzir as desigualdades sociais e regionais;
> IV – promover o bem de todos, sem preconceitos de origem, raça, sexo, cor, idade e quaisquer outras formas de discriminação.
>
> **Art. 5º** (...)
> L – às presidiárias serão asseguradas condições para que possam permanecer com seus filhos durante o período de amamentação; (...)
>
> **Art. 7º** (...)
> XX – proteção do mercado de trabalho da mulher, mediante incentivos específicos, nos termos da lei; (...)

A igualdade material consiste em concretizar duas dimensões de justiça:

- **Justiça distributiva:** redistribuição de recursos socioeconômicos para grupos historicamente em desvantagens. Exemplo: ações afirmativas.
- **Justiça de reconhecimento de identidades:** grupos cujo fator de identidade os leva a situação de vulnerabilidade. Respeitar as pessoas nas suas diferenças. Decorre do pluralismo político, fundamento da República Federativa do Brasil (art. 1º, V, da CF). Exemplos: constitucionalidade da Lei Maria da Penha, direito do transgênero de alterar o nome e sexo no registro civil independente de cirurgia de transgenitalização ou de tratamento hormonal (ADI nº 4.275/DF), ato de homofobia e transfobia foi considerado crime de racismo social para o STF (ADO nº 26), STF reconheceu a união homoafetiva como entidade familiar (ADPF nº 132).

Nesse sentido de justiça distributiva, as ações afirmativas tratam de política social pública ou privada de redução da desigualdade fática. Também chamadas de discriminações positivas ou reversas. São medidas de compensação, buscando concretizar, ao menos em parte, uma igualdade de oportunidades com os demais indivíduos, que não sofreram as mesmas restrições. As ações afirmativas são transitórias. É, portanto, mecanismo de inclusão social.

O sistema de cotas em universidades públicas, com base em critério étnico-racial é constitucional, segundo o Supremo Tribunal Federal. No entanto, as políticas de ação afirmativa baseadas no critério racial possuem natureza transitória (STF, Plenário, ADPF nº 186/DF, Rel. Min. Ricardo Lewandowski, j. 25 e 26.04.2012, *Info.* 663).

É constitucional a Lei nº 12.990/2014, que reserva 20% das vagas oferecidas nos concursos públicos para provimento de cargos efetivos e empregos públicos na administração pública direta e indireta federal. É legítima a utilização, além da autodeclaração, de critérios subsidiários de heteroidentificação, desde que respeitada a dignidade da pessoa humana e garantidos o contraditório e ampla defesa (ADC nº 41).

O Supremo[2] entende constitucional a Lei nº 12.990/2014, que reserva a pessoas negras 20% das vagas oferecidas nos concursos públicos para provimento de cargos efetivos e empregos públicos no âmbito da administração pública federal direta e indireta, por três fundamentos:

Jurisprudência destacada

"1.1 Em primeiro lugar, a desequiparação promovida pela política de ação afirmativa em questão está em consonância com o princípio da isonomia. **Ela se funda na necessidade de superar o racismo estrutural e institucional ainda existente na sociedade brasileira, e garantir a igualdade material entre os cidadãos, por meio da distribuição mais equitativa de bens sociais e da promoção do reconhecimento da população afrodescendente.**

1.2 Em segundo lugar, não há violação aos princípios do concurso público e da eficiência. A reserva de vagas para negros não os isenta da aprovação no concurso público. Como qualquer outro candidato, o beneficiário da política deve alcançar a nota necessária para que seja considerado apto a exercer, de forma adequada e eficiente, o cargo em questão. Além disso, a incorporação do fator 'raça' como critério de seleção, ao invés de afetar o princípio da eficiência, contribui para sua realização em maior extensão, criando uma 'burocracia representativa', capaz de garantir que os pontos de vista e interesses de toda a população sejam considerados na tomada de decisões estatais.

1.3 Em terceiro lugar, a medida observa o princípio da proporcionalidade em sua tríplice dimensão. A existência de uma política de cotas para o acesso de negros à educação superior não torna a reserva de vagas nos quadros da administração pública desnecessária ou desproporcional em sentido estrito. Isso porque: (i) nem todos os cargos e empregos públicos exigem curso superior; (ii) ainda quando haja essa exigência, os beneficiários da ação afirmativa no serviço público podem não ter sido beneficiários das cotas nas universidades públicas; e (iii) mesmo que o concorrente tenha ingressado em curso de ensino superior por meio de cotas, há outros fatores que impedem os negros de competir em pé de igualdade nos concursos públicos, justificando a política de ação afirmativa instituída pela Lei nº 12.990/2014" (ADC nº 41, Rel. Min. Roberto Barroso, j. 08.06.2017 – grifos nossos).

---

[2] ADC nº 41, Rel. Min. Roberto Barroso.

Os direitos humanos se fundam em dois grandes sistemas: um sistema geral, aplicado a toda e qualquer pessoa, bastando ser humano para titularizar tais direitos, e outro especial por considerar que nem todos os sujeitos de direito conseguem exercer de maneira efetiva os direitos previstos no sistema geral, razão pela qual necessitam de maiores doses de proteção, por estarem em posição de desvantagem na sociedade.

No que se relaciona ao sistema especial de proteção aos direitos humanos, que confere mais direito a minorias e grupos vulneráveis, é preciso diferenciar os dois grupos.

Preliminarmente, nem toda minoria é um grupo vulnerável, nem todo grupo vulnerável é minoria, mas é possível que a mesma categoria se encaixe nos dois grupos.

Segundo Mazzuoli (2019, p. 283), "minorias são grupos de pessoas que não têm a mesma representação política que os demais cidadãos ou sofrem histórica e crônica discriminação por guardarem entre si características essenciais à sua personalidade que demarcam sua singularidade no meio social". Por exemplo, povos indígenas, comunidade LGBTI, refugiados, entre outros.

Grupos vulneráveis são marginalizados em razão de um fator de identidade específica e não se constituem, necessariamente, em grupos menores, mas necessitam de proteção especial diante de sua fragilidade ou indefensabilidade (MAZZUOLI, 2019, p. 283). Como exemplo, mulheres são grupos vulneráveis, eis que marginalizadas em uma cultura altamente patriarcal e androcentrista, mas não são minorias, eis que existem em proporção até maior do que os homens.

De modo semelhante, os afrodescendentes são grupos vulneráveis, em razão da discriminação pelo legado da escravidão, mas não são minorias.

Vejamos nos tópicos seguintes a relação entre criminologia, direitos humanos e a proteção de grupos vulneráveis e/ou minorias em espécie.

9.1.4 Criminologia, direitos humanos e racismo estrutural

A relação entre criminologia, direitos humanos e racismo estrutural pode ser compreendida na perspectiva de processos históricos em que grupos específicos de pessoas (negros e pobres, por exemplo) são taxados como perigosas e são inseridos em um discurso do medo, mola propulsora para que sejam discriminados e selecionados pelo sistema de justiça criminal.

A criminologia nasce como saber científico pela perspectiva da Escola Positiva. Cesare Lombroso, o pai da criminologia, médico e antropólogo, publica sua principal obra, *O Homem Delinquente* (1876), tendo como base empírica as pesquisas anatômicas de presos e encontrou uma característica anatômica própria no crânio do famoso criminoso calabrês Vilela, referente a hominídeos não desenvolvidos, uma suposta fissura occipital média, e conclui que as características do homem primitivo e dos animais inferiores se reproduzem em nosso tempo. Portanto, o homem criminoso é uma variável da espécie humana.

O delinquente era um salto para trás na evolução humana, porquanto Lombroso se apropria das ideias de Darwin (*Origem das Espécies* – 1859).

O aporte teórico de Darwin ganha notoriedade no chamado darwinismo social, onde os teóricos da época (meados do século XIX), principalmente médicos, vão estudar a eugenia, ou seja, a ciência que aplicaria as leis de Darwin em uma suposta evolução da espécie humana, e no final traria indivíduos com menor propensão a prática de desvios.

A junção da psiquiatria, da eugenia e da criminologia positivista vão evidenciar o viés segregador de grupos de pessoas e, no Brasil, esse preconceito foi reforçado pelo racismo da população escravizada, e o fenótipo negro passa a ser um obstáculo ao desenvolvimento da nação.

O autor Nina Rodrigues (*As Raças Humanas e a Responsabilidade Penal*) realiza os experimentos de Lombroso na Bahia e dirige a lógica do criminoso nato ao negro.

Segundo Eduardo Viana (2020, p. 118),

> Nina Rodrigues ao dizer que a raça negra no Brasil por maiores que tenham sido os seus incontestáveis serviços à nossa civilização, por mais justificadas que sejam as simpatias de que a cercou o revoltante abuso da escravidão, por maiores que se revelem os generosos exageros dos seus turiferários, há de se constituir sempre um dos fatores da nossa inferioridade como povo.

Portanto, no aporte teórico da Escola Positiva no Brasil, "a proposta política de Nina Rodrigues projetava um *apartheid* brasileiro de cunho eugênico e com objetivos criminalizantes acauteladores dos negros e seus descendentes" (GÓES, 2016).

Decifrando a prova

(2016 – FCC – DPE/ES – Defensor Público – Adaptada) Sobre a Escola Positivista da criminologia, julgue o item:
Sua recepção no Brasil recebeu contornos racistas, notadamente no trabalho antropológico de Nina Rodrigues.
( ) Certo   ( ) Errado
Gabarito comentado: de fato, Nina Rodrigues estabeleceu uma relação entre o criminoso nato de Lombroso e o fenótipo negro no Brasil, o qual trazia um risco a sociedade branca pelo atavismo na prática de desvios. Portanto, a assertiva está certa.

A população negra, majoritariamente de pessoas pobres, será vitimada pela visão da criminologia positivista, onde a descendência, a herança genética ou o ambiente eram preponderantes para a formação da mente criminosa, fato que evidencia o racismo.

O racismo, segundo a normativa internacional, consiste em qualquer teoria, doutrina, ideologia ou conjunto de ideias que enunciam um vínculo causal entre as características fenotípicas ou genotípicas de indivíduos ou grupos e seus traços intelectuais, culturais e de personalidade, inclusive o falso conceito de superioridade racial.

No decorrer da Segunda Guerra Mundial, diversas atrocidades foram cometidas tendo como fundamento uma suposta superioridade de raças.

No final desse período, surgem diversos documentos internos e internacionais que vão afirmar a universalidade dos direitos humanos, ou seja, que os direitos pertencem a toda e qualquer pessoa, independentemente de qualquer condição de sexo, raça, cor, gênero ou procedência nacional.

Na redemocratização do país com a Constituição Cidadã, há uma preocupação com a dignidade da pessoa humana como atributo inerente a qualquer ser humano, além de vedação de discriminações de qualquer espécie e a imposição de mandados de criminalização referente ao racismo, vejamos:

> **Art. 4º** A República Federativa do Brasil rege-se nas suas relações internacionais pelos seguintes princípios: (...)
> VIII – repúdio ao terrorismo e ao racismo; (...)
>
> **Art. 5º** (...)
> XLI – a lei punirá qualquer discriminação atentatória dos direitos e liberdades fundamentais;
> XLII – a prática do racismo constitui crime inafiançável e imprescritível, sujeito à pena de reclusão, nos termos da lei; (...)

No mesmo sentido, a Convenção Americana de Direitos Humanos (Pacto de São José da Costa Rica) prevê a igualdade de todos sem discriminações:

> Pacto de São José da Costa Rica
> ARTIGO 1
> Obrigação de Respeitar os Direitos
> 1. Os Estados-Partes nesta Convenção comprometem-se a respeitar os direitos e liberdades nela reconhecidos e a garantir seu livre e pleno exercício a toda pessoa que esteja sujeita à sua jurisdição, sem discriminação alguma por motivo de raça, cor, sexo, idioma, religião, opiniões políticas ou de qualquer outra natureza, origem nacional ou social, posição econômica, nascimento ou qualquer outra condição social.

No sistema regional americano de proteção, o Brasil adere à Convenção Contra o Racismo, a Discriminação Racial e Formas Correlatas de Intolerância. O Congresso Nacional aprovou o texto em Decreto Legislativo nº 1/2021, em fevereiro de 2021. Quando internalizada, a convenção passará a integrar o ordenamento jurídico brasileiro, com *status* hierárquico equivalente ao de Emenda Constitucional, nos termos do art. 5º, § 3º, da Constituição Federal.

Um importante instrumento normativo interno é a Lei nº 12.288/2010, que institui o Estatuto da Igualdade Racial que, nos termos do art. 1º, destina-se a "garantir à população negra a efetivação da igualdade de oportunidades, a defesa dos direitos étnicos individuais, coletivos e difusos e o combate à discriminação e às demais formas de intolerância étnica".

O art. 1º, parágrafo único, traz uma série de definições a respeito do racismo, discriminação e intolerância, vejamos:

> **Parágrafo único.** Para efeito deste Estatuto, considera-se:
> I – discriminação racial ou étnico-racial: toda distinção, exclusão, restrição ou preferência baseada em raça, cor, descendência ou origem nacional ou étnica que tenha por objeto anular ou restringir o reconhecimento, gozo ou exercício, em igualdade de con-

dições, de direitos humanos e liberdades fundamentais nos campos político, econômico, social, cultural ou em qualquer outro campo da vida pública ou privada;

II – desigualdade racial: toda situação injustificada de diferenciação de acesso e fruição de bens, serviços e oportunidades, nas esferas pública e privada, em virtude de raça, cor, descendência ou origem nacional ou étnica;

III – desigualdade de gênero e raça: assimetria existente no âmbito da sociedade que acentua a distância social entre mulheres negras e os demais segmentos sociais;

IV – população negra: o conjunto de pessoas que se autodeclaram pretas e pardas, conforme o quesito cor ou raça usado pela Fundação Instituto Brasileiro de Geografia e Estatística (IBGE), ou que adotam autodefinição análoga;

V – políticas públicas: as ações, iniciativas e programas adotados pelo Estado no cumprimento de suas atribuições institucionais;

VI – ações afirmativas: os programas e medidas especiais adotados pelo Estado e pela iniciativa privada para a correção das desigualdades raciais e para a promoção da igualdade de oportunidades.

Racismo institucional é aquele que se configura no contexto de instituições públicas, cabendo a modificação na estrutura dessas instituições em prol da igualdade racial, inclusive mediante adoção de políticas públicas afirmativas, entre as quais se incluem as cotas. O artigo 4º, do Estatuto da Igualdade Racial estabelece o dever de combate ao racismo institucional.

As **ações afirmativas**, também chamadas de discriminações positivas ou reversas. São medidas de compensação, buscando concretizar, ao menos em parte, uma igualdade de oportunidades com os demais indivíduos, que não sofreram as mesmas restrições.

Neste sentido, o STF já entendeu que o sistema de cotas em universidades públicas, com base em critério étnico-racial é **constitucional**. No entanto, as políticas de ação afirmativa baseadas no critério racial possuem natureza transitória (STF, Plenário, ADPF nº 186/DF, Rel. Min. Ricardo Lewandowski, j. 25 e 26.04.2012, *Info.* 663).

Verifica-se, portanto, que formalmente há diversas normas internas e internacionais que protegem a igualdade e vedam o racismo. No entanto, no cotidiano verifica-se a incidência do racismo institucional.

Juliana Borges (2018, p. 55) sintetiza, também, como a própria composição do sistema de justiça criminal segrega os negros, sendo ocupadas por homens e brancos e, em contraposição, o sistema carcerário tem em sua maioria os negros. Vejamos a estatística apontada:

Sistema de justiça criminal brasileiro em cores

- 84,5% dos Juízes, Desembargadores e Ministros do Judiciário são brancos, 15,4% negros, e 0,1% indígenas;
- 64% dos magistrados são homens, 36% das magistradas são mulheres;
- 82% das vagas nos tribunais superiores são ocupadas por homens;
- 30,2% de mulheres já sofreram reação negativa por serem do sexo feminino;

> **Sistema de justiça criminal brasileiro em cores**
> - 69,1% dos servidores do Judiciário são brancos, 28,8% são negros, 1,9% amarelos;
> - 67% da população prisional é negra (tanto dentre homens quanto dentre mulheres);
> - 56% da população prisional masculina é jovem, 50% da população prisional feminina é jovem.

9.1.5 Criminologia das relações raciais e letalidade policial

A criminologia das relações raciais é um ramo da criminologia crítica que vai denunciar a discriminação racial do sistema de justiça criminal, eis que, sobretudo no Brasil, vai perseguir e selecionar jovens, pobres, negros, de baixa escolaridade, do sexo masculino para serem criminalizados.

Na visão de Borges (2018, p. 16):

> O sistema de justiça criminal tem profunda conexão com o racismo, sendo o funcionamento de suas engrenagens mais do que perpassados por esta estrutura de opressão, mas o aparato reordenado para garantir a manutenção do racismo e, portanto, das desigualdades baseadas na hierarquia racial.

A seleção inicia-se desde a criminalização primária, onde o legislador vai selecionar crimes aplicando sanções mais graves, os quais são mais facilmente cometidos por pobres. Posteriormente, na criminalização secundária, o sistema de justiça criminal irá atuar nesses segmentos sociais com menor poder e maior vulnerabilidade e o sistema prisional será reflexo e continuidade do racismo estrutural.

 Decifrando a prova

(2021 – FCC – DPE/GO – Defensor Público – Adaptada) A Defensoria Pública do Estado de Goiás (DPE/GO) publicou uma nota de repúdio sobre a abordagem policial de que o ciclista Filipe Ferreira foi alvo em Cidade Ocidental, no Entorno do Distrito Federal. Segundo a entidade, a ação teve "nítidos contornos racistas" e considera "inadmissível" que seja tolerada. Filipe, de 28 anos, trabalha como eletricista e, na sexta-feira (28), gravava vídeos de manobras com a bicicleta para o canal que tem no YouTube quando foi surpreendido pelos policiais militares.

A câmera que ele usava para filmar os movimentos registrou a abordagem: os PMs descem do carro apontando armas contra ele, exigem que ele coloque as mãos na cabeça, mas o jovem questiona o motivo de estar sendo tratado daquela forma.

Em nota, a Polícia Militar informou que está "verificando todas as informações relativas a este fato" para se posicionar sobre o que aconteceu. Caso seja comprovado algum excesso na conduta dos militares, as providências legais serão tomadas. (Disponível em: www.g1.globo.com. Acesso em: 31 maio 2021)

> Julgue a assertiva:
> O caso relatado confirma que a seletividade do sistema penal brasileiro tem como um de seus motores a abordagem policial, fundada no estereótipo do criminoso, cujo elemento racial é determinante.
> ( ) Certo ( ) Errado
> **Gabarito comentado:** de fato, trata das ideias do racismo estrutural no contexto do sistema de justiça criminal. Portanto, a assertiva está certa.
>
> **(2021 – FGV – PC/RN – Delegado de Polícia Civil Substituto – Adaptada)** Vários estudos indicam que a população carcerária brasileira é formada essencialmente por jovens pretos e pardos, com baixa escolaridade e processados por delitos patrimoniais e relacionados ao tráfico de drogas.
> Sobre o texto, julgue a assertiva:
> Parte da criminologia analisa essa dinâmica através das noções de criminalização primária, criminalização secundária e seletividade do sistema penal, propostas pela criminologia crítica.
> ( ) Certo ( ) Errado
> **Gabarito comentado:** é justamente aquilo que se indicou anteriormente sobre a seletividade do sistema penal em determinados segmentos social, acentuando-se o racismo estrutural. Portanto, a assertiva está certa.

Além do mais, o Atlas da Violência evidencia a desigualdade, sobretudo com relação às vítimas decorrentes de homicídios que, em sua grande maioria, são de pessoas negras, vejamos:

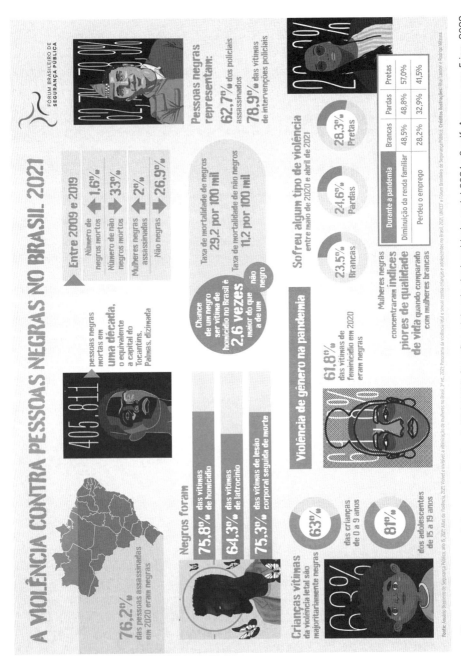

Fonte: https://forumseguranca.org.br/wp-content/uploads/2021/11/infografico-violencia-desigualdade-racial-2021-v3.pdf. Acesso em: 5 jan. 2022.

A desigualdade racial é demonstrada no gráfico, na medida em que, em 2020, 76,2% das vítimas de homicídio são negras e a chance de um negro ser assassinado é 2,6 vezes maior que um não negro.

Por sua vez, com relação à letalidade policial, ou seja, o número de civis mortos em ações policiais, representa 78,9% de negros. Na mesma lógica de desigualdade, verifica-se que 62,7% de policiais mortos também eram negros.

9.1.6 Política criminal alternativa

Partindo-se do pressuposto de que os processos de criminalização são desiguais e que o desvio não se concentra apenas nas camadas sociais mais pobres, mas, também, em todos os segmentos sociais, segundo a criminalidade de colarinho branco e a cifra oculta deste tipo de criminalidade, Baratta (2011, p. 197) propõe uma política criminal alternativa das classes subalternas no setor do desvio.

A política criminal alternativa demanda quatro indicações estratégicas, segundo Baratta:

a. A adoção de política criminal (política de transformação social e institucional) ao invés de política penal. A política penal (resposta criminal no âmbito do poder punitivo do Estado) é a mais inadequada.
Segundo Baratta (2011, p. 201), a política criminal alternativa mais adequada é

> uma política de grandes reformas sociais e institucionais para o desenvolvimento da igualdade, da democracia, de formas de vida comunitária e civil alternativas e mais humanas, e do contrapoder proletário, em vista da transformação radical e da superação das relações sociais de produção capitalistas.

b. O manejo da política penal para confrontar a criminalidade econômica e criminalidade organizada, além da despenalização de uma série de tipos penais que possuem uma concepção autoritária, além da substituição de sanções penais por outras formas de solução do conflito – sanções administrativas ou civis.
c. A abolição da instituição carcerária pelo alargamento de medidas alternativas, ampliação da suspensão condicional da pena, liberdade condicional.
d. Reverter as relações de hegemonia cultural, principalmente o papel midiático atual que legitima o sistema punitivo desigual. Trabalhar com uma crítica ideológica deste tipo de produção científica através de discussão em massa no seio da sociedade e da classe operária sobre a política criminal.

As principais consequências da criminologia das teorias do conflito (PENTEADO FILHO, 2020), no plano político-criminal, referem-se a denominada política dos 4 D:

- descriminalização;
- diversão;
- devido processo legal;
- desinstitucionalização.

Em síntese, a descriminalização demanda uma intervenção político-criminal para abolir comportamentos criminosos autoritários. A diversão é a substituição do cárcere por outros meios alternativos mais hábeis à ressocialização. O devido processo legal é o rígido respeito às normas processuais penais, e a desinstitucionalização é a busca por soluções de conflitos fora do sistema penal estatal.

Referências

AMARAL, E. F. Multi, pluri, trans, inter, mas, o que é tudo isso? *Os Muros da Escola*, 2011. Disponível em: https://osmurosdaescola.wordpress.com/2011/07/06/multi-pluri-trans-inter-mas-o-que-e-tudo-isso/. Acesso em: 20 dez. 2020.

ANITUA, G. I. *História dos pensamentos criminológicos*. Trad. Sergio Lamarão. Rio de Janeiro: Revan: Instituto Carioca de Criminologia, 2008.

BALESTRERI, R. B. *Direitos humanos*: coisa de polícia. Rio Grande do Sul: CAPEC, Paster Editora, 1998. Disponível em: http://dhnet.org.br/dados/livros/edh/a_pdf/livro_balestreri_dh_coisa_policia.pdf. Acesso em: 28 dez. 2021.

BALTAZAR JUNIOR, J. P. *Crime organizado e proibição de insuficiência*. Porto Alegre: Livraria do Advogado, 2010.

BARATTA, A. *Criminologia crítica e crítica do direito penal*: introdução à sociologia do direito penal. 3. ed. Rio de Janeiro: Revan – Instituto Carioca de Criminologia, 2011.

BARONA, J. L. Franz Joseph Gall: la frenología y las funciones del cérebro. *Mètode*, 14 nov. 2014. Disponível em: https://metode.es/revistas-metode/secciones/historias-cientificos/franz-joseph-gall-la-frenologia-y-las-funciones-del-cerebro.html. Acesso em: 20 dez. 2020.

BECCARIA, C. M. *Dos delitos e das penas*. Tradução de Paulo M. Oliveira. Rio de Janeiro: Edipro, 2017. (Clássicos de Bolso.)

BENEVIDES, B. G.; NOGUEIRA, S. N. B. Dossiê Assassinatos contra travestis brasileiras e violência e transexuais em 2019. *Antra Brasil*, 2019. Disponível em: https://antrabrasil.files.wordpress.com/2020/01/dossic3aa-dos-assassinatos-e-da-violc3aancia-contra-pessoas-trans-em-2019.pdf. Acesso em: 29 out. 2020.

BOURDIEU, P. *A dominação masculina*. Trad. Maria Helena Kuhner. 11. ed. Rio de Janeiro: Bertrand Brasil, 2012.

BORGES, J. *O que é*: encarceramento em massa? Belo Horizonte: Letramento/Justificando, 2018.

BRASIL. *Constituição da República Federativa do Brasil*. Brasília: 5 out. 1988. Disponível em: http://www.planalto.gov.br/ccivil_03/constituicao/constituicao.htm. Acesso em: 20 dez. 2020.

BRASIL. Decreto-lei nº 2.848, 7 de dezembro de 1940. Código Penal. *Diário Oficial da União*, 31 dez. 1940. Disponível em: http://www.planalto.gov.br/ccivil_03/decreto-lei/del2848.htm. Acesso em: 20 dez. 2020.

BRASIL. Lei nº 11.340, de 7 de agosto de 2006. Cria mecanismos para coibir a violência doméstica e familiar contra a mulher. *Diário Oficial da União*, 8 ago. 2006. Disponível em: http://www.planalto.gov.br/ccivil_03/_ato2004-2006/2006/lei/l11340.htm. Acesso em: 20 dez. 2020.

BRASIL. Lei nº 12.850, 2 de agosto 2013. Define organização criminosa e dispõe sobre a investigação criminal, os meios de obtenção da prova, infrações penais correlatas e o procedimento criminal. *Diário Oficial da União* (edição extra), 5 ago. 2013. Disponível em: http://www.planalto.gov.br/ccivil_03/_ato2011-2014/2013/lei/l12850.htm. Acesso em: 20 dez. 2020.

BRUNO, A. *Direito penal*: parte geral. Rio de Janeiro: Forense, 1967. t. 1.

CABETTE, L. S. As estatísticas criminais sob um enfoque criminológico crítico. *Jus Navigandi*, Teresina, ano 11, n. 1326, 17 fev. 2007. Disponível em: https://jus2.uol.com.br/doutrina/texto.asp?id=9497.

CASTRO, L. A. *Criminologia da reação social*. Rio de Janeiro: Forense, 1983.

CARVALHO, T. F. *O direito penal como mecanismo de gestão da subcidadania no Brasil:* (in)visibilidade, reconhecimento e as possibilidades hermenêuticas do princípio da dignidade humana no campo penal. Tese (Doutorado em Direito) – Universidade do Vale do Rio dos Sinos. São Leopoldo, 2007. Disponível em: http://www.repositorio.jesuita.org.br/bitstream/handle/UNISINOS/2484/ThiagoCarvalhoDireito.pdf?sequence=1&isAllowed=y. Acesso em: 29 dez. 2021.

CARVALHO, T. F. *Criminologia, (in)visibilidade, reconhecimento:* o controle penal da subcidadania no Brasil. Rio de Janeiro: Revan, 2014.

CHRISTIE, N. *A suitable amount of crime*. Londres: Routledge, 2004.

CONSELHO NACIONAL DE JUSTIÇA. *Regras de Tóquio*: regras mínimas padrão das Nações Unidas para a elaboração de medidas não privativas de liberdade. Luís Geraldo Sant'Ana Lanfredi (coord.). Brasília: CNJ, 2016.

DI PIETRO, M. S. Z. *Direito administrativo*. 8. ed. São Paulo: Atlas, 1997.

EVERTON JUNIOR, A. A. C. Aspectos da vitimologia. *Conteúdo Jurídico*, Brasília-DF: 2012. Disponível em: https://conteudojuridico.com.br/consulta/Artigos/29644/aspectos-da-vitimologia. Acesso em: 26 set. 2020.

FARIAS JÚNIOR, J. *Manual de criminologia*. 4. ed. Curitiba: Juruá, 2009.

FERRAJOLI, L. *Direito e razão*: teoria do garantismo penal. 2. ed. São Paulo: Revista dos Tribunais, 2006.

FERREIRA, C. A. *Implementação da polícia comunitária:* projeto para uma organização em mudança. São Paulo: PMESP/CSP-II, 1995.

FERRI, E. *Princípios de direito criminal*. 2. ed. São Paulo: Bookseller, 1999.

FÖPPEL, G. *A função da pena na visão de Klaus Roxin*. Rio de Janeiro: Forense, 2004.

FOUCAULT, M. *Vigiar e punir:* nascimento da prisão. Trad. Raquel Ramalhete. Petrópolis: Vozes, 1987.

GERMANO, I. M. P.; MONTEIRO, R. A. F. G.; LIBERATO, M. T. C. *Criminologia crítica, feminismo e interseccionalidade na abordagem do aumento do encarceramento feminino.*

Universidade Federal do Ceará, 2018. Disponível em: http://bit.ly/3h2X4Qc. Acesso em: 20 dez. 2020.

GLASER, D. Criminality theories and behavioral images. *American Journal of Sociology*, v. 61, n. 5, mar. 1956. Disponível em: https://www.journals.uchicago.edu/doi/abs/10.1086/221802. Acesso em: 15 fev. 2021.

GÓES, L. *A "tradução" de Lombroso na obra de Nina Rodrigues*: o racismo como base estruturante da criminologia brasileira. Rio de Janeiro: Revan, 2016.

GOFFMAN, E. *Manicômios, prisões e conventos*. 9. ed. São Paulo: Perspectiva, 2019.

GONZAGA, C. *Manual de criminologia*. São Paulo: Saraiva Educação, 2018.

HULSMAN, L.; DE CELIS, J. B. *Penas perdidas*: o sistema penal em questão. Niterói: Luam, 1993.

LENZA, P. *Direito constitucional*. 25. ed. São Paulo: Saraiva, 2021.

LIMA JUNIOR, J. C. N. *Manual de criminologia*. 4. ed. revista, ampliada e atualizada. Salvador: JusPodivm, 2017.

LUÑO, A. P. *Los derechos fundamentales*. 5. ed. Madrid: Tecnos, 1993.

MACHADO, M. M. C. *Legitimação versus deslegitimação da pena*. Disponível em: http://www.unifacs.br/revistajuridica/arquivo/edicao_fevereiro2008/discente/dis9.doc. Acesso em: 5 maio 2020.

MAIA, L. M. *Vitimologia e direitos humanos*. Disponível em: http://www.dhnet.org.br/direitos/militantes/lucianomaia/lmmaia_vitimologia_dh.pdf. Acesso em: 20 dez. 2020.

MAÍLLO, A. S.; PRADO, L. R. *Criminologia*. 4. ed. Rio de Janeiro: Forense, 2019.

MARTINS, H. Número de assassinatos de travestis e transexuais é o maior em 10 anos no Brasil. *Agência Brasil*, 25 jan. 2018. Disponível em: https://agenciabrasil.ebc.com.br/geral/noticia/2018-01/assassinatos-de-travestis-e-transexuais-e-o-maior-em-dez-anos-no-brasil. Acesso em: 29 out. 2020.

MATHIESEN, T. *The defenses of the weak*: a sociological study of a Norwegian correctional institution. Londres: Tavistock, 1965.

MAZZUOLI, V. O. *Curso de direitos humanos*. 6. ed. Rio de Janeiro: Forense/São Paulo: Método, 2019.

MINGARDI, G. *O Estado e o crime organizado*. Tese (Doutorado) – Faculdade de Filosofia e Ciências Humanas da Universidade de São Paulo. São Paulo, 1996.

MINISTÉRIO DA JUSTIÇA E SEGURANÇA PÚBLICA. *Levantamento nacional de informações penitenciárias INFOPEN Mulheres*. 2. ed. Disponível em: https://www.conectas.org/wp/wp-content/uploads/2018/05/infopenmulheres_arte_07-03-18-1.pdf. Acesso em: 20 dez. 2020.

MORAES, A. A.; NETO, R. F. *Criminologia*. Salvador: JusPodivm, 2019.

MORIN, E. *Ciência com consciência*. 16. ed. Rio de Janeiro: Bertrand Brasil, 2000.

BATISTA, N. *Punidos e mal pagos*: violência, justiça, segurança pública e direitos humanos no Brasil de hoje. Rio de Janeiro: Revan, 1990.

OLIVEIRA, N. A. *Criminologia*. 3. ed. ver. e ampl. Salvador: JusPodivm, 2021.

PENTEADO FILHO, N. *Manual esquemático de criminologia*. 4. ed. São Paulo: Saraiva, 2014.

PIAGET, J. Epistemologie des relations interdisciplinaires. In: CERI (ed.) *L'interdisciplinarité*. Problèmes d´enseignement et de recherche dans les Universités, p. 131-144. Paris:

UNESCO/OCDE, 1972 apud POMBO, Olga. Contribuição para um vocabulário sobre interdisciplinaridade. In: POMBO, Olga, GUIMARÃES, Henrique; LEVY, Teresa. *Interdisciplinaridade:* reflexão e experiência. 2. ed. rev. aum. Lisboa: Texto, 1994.

QUEIROZ, P. *Funções do direito penal:* legitimação versus deslegitimação do sistema penal. São Paulo: Revista dos Tribunais, 2005.

RAMOS, A. C. *Curso de direitos humanos.* 7. ed. São Paulo: Saraiva Educação, 2020.

ROLIM, M. *A síndrome da rainha vermelha:* policiamento e segurança pública no século XXI. Rio de Janeiro: Jorge Zahar, 2006.

ROXIN, C. *Problemas fundamentais de direito penal.* 3. ed. Lisboa: Vega, 1998.

SANTOS, J. C. *Teoria da pena:* fundamentos políticos de aplicação judicial. Curitiba: Lúmen Juris, 2005.

SANTOS, B. S. *Reconhecer para libertar:* os caminhos do cosmopolitanismo multicultural. Rio de Janeiro: Civilização Brasileira, 2003.

SHECAIRA, S. S. *Criminologia.* São Paulo: Revista dos Tribunais, 2014.

SHECAIRA, S. S. *Criminologia.* 8. ed. (versão revista, ampliada e atualizada). São Paulo: Thomson Reuters, 2020.

SUMARIVA, P. *Criminologia:* teoria e prática. 6. ed. Niterói: Impetus, 2019.

SUTHERLAND, E. H. A criminalidade de colarinho branco. *Revista Eletrônica de Direito Penal e Política Criminal – UFRGS,* v. 2, n. 2, p. 93-103, 2014. Disponível em: http://seer.ufrgs.br/index.php/redppc/article/view/56251.

SUTHERLAND, E. H. White collar criminality. *American Sociological Review,* v. 5, n. 1, p. 2, 1940.

SUTHERLAND, E. H. *White collar crime.* New York: Dryden Press, 1949.

TRINDADE, A. A. C. Apresentação. In: PIOVESAN, Flávia. *Direitos humanos e direito constitucional internacional.* 12. ed. São Paulo: Saraiva, 2011.

VALENTE, M. M. G. *Direito penal do inimigo e o terrorismo:* o progresso ao retrocesso. 2 ed. São Paulo: Almedina, 2016.

VIANA, E. *Criminologia.* 4. ed. revista, ampliada e atualizada. Salvador: JusPodivm, 2016.

VIANA, E. *Criminologia.* 8. ed. revista, ampliada e atualizada. Salvador: JusPodivm, 2020.

WACQUANT, L. *As prisões da miséria.* Rio de Janeiro: Zahar, 2001.

ZAFFARONI, E. R. *A palavra dos mortos:* conferências de criminologia cautelar. São Paulo: Editora Saraiva, 2012.

ZAFFARONI, E. R. *Em busca das penas perdidas.* 2. ed. Bogotá: Temis, 1990.

ZAFFARONI, E. R. *et al. Direito penal brasileiro – I.* Rio de Janeiro: Revan, 2003.

ZAFFARONI, E. R. *A questão criminal.* Rio de Janeiro: Revan, 2013.

ZAFFARONI, E. R. *Em busca das penas perdidas:* a perda de legitimidade do sistema penal. Trad. Vania Romano Pedrosa, Amir Lopez da Conceição. Rio de Janeiro: Revan, 1991.

ZAFFARONI, E. R.; PIERANGELI, J. H. *Manual de direito penal brasileiro.* 12 ed. São Paulo: Revista dos Tribunais, 2018.